教育部人文社会科学研究青年基金项目《我国城乡低保
（项目编号：19YJC840005）项目资助

我国城乡低保支出责任划分研究

陈文美　著

中国财经出版传媒集团

经济科学出版社
Economic Science Press

图书在版编目（CIP）数据

我国城乡低保支出责任划分研究／陈文美著．—北京：经济科学出版社，2022.5

ISBN 978 - 7 - 5218 - 3425 - 3

Ⅰ.①我… Ⅱ.①陈… Ⅲ.①社会保障 - 财政支出 - 研究 - 中国 Ⅳ.①D632.1 ②F812.45

中国版本图书馆 CIP 数据核字（2022）第 022190 号

责任编辑：白留杰 杨晓莹
责任校对：孙 晨
责任印制：张佳裕

我国城乡低保支出责任划分研究

陈文美 著

经济科学出版社出版、发行 新华书店经销

社址：北京市海淀区阜成路甲 28 号 邮编：100142

教材分社电话：010 - 88191309 发行部电话：010 - 88191522

网址：www.esp.com.cn

电子邮箱：bailiujie518@126.com

天猫网店：经济科学出版社旗舰店

网址：http://jjkxcbs.tmall.com

北京密兴印刷有限公司印装

710×1000 16 开 14 印张 230000 字

2022 年 5 月第 1 版 2022 年 5 月第 1 次印刷

ISBN 978 - 7 - 5218 - 3425 - 3 定价：58.00 元

（图书出现印装问题，本社负责调换。电话：010 - 88191510）

（版权所有 侵权必究 打击盗版 举报热线：010 - 88191661

QQ：2242791300 营销中心电话：010 - 88191537

电子邮箱：dbts@esp.com.cn）

前　言

　　1994 年，分税未分事的分税制使得我国各级政府间事权与支出责任划分连续出现不清晰、不合理、不规范等问题，并且随着"营改增"在全国范围内全面推行，这种不匹配、不适应已然成为财政体制改革、国家治理现代化发展中的重要问题，"事权下移、财权上收"如不能倒逼体制的改革，势必会加剧问题的严峻程度。2016 年，国务院根据党的十八大和十八届三中、四中、五中全会提出的建立事权和支出责任相适应的制度，适度加强中央事权和支出责任，推进各级政府事权规范化法律化的要求，出台《关于推进中央与地方财政事权和支出责任划分改革的指导意见》，将其作为财政体制改革的重要内容，提到国家现代化治理的高度。2018 年 1 月，国务院出台《基本公共服务领域中央与地方共同财政事权和支出责任划分改革方案》，主要涉及义务教育、公共就业、生活救助、医疗等公共服务领域，有关中央与地方政府支出责任及分担方式要依据地方财政、保障对象数量等因素确定，为包括城乡低保在内的公共产品和公共服务明确了划分依据。在我国，低保制度作为社会救助最核心、最重要的制度安排，其每年财政支出占总社会救助支出近 70%。城市和农村低保制度（简称"城乡低保"）肩负着促进社会公平和保障人民生存权、发展权的重要使命，是社会运行的"安全网"和"稳定器"，在该制度实施层面的支出构成了最底线民生财政的重要组成部分。近年来，低保制度的兜底性功能不断强化，低保对象数量、支出标准、支出规模逐年提高。《社会服务发展统计公报》数据显示，截至 2019 年底，全国范围内城市低保对象 860.9 万人，农村低保对象 3455.4 万人；城市低保平均标准为 624.0 元/人·月，较上年增长 7.64%，农村低保平均标准为 5335.5 元/人·年，较上年增长 10.39%；各级财政安排城市低保和农村低保总资金分别达到 640.5 亿元、1051.8 亿元的规模，共计 1692.3 亿元。然而截至目前，我国低保制度并未明确划分中央与地方、地方政府间支出责任，而是在不断的博弈过程中形成的，其科学性、合理性、合法性还有待考究。党的十九大报告指出，要按照兜底线、织密网、建机制的要求，全面建成覆盖全民、城乡统筹、权责清晰、保障适度、可持续的多层次社会保障体系。要实现这一目标，应建立一个相应的城乡统筹、权责清晰、保障适度、可持续的城乡低保制度，提高其支出责任划分的科学合理性和稳定性，具有重大的理论价值与现实意义。

　　近年来，笔者始终关注财政体制尤其是基本公共服务领域事权与支出的责任划分研究，于 2017 年 10 月主持申报立项、2019 年 1 月完成江西省哲学社会科学课题《社会救助事权与支出责任划分研究》，2019 年 3 月成功立项 2019 年教育部人文社会科学青年基金项目，《我国城乡低保支出责任划分研究》（编号 19YJC840005），本书以城乡低保支出责任划分为研究对象，严格按照申报书规范开始潜心研究，并在《社会保障研究》《华中师范大学学报（人文社会科学版）》《中国行政管理》《江西财经大学学报》《山东社会科学》发表一系列学术论文；其中 4 篇获人大复印报刊资料全文转载，1 篇被高等学校文科学术文摘转载。通过一系列学术论文的发表，基本奠定该成果的研究深度、广度及学术价值，同时通过实地调研和归纳梳理，借鉴国外关于社会救助支出责任划分，形成对我国城乡低保支出责任划分的有益参考。该成果研究的内容，一是对城乡低保支出责任划分做了初创性的研究。构建了一套理论结合实际可操作性的划分框架，既包括理论的阐释，也包括实证的研究，可将之推广到诸多基础民生领域关于事权与支出责任的划分，并提出财权优化配置、重塑转移支付制度、设计激励与约束机制、法治化等运行保障机制，从而提高这些领域划分及保障的规范性、科学性，促进有效的供给。二是运用较为科学合理的划分方法测算了不同层级政府的城乡低保支出责任。在关于城乡低保支出责任划分的定量测算方法上，本书运用柯布－道格拉斯、巴罗法则、回归分析等方法测算城乡低保支出责任划分的最优模式。结合不同区域的实际情况，首次划分了中央、省本级、县（区）三级财政的城乡低保支出责任，一定程度上弥补了定性研究的不足。三是从模型构建到实证层面揭示中国式财政分权对城乡低保支出影响及城乡低保支出责任划分的影响因素。并按照全样本和区域分组样本分别进行多元回归分析，揭示不同区域中国式财政分权对低保支出的影响，为合理设计财政分权提供理论和现实依据，重点揭示我国城乡低保支出责任划分的影响因素。主要探讨经济发展水平、财力状况、财政分权、城乡低保需求的诸多影响因素，进一步从数理逻辑的层面揭示出城乡低保支出责任划分的影响因素及影响程度，为城乡低保支出责任划分提供现实依据。

本书章节安排如下：第一章，绪论。论述了选题背景和意义、文献综述、研究思路、研究内容、研究方法、重难点及创新点等内容。第二章，城乡低保支出责任划分的相关理论基础及划分依据。认为城乡低保属于绝对贫困，是中央政府与地方政府的混合产品，需要明晰中央和地方各级政府的保障职能，保障低保群体基本生活需要及可行能力。在城乡低保支出责任划分过程中，在多级财政框架下，主要从政府职能理论、财政分权、委托代理理论重点剖析了其支出责任划分的议论依据。第三章，财政体制改革下我国城乡低保支出责任划分的制度演进。主要回顾了我国财政体制，分析社会救助事权与支出责任划分的不同阶段，重点回顾城乡低保事权支出责任划分的不同阶段。第四章，我国城乡低保支出责任划分成效及问题分析。主要分析我国城乡低保支出责任划分取得的成效，在此基础上选取三级财政对城乡低保支出的均等化比较及调研与实地考察，并深入分析现阶段城乡低保支出责任划分存在的问题。第五章，我国城乡低保最优支出责任划分测算及支出规模优化。主要在厘清城乡低保最优支出责任内涵之后，运用内生增长理论的"巴罗法则"，结合柯布－道格拉斯生产函数模型推导，利用回归分析法探讨划分城乡低保最优支出责任，最后结合划分的结果对现行各级财政的城乡低保支出责任进行相应的调整与优化。第六章，城乡低保支出及支出责任划分的影响因素分析。为更好反映出低保支出及支出责任划分的影响因素，首先从理论层面阐释中国式财政收支分权对低保支出的影响机理，然后建立固定效应的多元回归模型，对我国31个省级面板数据进行分析，探讨中国式分权对低保支出的影响。在此基础上从经济发展水平、财力水平、财政分权、城乡低保需求四个方面，选取相关的诸多指标数据，运用30个省级面板数据，构建固定效应的多元回归模型继续分析城乡低保支出责任划分影响因素。第七章，国外城乡低保支出责任划分的借鉴与启示。主要以英国、日本、美国、德国为典型代表，重点分析四个国家社会救助的中央政府和地方政府间社会救助的事权管理模式、财政体制，在此基础上，深入剖析四个国家社会救助事权与支出责任划分的基本模式。然后归纳和分析了20个国家社会救助支出责任划分情况，最后提炼出典型经验，以期对我国城乡低保支出责任划分提供启示及借鉴。第八章，我国城乡低保支出责任划分的调整及保障机制。主要提出城乡低保"权责清晰、保障适度"及可持续全面发展作为城乡低保支出责任划分的基本目标。认为城乡低保支出责任划分的原则应与经济发展相适应、与各级财政的财力相匹配、与政府间激励相容等。在此基础上，对不同层级政府的城乡低保事权与支出责任进行相应调整，从建立健全城乡低保事权与支出责任的法律体系、财权优化配置、完善转移支付、建立健全激励与约束机制、建立健全城乡低保监督体系等方面提出相应的保障机制。

特别感谢我的博士生导师江西财经大学李春根教授孜孜不倦的指导、反复的修改建议和辛苦付出；感谢社会保障学术领域的专家学者的宝贵建议意见；感谢江西省和贵州省民政部门、财政部门的各位领导和专家的支持；感谢经济科学出版社各位老师的辛苦付出；同时，感谢我的研究生张昌柱，对书稿的文献收集整理、格式规范做出的努力。

关于事权与支出责任的研究，是集财政学、信息经济学、管理学等交叉学科，又涉及理论、应用与实践的相互融合，受限于自身的学科知识结构和研究能力，对一些问题的研究方面还存在不足与欠缺，在此敬请各位专家、学者予以批评和斧正。

陈文美于贵阳花溪

2021 年 10 月 1 日

目　录

第一章 绪 论

第一节 选题背景及研究意义

一、研究背景

从新中国成立伊始到分税制改革，再到分税制实行的 20 余年看，我国政府间财政关系主要经历了"统收统支""总额分成""分灶吃饭""分税制"等几个重要阶段。就改革方向而言，政府间财政关系从高度集中的集权体制转向适当分权再到相对集中的财政体制。目前，我国政府间财政关系是一种以中央主导的各级政府适度分权的相对集中关系。然而不可否认，在这种转变过程中更多关注税收收入的划分。尤其是 1994 年分税制改革，实行按照税种属性划分中央与地方政府对税收收入的分成，有效规范了政府间财政关系，有力调动了中央与地方政府"两个积极性"，切实提高了财政收入占 GDP 比重和中央财政收入占全国财政收入的比重，进一步加强了中央政府宏观调控。但政府间事权划分却不尽如人意，事权划分并未伴随财政关系的调整而同步调整，只是原则、模糊的界定中央与地方各级政府财政支出的范围，使得长期以来我国政府间事权与支出责任划分存在如划分不清晰、不合理、不规范等诸多问题，很大程度上制约了政府实际职能的履行和行政效率的提高。与此同时，我国的财政分权更多建立在由上级政府主导的权力逐级下放的行政分权基础上，使得我国政府间事权与支出责任的划分更加复杂。

时至今日，行政分权制度下政府间事权与支出责任划分的不清晰、不合理、不规范，造成诸多领域中不同层级政府事权与财力不匹配、事权与支出责任不相适应的问题不断凸显。随着"营改增"在全国范围内全面推行，这种不匹配、不适应已然成为财政体制改革、国家治理现代化发展中必须解决的重要问题，突出表现在"事权下移、财权上收"、均等化转移支付制度不完善、地区差异不断扩大，如不能倒逼体制的改革，势必会加剧问题的严峻程度。2016 年，国务院根据党的十八大和十八届三中、四中、五中全会，提出了建立事权和支出责任相适应的制度、适度加强中央事权和支出责任、推进各级政府事权规范化法律化的要求，同时出台《关于推进中央与地方财政事权和支出责任划分改革的指导意见》（以下简称《意见》），明确事权与支出责任划分改革的主要内容，制定了分领域的工作时间表。党的十九大报告指出，加快建立现代财政制度，建立权责清晰、财力协调、区域均衡的中央和地方财政关系，再次将建立健全现代财政体制，理顺中央与地方关系上升到国家现代化治理的高度。

在公共服务领域，政府间事责的不适应引致了"事权下移、财权上收"，转移支付制度不健全问题较为突出。近年来，在教育、医疗、社会保障等基本公共服务的民生支出领域，国家意识到区域均等化差距的扩大，注重加大中央财政支出力度、规范转移支付制度以调节区域间的差异。但是，由于我国区域间经济发展存在较大的不平衡性，差异化程度积累较深，可谓是"非一日之寒，亦非一日解冻"，尤其是与全国相比较而言，中、西部地区经济发展仍然落后的局面并未实质性改变，对基本公共服务供给的水平较低，公共服务均等化未能实现。据财政部数据统计，2019 年一般公共预算收入约为19.04 万亿元，其中：中央约为 8.93 万亿元，地方约为 10.11 万亿元，分别占比46.90%、53.10%，而一般公共预算支出约为 23.89 万亿元，其中，中央本级支出为 3.51 万亿元，地方支出为 20.38 万亿元，分别占比 14.69%、85.31%。[①] 在这种"事权下移，财权上移"的背景下，各地方财政实力的差距进一步扩大。2020 年，广东、上海一般公共预算收入为 12790 亿元、7165.1 亿元，财政自给率分别为 73.9%、87.0%，而宁夏、甘肃两个地区一般公共预算收入仅为 419 亿元、875 亿元，财政自给率分别为 28.8%、21.0%。[②] 在事权下移、财权上收和如此巨大的财政实力差距面前，加大了

---

① 根据财政部网站（http://gks.mof.gov.cn/zhengfuxinxi/tongjishuju/201901）提供的数据整理，其中，地方一般公共预算支出不包括税收返还和转移支付的数据。

② 根据上述四省市 2020 年预算执行报告的数据整理。

在全国范围内实现公共服务均等化的难度，就更加需要国家从根本上重新审视政府职能，合理划分各级财政的支出责任。2018 年 1 月，国务院印发《基本公共服务领域中央与地方共同财政事权和支出责任划分改革方案》（以下简称《方案》），明确规定了包括义务教育、基本养老保险等 18 项基本公共服务关于中央与地方共同财政事权范围，对进一步完善分税制财政体制，推进国家治理体系和治理能力现代化产生了积极的推动作用，也有利于进一步明确各级政府的职责，为促进财政事权划分的制度化、法治化、规范化与科学化提供了明确的方向。

城市和农村最低生活保障（以下简称"城乡低保"），是作为社会救助制度最重要、最核心的制度安排，是基本公共服务中的底线民生工程，其支出是财政民生兜底性支出最重要的组成部分，它与整个财政管理体制一脉相承。党的十八届五中全会通过的《中共中央关于制定国民经济和社会发展第十三个五年规划的建议》提出，要建立更加公平、更可持续的社会保障制度，如上所述，城乡低保作为社会保障领域"最后一道防线"，是社会救助最重要、最核心、人数规模最大、资金规模最多（城乡低保资金大约占到社会救助制度总资金的 70% 左右）的核心制度，无疑肩负着促进社会公平和保障人民生存权、发展权的重要使命，是社会运行的"安全网"和"稳定器"，且在全面建成小康社会，开启现代化新征程的起点上，随着经济发展方式转型与产业结构调整，在"去产能"的过程中必然导致大量的困难群体进入到城乡低保制度的覆盖范围，加上各种社会风险（如新冠肺炎导致的疾病）、失业风险的加大，使得以城乡低保为核心的社会救助再一次成为经济发展、制度转型的兜底性政策，其"安全网""稳定器"、公平共享的功能会更加显著。2014 年，国务院出台《社会救助暂行办法》，要求建立健全政府领导、民政部门牵头、有关部门配合、社会力量参与社会救助工作良好的协调机制，完善社会救助资金、物资保障机制，将政府安排的社会救助资金和社会救助工作经费纳入财政预算。党的十九大报告强调指出，要按照兜底线、织密网、建机制的要求，全面建成覆盖全民、城乡统筹、权责清晰、保障适度、可持续的多层次社会保障体系，更加显示出社会救助底线安全的重要作用，彰显出现阶段构建权责清晰、保障适度、可持续的社会救助体系至关重要，为城乡低保制度的财力保障提供了更加坚实的政策保障。2018 年 1 月，《方案》关于基本公共服务领域中央与地方共同财政事权的支出责任分担方式，进一步为城乡低保支出责任划分提供了方向，但对具体的划分方案并未出台。目前，我国城乡低保制度实行的是各级财政共同分担的筹资模式，要努力做到十九大报告提出的要求，切实发挥财政兜底作用，顺利实现保障群体的同步小康，需在注重公平又兼顾效率的基础上，一方面，在明确政府、社会对城乡低保的职责范围边界的情况下，根据不同层级政府的职能，科学划分政府间城乡低保的事权，进而确定其相应的支出责任，确保对低保对象的有效供给。需要指出的是，这里主要探讨的是不同层级政府关于城乡低保支出责任的划分。另一方面，力图通过合理财权划分、转移支付等保障机制，获取充足的财力确保支出责任的履行，同时清楚地理顺政府间城乡低保制度的决策、管理、监督、约束等相互间的逻辑关系，确定其实施主体，确保城乡低保制度健康可持续运行发展。

二、研究意义

（一）理论意义

1. 不断丰富现阶段不同层级政府支出责任的划分理论

探索不同层级政府的权力与财政关系，一直是国内外理论界重视和关注的焦点问题。立足于不同的条件假设，学者们纷纷探讨政府间的财政分权理论。其中，以奥茨、蒂布特等（1972）为代表的第一代财政分权理论，在假设政府追求社会福利最大化的前提下，有力地证实地方政府存在的合理性和必要性，该理论重视分权度的测算，其目的是寻求中央集权与地方分权的最佳结合点。然而，钱颖一和罗兰却从公共选择的理论假设出发，看到政府官员追求自身利益最大化的一面，将激励相容与机制设计引入财政分权理论，以约束减少甚至是杜绝权力运用过程中的寻租。需要说明的是，迄今为止包括我国1994年建立分税制在内，对财政集权与分权度并没有国际的统一规范及标准，反映在政府间事权与支出责任划分上，情况更加复杂，它不仅涉及一国的财政体制，还关系到其政治体制、经济制度的差别，更不能割离一国的历史条件、文化差异、地理状况等众多客观因素。因此，探讨适合我国事权与支出责任划分的理论依然需要不断丰富，本书在这方面做了有益的探讨。

2. 为其他基本公共服务的支出责任划分提供有益的学术价值

本书以城乡低保为主要研究对象，探讨不同层级政府的城乡低保支出责任关系，对理顺我国公共服务如基本公共就业服务、残疾人服务、城乡保障性安居工程等基本公共服务领域政府与市场、政府间事权与支出责任划分方面，具有积极的学术贡献。

3. 为城乡低保支出责任划分提供了理论框架

目前，《方案》关于城乡低保支出责任划分做了大致的、粗线条的规定，即关于困难群众救助，由地方结合实际制定标准，并主要依据地方财政困难程度、保障对象数量等因素确定央地的支出责任与分担方式。但对于具体的划分支出责任，实施方案尚未出台。选取城乡低保为研究对象，分析其支出责任划分的理论依据，在此基础上，构建一套理论结合实际具有可操作性的支出责任划分框架，提高城乡低保支出责任划分的规范性、科学性，促进有效的供给具有重要的理论价值。

（二）现实意义

1. 有利于促进城乡低保支出责任划分更加合理规范

支出责任划分是财政体制的关键环节，也是加强政府职能和政府自我监督的重要手段。城乡低保制度是给予最低生活标准水平线以下的困难群体提供帮助，维持其基本生活需要，对比各级政府均有着义不容辞的责任。然而，分税制改革并没有实现事权的清晰界定，地方税体系不完善，各级政府在城乡低保支出方面不明确、不清晰、不合理，尤其是省级以下各级政府支出责任划分情况较为严峻。因此，本书深入探讨合理规范、有效落实各级政府城乡低保支出责任，确保社会主义新时代城乡低保的有效供给，织密织牢安全网。

2. 有利于实现城乡低保服务均等化提供

我国幅员辽阔，区域间经济发展不平衡，收入差距较大、贫富悬殊较为严重，这些是经济社会发展过程中首要面临的现实与问题，这种区域间巨大的发展差异表现在城乡低保方面较为凸显，即越落后越贫困，越贫困越需要保障，越需要保障的地方财力越缺乏，如此形成恶性循环。如不能科学、合理划分不同区域间中央和地方各级政府城乡低保支出责任，便难以确保不同区域对城乡低保的供给均等化。本书结合不同区域经济发展、城乡低保保障任务、政府财力收入与支出水平等因素，深入探讨城乡低保支出责任的划分，从而促进城乡低保供给的均等化。

3. 有利于推动城乡低保监督体系的形成

从最基本的目标出发，城乡低保支出责任划分是落实各级政府对城乡低保职能的履行，确保城乡低保的有效供给和管理。这需要一种严格有效的民主监督机制，以保证各级政府城乡低保支出责任的切实履行，而这种监督机制必须建立在政府间事权清晰、支出责任明确和法定的基础上。所以，本书通过城乡低保支出责任的划分，合理界定政府职能，按照相应的职能划分合理的事权，再依据事权划分确定其支出责任，按照此原则，以便将城乡低保支出预算编制及执行、财政资金的使用及安排、保障的精准度等纳入财政、审计、人大、社会及公众等全民监督的范围。

第二节　文献综述

支出责任划分在财政体制改革设计中处于基础性地位，是政府间财政收支划分的主要依据，决定着政府间财政转移支出的规模，其实质是根据不同职能政府管理公共事务的权力，赋予相应的财权与财力，为其承担相应的支出责任。需要指出的是：事权划分作为支出责任划分的理论依据，主要探讨各级政府在公共事务中承担的职责，围绕既定的职责划分支出责任。关于事权与支出责任划分的相关问题，国内外学者进行了广泛而有益的研究，取得了丰富的研究成果，为本书研究奠定了坚实基础，也提供了良好的借鉴与启发。

一、关于事权、财权、财力与支出责任概念界定的研究

(一) 事权

关于事权的概念，其提法随时代的不同而赋予不同的内涵。在计划经济时代，政府的事权主要指各级政府对国营企事业单位的行政管理权，表现为

一种行政隶属的关系。正如倪红日（2006）、楼继伟（2013）认为，事权一词是在我国特有语境下产生的，对应于西方国家的政府职责。在经济市场条件下，事权常被表述为政府所拥有的从事社会经济事务的责任和权利。随着我国市场经济的建立和不断完善，政府的公共性越发重要，事权被理解为政府承担公共事务的责任与权力。①② 刘尚希（2006）认为，事权是政府处理公共事务的权力，是政府职能的具体化。现阶段，事权的概念多被理解为政府承担公共服务职能与责任。③ 马万里（2012）认为，在市场经济下，政府的职能主要指供给公共产品和公共服务，对应事权的内涵是公共品供给职责。④ 十八届三中全会的《决定》明确认为，事权是一级政府在公共事务和公共服务中应承担的任务及职责。

由此可见，事权作为我国特有语境下产生的概念，围绕不同时期政府职能定位，其内涵在不断丰富和变化，不过是老概念不断赋予新称谓而已。具体讲，现阶段所谓事权指依据一级政府职能赋予相应的权力，以此确定一级政府在公共事务和服务中应该履行承担的任务及职责。一般来说，政府的主要职能是提供公共产品和公共服务，故从本质上讲，政府事权可以理解为不同层级政府在提供公共产品和公共服务中应承担的职责及赋予的权力。需要明确的是，在事权概念中，体现了事责和权力的统一，而非单一的从责任方面划分事责。由于政府的权力是通过国家立法机构法律授予的，这决定了政府事权作为政府处理公共事务的一种权力，其划分应该由国家的立法机构通过法律授予及调整实现。

（二）支出责任

所谓支出责任，一般来说是政府事权在财政上的体现，由于易于量化，多用支出责任反映和衡量事权，表现为政府运用相应的财政资金履行其事权的承担、满足公共服务需要的财政支出义务。马万里（2012）认为，事权体

---

① 倪红日. 应该更新"事权与财权统一"的理念 [J]. 重庆工学院学报，2006（12）：1-6.
② 楼继伟. 中国政府间财政关系再思考 [M]. 北京：中国财政经济出版社，2013.
③ 刘尚希. 遵循一个原则，解决三个问题——完善现行财政体制的几点思考 [J]. 中国财政，2008（1）：68-69.
④ 马万里. 多中心治理下的政府间事权划分新论——兼论财力与事权相匹配的第二条（事权）路径 [J]. 经济社会体制比较，2013（11）：203-213.

现在财政上是支出责任。但支出责任并不完全等同于事权。[①] 柯华庆（2014）认为，主流财税界一直将"事权"与"支出责任"或"职能"相混淆，通俗来讲，用钱做何事以及用于哪一类民众，政府具有选择的权力称为事权，而做事需要支出，履行支出责任称为事责，财政上的事责就是支出责任。[②] 通过上述梳理发现，对事权与支出的关系可以用孪生关系形容，关系密切而又不完全相同。从二者的定义发现，清晰的事权划分是准确划分支出责任的重要依据和前提，具有决定性的作用。

（三）财权

关于财权，可以从广义和狭义两个方面理解。财权是财政权限的简称，由于财政包括支出和收入两个维度，其广义指某级政府拥有的包括财政收入和财政支出的财政管理权限，称为财政支出权和财政收入权。狭义指财政收入权，与事权相对应。狭义的财权主要包括税收立法权、课税权和税收征管权。1994 年，我国进行了分税制改革，将国家的全部税种在中央和地方政府间进行划分，以此确定中央和地方的税收收入的做法，从根本上赋予了各级政府自身的财政收入自主权。

（四）财力

财力是指各级政府在一定时期内拥有的以货币表示的财政资源，主要来源于本级政府税收收入、上级政府转移支付、非税收入及各种政府债务等。因此，衡量一级政府拥有的财力，主要取决于当地的税收来源、政府的征收能力以及政府获得税收以外财政收入的能力。[③] 可以看出，财权与财力的关系可以理解为：政府拥有财权则其就拥有相应财力，但反过来政府拥有财力不一定拥有财权。一般而言，上级政府的财权大于其最终支配的财力，然后通过转移支付将一部分财力转移给下级政府，弥补下级政府由于财权不足而导致的财力不足但又不得不具备的财力基础，使得下级政府的财力往往大于

① 马万里. 分权困境与多层治理：财力与事权相匹配的反思与路径重构 [J]. 社会科学，2013 (8)：37-46.
② 柯华庆. 财政分级制原则的体系构建 [C]. 第九届（2014）管理学年会——公共管理分会场论文集，2014.
③ 倪红日. 突破"事权与财权统一" [N]. 财经，2006 (7)：22-23.

其财权。因此可以说，拥有财权的政府，一般都拥有相应的财力，但政府拥有财力不一定有财权。究其原因，是由中央政府和地方政府职责不同而决定的，调节地区间公共服务水平的职责要求中央政府应该具有比地方政府更大的财权，而只负责本地区公共服务的职责要求地方政府承担更多事权管理责任，匹配相应小范围的财力即可。

（五）几组概念的逻辑关系表述

首先，事权与财权和财力匹配的逻辑关系。事权是财权和财力划分的依据。1994 年，分税制改革关于正确处理央地财政关系，提出了"事权与财权相匹配原则"，主要是解决分税制改革初期顺利推进税种在不同层次政府间合理划分，进而提出"财权与事权相匹配原则"以适应当时改革的需要。刘积斌（2008）认为，在划分财政收支权限时应该以各级政府的事权为基础，依据事权的大小划分财政收支权限，做到事权与财权相统一。[①] 然而，随着政府公共事务及公共服务项目范围的增加，加上分税制运行中地区发展差异不断加剧，中央政府不得不施以大量的转移支付，以宏观调控、弥补区域间公共服务差异，尽力实现全国范围内公共服务均等化，但事权与财权的划分相匹配很难做到，不得不转向为"事权与财力相适应的原则"。刘尚希（2005）认为，事权、财权、财力作为财政体制的三要素，其不同组合构成了不同类型的财政体制。相对事权而言，财权与财力均是手段，为事权的履行提供财力，在事权不变的前提下，对于落后地区，财力与事权匹配具有更实质的意义。[②] 贾康（2008）提出，要使各级政府都能提供本层级应该承担的公共产品和服务，需要建立在财力与事权相互匹配的基础上。[③] 楼继伟（2013）指出，财权的分配受限于税制，财权的配置需要遵循税种的基本属性，而事权划分遵循外部性、信息处理的复杂性与激励相容的处理原则，二者相互匹配不大可能是政府间财政关系的常态，既然二者难以实现匹配，可通过转移支付增强财力使事权与财力相匹配。[④] 因此，从改革的具体内容看，"事权与财力相匹配原则"是为应对分税制改革中出现的新情况、新问题而

① 刘积斌. 我国财政体制改革研究［M］. 北京：中国民主法制出版社，2008.
② 刘尚希. 进一步改革财政体制的基本思路［J］. 中国改革，2010（5）：31－37.
③ 贾康. 关于财力与事权相匹配的思考［N］. 光明日报，2008－4－22（10）.
④ 楼继伟. 中国政府间财政关系再思考［M］. 北京：中国财政经济出版社，2013.

提出的，它更能体现政府间财政关系的常态。

其次，事权是支出责任划分的前提和基础。只有清晰划分某级政府的事权范围，才能明确确定其支出责任，即某级政府在某项公共服务上承担多大范围的事权，决定了它支出责任的多少。《中共中央关于全面深化改革若干重大问题的决定》提出的"事权与支出责任相适应"，为中央政府与地方政府以及地方政府之间的财政体制改革指明了方向。该提法要求合理划分各级政府支出责任，明确一级政府、一级事权，各自承担支出责任，有利于促进财政绩效评价。需要指出的是，这里提出的"事权与支出责任相适应"并非取代"财力与事权相匹配"的表述，相反，这一提法更加强调法律层面权责一致性的理念。徐阳光（2014）认为，该提法是以贯彻权责的对应性，深层次的法理基础则指向"权利义务的一致性"原则，是更好地实现财力与事权相匹配的目标，从而更好地理顺财税体制改革的逻辑思路。①

二、事权与支出责任划分的依据及原则研究

（一）事权与支出责任划分的依据

政府职能不同是划分政府间事权与支出责任的基本依据。依据不同级次的政府职能，斯蒂格勒（1957）提出，地方政府比联邦政府更接近并了解本辖区民众的需求，同时民众具有对政府提供的公共品种类、数量以及提供的方式等进行自由投票表决的权利，这决定了地方政府的存在是实现资源有效配置性的必要条件。② 马斯格雷夫（1959）认为，配置、分配、稳定是政府职能理论的精髓，并主张将事关全国范围内的分配公平和事关经济社会稳定的职能划分为中央政府承担。③ 奥茨（1972）通过一系列假定提出分散化提供公共品的比较优势，认为就某种公共品来说，如果对其消费涉及全部地域的所有人口的子集，并且关于该公共品的单位供给成本对中央政府和地方政

① 徐阳光. 论建立事权与支出责任相适应的法律制度——理论基础与立法路径［J］. 清华法学，2014（5）：88－102.

② G. J. Stigler. The Tenable Range of Functions of Local Government［J］. Washington：Joint Economic Committee，1957（1）：16－213.

③ Musgrave R. A.，Theory of Public Finance：A Study in Public Economy［M］. New York：Mc Graw-Hill，1959.

府都相同，则让地方政府提供给他们各自的选民要比由联邦政府提供更有效率，更能达到帕累托最优。① 威廉（1977）认为，政府部门层级不同，其职能也不同，并且相互间不能替代，就国家经济职能看，宏观调控职能须由联邦政府实施，有关社会福利再分配职能也应由中央政府承担。就资源配置而言，其最重要的评价标准是消费者的偏好和满足程度，但消费者的偏好和意愿一般具有明显的地域性，这使得地方政府在收集和识别消费者的偏好及意愿时，更能贴近地方的实际情况，为此，由地方政府主导资源配置是提高公共产品效用水平的有效办法。② 所以，应明确各级政府职能，并依据职能行使的财力需要，合理匹配财政管理权限。理查德·韦特雷希（1981）针对以往理论，对于中央政府在对全体公民的消费偏好和意愿具有认识上的疏漏，提出了"偏好误识"理论，认为地方政府具有了解本地区居民的偏好的优势，由地方政府来提供公共产品，能有效降低公共产品提供过程中带来的过多或不足等偏差。③ 奥埃克斯（1983）认为，公共产品的受益范围是有效界定各级政府的职能，合理划分事权与支出责任的依据。应由中央政府提供有益于全体国民的公共产品，与此同时，中央也应该提供那些只涉及惠及某一阶层或某少数人，但因对全社会和国家的发展至关重要的公共产品。当然，为了维护局部利益和保护辖区民众的个人自由，政府的权力应当最大限度地分散，应赋予地方政府一定的职权和财力。④

（二）事权与支出责任划分的原则

巴斯塔布尔（1892）提出了政府间事责划分应遵循受益、行动、技术三原则。受益原则要求政府提供的公共服务，凡其受益范围是全体公民，则支出责任承担在联邦政府，凡受益范围仅局限于地方民众，则支出负担在地方。行动原则指政府提供公共服务，按其活动涉及划分收支责任，需要统一规划的公共服务，其支出责任应由联邦财政承担，凡公共服务必须因地制宜的，

① Oates W., Fiscal Decentralization [M]. Harcourt, Barce and Jovanovich, 1972.

② William F. Sharpe. The Capital Asset Pricing Model: A. Multi-Beta' Interpretation, Financial Decision Making Under Uncertainty (Haim Levy and MarshallSarnat, Editors) [M]. New York Academic Press, 1977.

③ Ricard W. Tresch. Publie finance. Business publication. Inc. 1981.

④ 奥埃克斯. 公共财政学 [M]. 张愚山译. 北京：中国财政经济出版社，1983.

则其支出责任应由地方财政承担。技术原则指联邦政府负责高技术含量公共服务的提供。① 马斯格雷夫（1959）认为，政府事权划分主要考虑效率、公平和经济稳定三原则。在效率方面，政府层级与服务对象越接近，效率越高，越分权越有效率，也就是说，支出责任划分应遵循属地化取向；在再分配方面，由于各地区经济发展状况存在差异，需要较高层级的政府统一制定分配政策；在经济稳定方面，中央政府具有绝对优势。② 斯蒂格勒（1957）提出了公共服务由哪级政府承担的效率原则，对于全国性的公共产品或服务，出于效率考虑，地方政府往往是心有余而力不足，应交由联邦政府提供更容易提高效率，而对于地方性的公共产品或服务，地方政府更接近民众，了解其真实消费偏好和意愿，由地方政府提供更容易实现资源配置的帕累托最优。③ 米凯塞尔（1968）认为，政府间事权划分应该遵循民主原则和州权原则：民主原则指政府作为公民的代理人，政策制定和决策过程应该贴近民众需求；州权原则指关于地区的发展，联邦政府充分尊重州或地方民众选择适合自身发展政策的权利。④ 罗伊·伯尔（2004）提出了顺序原则。按照"以支定收"的原则来划分财政收入，即首先给予地方政府财政支出的职权，然后决定财政收入的分配。⑤ 在结合美国、德国、日本等国家政府文件和实践层面看，其事权与财政支出责任具有法制化原则。关于事权与支出责任的具体划分均体现在《宪法》等国家的根本法中，不仅在财政分权基本方面有相关法律的规定，而且在财政分权的细节上也有法律规范，完备的财政分权法律规范减少了政府因职权不清而带来的越权和失职现象。同时，很多国家还专门出台《政府间转移支付法》，以配合财政分权制度的运行。周波（2008）认为，若政府间事权划分保持清晰稳定则需要构建事权划分的法律体系，关于如何合理划分各级政府事权与支出责任，需要达到两个目的，一方面，应让不同级次政府在提供公共产品和公共服务过程中各司其职，另一方面，应避免不同级次政府间相互恶性竞争和推诿。⑥

---

① 李春根. 公共经济学 [M]. 武汉：华中科技大学出版社，2007.

② Musgrave R. , The Theory of Public Finance [M]. New York：McGraw Hill, 1959.

③ G. J. Stigler. The Tenable Range of Functions of Local Government, Washington：Joint Economic Committee, 1957（1）：16 – 213.

④ 引自李祥云. 政府间财政事权划分研究：一个文献综述 [J]. 财政监督，2017（9）：30 – 35.

⑤ Roy Bahl. 政府间财政关系比较研究 [M]. 北京：中国财政经济出版社，2004.

⑥ 周波. 我国政府间事权财权划分——历史考察、路径依赖和法治化体系建设 [J]. 经济问题探讨，2008（12）：6 – 16.

楼继伟（2013）认为，应遵循外部性、信息处理的复杂性、激励相容三原则。即一项活动如果只让一个地方得益或受损，则应交给地方政府管理并承担其相应的支出责任，如果还有其他地方受益或受损存在外部性，则适合交由更高级别政府管理并承担其相应的支出责任；鉴于地方政府在接近民众、容易了解和收集民众真实偏好及信息，对于信息处理越复杂、越造成信息不对称的事项，越应交由地方管理；事权和支出责任划分需要充分考虑激励相容的原则，即各级政府均能按照自身的利益去运作以实现整体利益最大化。①

三、事权与支出责任的分类及特点

根据事权配置过程中授予权归属的不同，财政部财政科学研究所课题组（2010）将事权的配置分为分权方式和授权方式，授权方式是指将剩余权划归上级政府的事权配置方式，而分权方式指将剩余权划归级次较低政府的事权配置方式。一般而言，较低级次政府的事权配置适合授权方式，较高级次政府适合分权方式；就国家结构形式看，联邦制国家通常多采用分权方式，而单一制国家以及联邦制国家州政府以下地方多采取授权方式。② 文政（2008）认为，公共品层次理论是政府间事权和支出责任划分的主要依据，对全国性公共产品的提供，应由中央政府承担；提供地方性公共产品和公共服务受益范围仅局限于地方，应由地方政府承担，介于二者之间的混合公共品的提供应该明晰中央与地方事权范围和支出比例。③ 何逢阳（2010）指出，按照政府层级特点划分事权，将其分为显性的法定事权和隐性的委托性事权。④ 刘尚希等（2012）总结了支出责任划分的"横向"和"纵向"划分模式，"横向"划分指根据公共品的特点在不同层级政府之间做出明确划分与界定；"纵向"划分指将责任分为决策权、执行权、监督权与支出权，然后

① 楼继伟. 中国政府间财政关系再思考［M］. 北京：中国财政经济出版社，2013.
② 财政部财政科学研究所课题组. 政府间基本公共服务事权配置的国际比较研究［J］. 经济研究参考，2010（16）.
③ 文政. 基于中央与地方政府间关系的财政支出事权划分模式研究［D］. 重庆：重庆大学博士学位论文，2008.
④ 何逢阳. 中国式财政分权体制下地方政府财力事权关系类型研究［J］. 学术界，2010（5）：17-26.

按责任要素在政府间进行划分。① 现阶段，我国经济社会发展更加注重集政治、经济、社会、文化、生态"五位一体"的全方位发展，与之相适应的事权与支出责任划分具有更加细化的特点。

四、事权与支出责任划分存在的问题研究

(一) 整体视角

第一，事权与支出责任划分存在的问题研究。没有清晰、细化各级政府间事权，可以说是我国财税体制改革的硬伤。随着分税制改革的不断推进，问题不断呈现，出现了"事权下移、财权上收"，导致事权与支出责任不相适应现象更加突出。贾康、白景明（2002）认为，事权与支出责任划分不适应与我国实行的多层级政府的行政体制安排有关，政府职能转变落实不充分，分税制加大了中央政府的财政集中度，这种情况下，难以确保地方政府在执行事权的过程中有充足的财力支持。② 宋立（2007）认为，现阶段我国各级政府事权划分实行多重标准，存在相互交叉冲突，在支出责任上，中央政府承担的支出责任相对不足，地方政府尤其是基层地方政府承担了较多。同时发现，我国基本公共服务事权重心偏低，各级政府承担的事权责任与其收入和行政能力不对称，尤其是省级事权支出责任比较小。③ 李俊生、乔宝云等（2014）指出，事权纵向划分存在问题，源于我国各级政府职责同构，对所涉及事务"齐抓共管"，使得政府间事权划分不明确，事权的承担不分主次，甚至主次颠倒。④ 卢洪友、张楠（2015）认为，现阶段事权与支出责任存在横向错配和纵向错配。即横向上，政府、市场与社会三者间的权责边界不明，政府职能越位与缺位并存，政府介入微观经济事务过多，而政府的公共服务职能履行不到位；纵向上表现为地方政府收入能力与支出责任严重不匹配，

---

① 刘尚希，马洪范等. 明晰支出责任：完善财政体制的一个切入点 [J]. 经济研究参考，2012 (40)：3 – 11.

② 贾康，白景明. 县乡财政解困与财政体制创新 [J]. 经济研究，2004 (2)：3 – 9.

③ 宋立. 各级政府事权及支出责任划分存在的问题与深化改革的思路及措施 [J]. 经济与理论研究，2007 (4)：14 – 21.

④ 李俊生，乔宝云. 明晰政府间事权划分 构建现代化政府治理体系 [J]. 中央财经大学学报，2014 (3)：3 – 10.

收入层层上移，支出层层下压，加剧了地方政府收入能力与支出负担不匹
配。① 李春根、舒成（2015）指出，我国事权与支出责任划分遵循的"上级
主导、层层下放"路径，是造成地方政府间事权和支出责任的模糊和不科学
的主要原因，建议应该以"事权法定、外溢共担、超负上移"的路径实现省
及以下地方政府的事权与支出责任相适应。寇明凤（2015）认为，政府间的
职责同构不仅易造成权力不清，责任不明，也容易滋生政府间的不良博弈、
责任推诿等问题。② 王东辉（2016）认为，目前我国事权与支出责任划分存
在政府与市场的边界划分不清晰、政府间事权划分法治化缺乏、事权与支出
责任划分不适应，"中央请客、地方买单"时常发生，上级对下级的责任转
嫁，加大了下级财政负担。③ 刘承礼（2016）发现，不同省份，同级部门权
责事项总量与结构差异较大，同一省内省市县级部门之间权责事项多有交叉，
统一事项的支出责任在各省同级部门间或者上下级部门间没有可比性，且权
责事项间只存在单向的映射关系。④

　　第二，事权与支出责任划分存在问题的政策建议。目前，事权与支出责
任划分呈现出诸多突出问题已成为财政体制改革不可回避的迫切需求，众多
学者从不同的视角和领域提出不同的建议与对策。贾康、白景明（2002）认
为，为缓解中国基层财政困难，应从减少政府及财政层级、按照"一级政
权，一级事权，一级财权，一级税基，一级预算，一级产权，一级举债权"
的思路，健全转移支付制度完善分税制等方面给出建议。⑤ 冯兴元、李晓佳
（2005）认为，合理划分公共服务事权是建立分级财政体制的核心和基础，
认为事权混乱的内在原因是政府自利取向和公共治理机制的缺位，并在此基
础上提出了"市场优先""地方优先与上级辅助相结合"等事权划分建议。⑥
何振一（2007）从现行分税制的缺陷出发，认为各级政府间事权的划分是建

① 卢洪友，张楠. 政府间事权和支出责任的错配与匹配［J］. 地方财政研究，2015（5）：4 -
10.
② 寇明凤. 省以下政府间事权与支出责任划分的难点与路径选择［J］. 经济研究参考，2015
（33）：66 -70.
③ 王东辉. 发达国家财政事权划分模式及对我国的启示［J］. 地方财政研究，2016（3）：108 -
112.
④ 刘承礼. 省以下政府间事权和支出责任划分［J］. 财政研究，2016（12）：14 -27.
⑤ 贾康，白景明. 县乡财政解困与财政体制创新［J］. 经济研究，2004（2）：3 -9.
⑥ 冯兴元，李晓佳. 政府公共服务事权划分混乱的成因与对策［J］. 国家行政学院学报，2005
（3）：71 -74.

立财政体制的首要任务，需转换收支额度测定与划分的思路，按照实际情况因地制宜区别对待，废弃保护既得利益的做法，取消税收返还制度。① 文政（2008）将中央与地方政府间支出事权模式概括为纯中央事权由中央政府负责，纯地方事权由地方政府承担，混合事权由中央委托地方政府负责，针对混合事权央地政府划分模糊、不相适应等问题，提出以职能为导向划分事权，在此基础上合理划分财权和建立透明规范的转移支付制度。② 许梦博、王泽彩（2014）通过对事权与支出责任相适应的理论分析，并在地方税体系框架设计下，提出构建"五级政府"下的"三级财政"、适度上收部分事权、规范转移支付制度和改革省以下财政体制。③ 胡贺波（2014）从财政联邦主义的视角，对优化中央政府与地方政府间财政关系的路径依赖、社会经济效应进行系统评价，提出全面优化中央政府与地方政府间财政关系的可行路径。④ 白晓峰（2015）认为，《预算法》的修改将事权与支出责任不断推向以现有的事权划分为参照、全面审视中央与地方关系的宏阔视野中。同时认为，《预算法》需进一步完善，应规定事权划分与支出责任分配原则及规则、将问责机制扩大到事权执行和支出责任范围、确定适当的中央与地方支出责任分配比例及其增长幅度。⑤ 于树一（2015）认为，按照"事权和支出责任相适应"的原则理顺政府间财政关系，涉及确定政府间事权的范围、事权和支出责任的划分、寻求资金来源、优化财政收入结构、完善转移支付制度，并从这几方面提出了建议。⑥

（二）基于特定领域

事权与支出责任的研究从整体视角扩散到诸多领域，主要涉及文化教育、

---

① 何振一. 丰硕的成果 突出的贡献——评2007年财政监督工作 [J]. 财政监督，2007 (23): 10 – 10.

② 文政. 基于中央与地方政府间关系的财政支出事权划分模式研究 [D]. 重庆：重庆大学博士学位论文，2008.

③ 许梦博，王泽彩. 结构性视角：事权与支出责任的适应性浅析 [J]. 财政研究，2014 (1): 13 – 15.

④ 胡贺波. 中国中央与地方政府间财政关系研究及效应评价 [D]. 长沙：湖南大学博士学位论文，2014.

⑤ 白晓峰. 预算法视角下的中央与地方关系——以事权与支出责任分配为中心 [J]. 法商研究，2015 (1): 24 – 28.

⑥ 于树一. 论国家治理框架下事权和支出责任相适应的政府间财政关系 [J]. 地方财政研究，2015 (5): 11 – 16.

医疗卫生、农业发展、环境治理等诸多领域。赵应生、洪煜等（2010）认为，分税制改革后，并未能充分实现地方政府财力相应增加，导致高等教育的事权与财权不匹配，进而提出了高等教育财权与事权匹配指数的计算公式。① 赵永辉（2015）从匹配度视角出发，构建了一套测度我国高等教育支出责任与财力保障的匹配指标体系，在此基础上，揭示了支出责任与财力匹配的规律理论，进而提出完善支出责任安排、增强财力保障、强化制度约束等建议。② 逯元堂（2014）等认为，中央政府主要承担环境保护宏观调控、统一规划和管理、监管、着力构建国家调控、地方负责、政府有为、市场有效的环保事权财权格局。③ 傅才武、宋文玉（2015）专门探讨了文化领域的事权与支出责任，通过分析不同文化产品的基本特征并归纳其"六大特征性指标"和划分中央与地方事权"三原则"，构成文化领域内政府间事权与支出责任划分的理论基础、划分标准和政策路径。④ 宋美喆、刘寒波（2016）对湖南省内外水库、水闸等水利设施调研发现，我国水利事权与支出责任划分在具体实践中存在事权与支出责任划分不合理、跨界纠纷难解决、多头管理等诸多突出问题，提出了水利事权与支出责任划分改革的一系列政策措施。⑤ 张明喜、朱云欢（2016）对我国科技事权与支出责任划分的现状，分析了存在的主要问题，并在完善国家治理体系的框架下提出了改革的总体框架、划分原则和实施路径。⑥ 甘娜、刘大帅等（2015）以义务教育和养老保险为例，对发达国家政府间的事权配置是否适应人口流动的特点和需要进行了分析，为我国各级政府间解决流动人口公共服务供给的事权和支出责任、提高流动人口公共服务的效率供给进行了有益探讨。⑦ 何小伟、庹国柱（2014）认为，

---

① 赵应生，洪煜，钟秉林．我国高等教育大众化进程中地方高校经费保障的问题及对策［J］．教育研究，2010（7）：73－81．

② 赵永辉．我国高等教育支出责任与财力保障的匹配研究［M］．北京：中国社会科学出版社，2016．

③ 逯元堂，吴舜泽等．环境保护事权与支出责任划分研究［J］．中国人口资源与环境，2014（8）：91－96．

④ 傅才武，宋文玉．创新我国文化领域事权与支出责任划分理论及政策研究［J］．山东大学学报（哲学社会科学版），2015（6）：1－20．

⑤ 宋美喆，刘寒波．我国水利事权与支出责任划分中存在的问题及原因探析［J］．水利经济，2016（5）：38－45．

⑥ 张明喜，朱云欢．中央与地方科技事权与支出责任划分的考虑——基于对科技综合管理部门的调研［J］．科学学研究，2016（7）：985－992．

⑦ 甘娜，刘大帅等．发达国家政府间事权配置适应人口流动的探讨——以义务教育和养老保险为例［J］．华东经济管理，2015（12）：118－122．

农业补贴上中央应该承担更多的事权，而目前，中央财政对各省的补贴未充分考虑差异化，县级财政保费补贴的支出责任与财力严重不匹配。①

五、支出责任与财力匹配研究

（一）税权与税收收入的研究

支出责任是事权在财政支出上的具体体现，根据事权与财权相结合的原则划分中央税和地方税，形成各级财政各自的收入来源，为支出责任提供相应的财力保障。罗伊·鲍尔（2000）对各国财税体制研究时指出，合理的税收划分是财政体制良好运行的基础。依照税种的功能、特性、归属权可把税种划分为中央税、地方税、共享税。关乎全社会公平的、在全国性市场能统一形成并统一流动的、多环节征收的划归中央税，涉及公平与效率并重的作为共享税；对于非流动性、单环节征收的划归地方税。② 李林瑞等（2005）认为，我国是单一制国家，为适应集权制的政体，统一、协调发展各项经济和社会事业，我国的税权分配应坚持"集中立法、统一税制、适度分权、分级实施"原则。③ 兰晓强、孟艳玲（2010）认为，财政资源在中央与地方政府间优化配置，使得资源能够在政府间的使用达到最大化效用。④ 郑培（2012）认为，解决地区差异，尤其是欠发达地区财力问题，在财权上要调整央地税收关系，对于上下级政府间讨价还价问题，应该运用法律解决，同时明确中央承担全国受益的公共品及公共服务，地方承担地方受益的公共品。⑤

（二）关于弥补事权、支出责任不适应的转移支付制度研究

转移支付制度已经成为各国宏观调控的重要手段之一，主要是为解决各

---

① 何小伟，庹国柱. 农业保险保费补贴责任分担机制的评价与优化——基于事权与支出责任相适应的视角 [J]. 保险研究，2014（8）：80-87.

② 罗伊·鲍尔. 税制与中央及地方的财政关系 [M]. 北京：中国税务出版社，2000.

③ 李林瑞，郑智勇，马运涛等. 建立与国家政体一致的税权划分及分配模式 [J]. 税务研究，2005（2）：40-44.

④ 兰晓强，孟艳玲. 政府间财政资源合理配置——基于中央和地方政府税收划分的思考 [J]. 税务与经济，2010（4）：99-104.

⑤ 郑培. 新时期完善我国政府间事权划分的基本构想及对策建议 [J]. 地方财政研究，2012（5）：32-40.

级政府间事权与支出责任不相适应引致的财政收入支出不匹配，其目的是实现公共服务均等化。拉奥和辛格（2001）在了解印度政治联邦制基础上，重点考察了印度政府间财政转移支付制度的运行和政治经济对转移支付运行的影响，提出了与税收安排和地方政府有关的财政联邦制改革的可行路径。[①] 阿拉赫（2002）对意大利财政体制改革进行考察时发现，在过去的 10 多年中，意大利取消了随意性的转移支付和地区间资源利用的限制，推行了新的政府间税收分享制和财政转移支付制度是必要可行的。[②] 辛格（2004）对印度政府间财政关系的制度安排做了专门的梳理，重点对其起源和发展、政府间的事权和支出责任、财政转移支付、经验教训、面临挑战等方面进行了研究和评估。[③] 普菲尔德（2004）在考察印度财政分权的困境时发现，导致印度 20 世纪 90 年代后期财政赤字扩张的主要原因并非财政分权，而是地方政府对中央转移支付的依赖及对自身控制财政赤字积极性下降表现出来的道德风险。[④] 科佐吉安尼斯、施瓦格（2008）从公共选择理论的视角出发，认为在政治选举制度下，由于受到政府官员政治生涯的影响，配套财政分权的一般性转移支付对地方政府公共服务供给会同时产生正面和负面影响。[⑤] 罗伯特（2008）认为，由于实施一般性财政转移支付，中央政府拨付转移支付金额到达的地方部门，会对地方政府财政支出行为产生显著影响，会增加地方政府的支出，而增加的支出水平大于本地政府税收增加带来的地方政府公共支出水平，并提出了一般转移支付的"粘绳纸"效应。[⑥]

在转移支付机制设计上，艾哈迈德（2005）提出从转移支付目标、手段、运行机制、组织机构和信息及数据需求方面做出综和评价，构建了政府间

———————————

① Rao M. , Singh N. , Federalism in India: Political Economy and Refbrms [J]. UCSC, Economics Working Paper, 2001 (484): 2 – 28.

② Arachig G. , Designing Intergovemental Fiscal Relations: Some Insights from the Recent Italian Refbrm [J]. Universita Bocconi Working Paper, 2002 (84): 3 – 18.

③ Singh N. , India's System of Intergovemental Fiscal Relations [J]. University of California Santa Cunz SCCIE Working Paper, 2004 (1): 4 – 17.

④ Purfield C. , The Decentralization Dilemma in India [J]. IMF Working Paper, 2004 (32): 3 – 28.

⑤ Kotsogiannis C. , Schwager R. , Accountability and Fiscal Equalization [J]. Journal of Public Economics, 2008, 92 (12): 2336 – 2349.

⑥ Robert P. , The Flypaper Effect [R]. NBER working paper 14579, DEC, 2008.

均等化转移支付管理与设计的制度框架。[①] 汉斯和施耐德（2005）站在立法化机构的权力交易视角，研究德国立法化机构的权力交易对转移支付分配方向的消极影响，从而为分析政府间财政转移支付的政治化提供了新的视角。[②] 伊拉旺（2014）构建"代际转移模型"研究政府间转移支付制度设计对地方财政收入及其支出方式的影响。[③]

分税制框架的大背景下，由于事权支出责任与财权财力不匹配而出现的公共服务非均等化成为关注的焦点，以公共服务均等化为目的的转移支付来弥合二者缺口研究更加深入。傅勇、张晏（2007）利用1994~2004年的省级面板数据讨论地方政府支出结构偏向的激励根源，认为财政分权和基于政绩考核下的政府竞争，导致地方政府"重基本建设、轻公共服务"的公共支出结构。[④] 龚锋、卢洪友（2009）等研究表明，财政分权与基建支出比重呈正相关，与科教文卫支出比重呈负相关，并且会引发抚恤与社会福利救济费的供给不足和行政管理与基建支出的过度供给。[⑤] 贾智莲、卢洪友（2010）运用动态因子分析法，研究我国省级地方政府2001~2006年教育及民生类公共品的供给水平。结论显示：增进地方政府对教育及民生类公共品的供给水平的因素不是财政分权和政府偏好，而是财政收入和城市化水平。同时发现，转移支付、经济开放度和人口密度等均对教育及民生类公共品供给产生不同程度的抑制作用。[⑥] 傅勇（2010）认为，分权下财政体制和政府治理对非经济性公共物品供给影响，呈现出财政分权显著地降低基础教育的质量，同时减少城市公用设施的供给。[⑦] 庞凤喜、潘孝珍（2012）研究财政分权对社会保障支出影响后得出类似结论，收入分权对地方社会保障支出规模影响呈负

---

① Ahmad E. , On the Implementation of Transfers to Subnational Governments [J]. IMF Working Paper, 2005 (130): 4 – 25.

② Hans and Schneiders. Guide to Intergovernmental Fiscal Transfers [J]. Wording Bank Policy Research Woricing Paper, 2005 (4039): 3 – 48.

③ Irawan S. , Tacconil, Ring I. , Designing Intergovernmental Fiscal Transfers for Conservation: The Case of REDD + Revenue Distribution to Local Governments in Indonesia [J]. Land Use Policy, 2014 (1): 47 – 59.

④ 傅勇，张晏. 中国式分权与财政支出结构偏向：为增长而竞争的代价 [J]. 管理世界，2007 (3): 4 – 12.

⑤ 龚锋，卢洪友. 公共支出结构、偏好匹配与财政分权 [J]. 管理世界，2009 (1): 10 – 20.

⑥ 贾智莲，卢洪友. 财政分权与教育及民生类公共品供给的有效性 [J]. 数量经济技术经济研究，2010 (6): 140 – 153.

⑦ 傅勇. 财政分权、政府治理与非经济公共物品供给 [J]. 经济研究，2010 (8): 4 – 15.

相关，支出分权对地方社会保障支出影响呈正相关并呈倒 U 曲线现象。① 田侃、亓寿伟（2013）研究了东、中、西部地区中央转移支付和财政分权对不同类别公共服务供给水平的影响差异，发现财政分权对不同地区的不同公共服务项目供给影响均不同。② 张宇（2013）研究表明，随着收入及分权程度的增加，政府生产性财政支出比重先增加后降低，是倒 U 型曲线形状变化，而随着支出分权程度的增加，生产性财政支出比重反而下降，成相反关系变化。③

六、关于社会保障事权与支出责任划分的研究

随着全面建成小康社会的推进，社会保障作为最基本最核心的公共服务，已成为民生支出的重要组成部分。如何合理划分不同区域、不同级次政府间社会保障事权与支出责任，如何配套设计合理的社会保障转移支付制度以确保实现社会保障制度在全国范围内的均等化，逐渐成为学者们关注的问题。蔡杜文（2004）认为，处理好中央与地方政府的关系以及地方各级政府间的关系是合理划分社会保障事权的关键，并以集权和分权为依据，介绍了 7 个典型国家的社会保障事权划分的经验启示。④ 黄书亭、周宗顺（2004）认为，我国社会保障制度的有效运行和与长远发展受限于中央政府与地方政府间职责划分的模糊性，提出以立法与分工负责相结合、财权与事权相统一、经济效益等原则，以有效划分央地的社会保障事权与支出责任。⑤ 陶勇（2007）以财政分权为理论基础，借鉴西方发达国家的经验，从事权、财权和财力的统一、法治化等方面完善社会保障事权的划分。⑥ 杨良初等（2007）从社会

① 庞凤喜，潘孝珍. 财政分权与地方政府社会保障支出——基于省级面板数据的分析［J］. 财贸经济，2012（2）：29 – 35.

② 田侃，亓寿伟. 转移支付、财政分权对公共服务供给的影响——基于公共服务分布和区域差异的视角［J］. 财贸经济，2013（4）：29 – 38.

③ 张宇. 财政分权与政府财政支出结构偏异——中国政府为何偏好生产性支出［J］. 南开经济研究，2013（3）：35 – 50.

④ 蔡杜文. 政府间社会保障与支出责任划分的理论与国际经验［J］. 税务研究，2004（8）：24 – 29.

⑤ 黄书亭，周宗顺. 中央政府与地方政府在社会保障中的职责划分［J］. 经济体制改革，2004（3）：19 – 22.

⑥ 陶勇. 社会保障供给中政府间责权配置研究［J］. 中央财经大学学报，2007（10）：17 – 21.

保障事权划分的内涵入手，结合社会保障事权划分的问题分析，分别探讨了社会保险、社会救助、社会福利不同层面政府间事权划分。① 王存河、梁永辉（2013）认为，要实现法律对社会保障资金的规范和对地区差异的调节，需要将社会保障资金分权制度化，并做到社会保障事权、财政支出责任和财力相统一。② 李文沛（2014）认为，社会保障事权划分的原则主要是外溢性、一致性、规范性，遵守三个原则是实现社会保障事权在中央与地方有效划分的理论依据。③ 柯卉兵（2015）认为，目前我国各级政府间的社会保障权责划分存在责任边界模糊不清、相互转嫁责任、事权重心下移和支出责任过于分散化等问题，并从法制化、事权适度上移与财权适度下放相结合、完善转移支付制度等方面实现社会保障事权与财力相适应。④ 林治芬（2015）从现行养老保险的统账分管、制度整合、计发基数调整三大方面进行改革，提出现阶段中央和地方养老保险责任划分比例。⑤ 李凤月、张忠任（2015）从我国不同区域政府间社会保障责任划分和社会保障支出结构出发，运用泰尔指数测算了我国社会保障支出中的中央和地方关系及总体差异水平，结论显示总差异主要由区域间差异引起，并且区域内差异呈下降趋势，而区域间差异略微上升。⑥ 林治芬、魏雨晨（2015）对包括中国在内的 40 个国家中央和地方社会保障支出责任划分进行比较分析，发现中央政府社会保障支出占比最低，需要适度上划中央财政的社会保障支出责任。⑦

七、包括城乡低保在内的社会救助支出责任及其公平性研究

社会救助是社会保障的最基本、最重要的组成部分，无疑是救助标准线以下困难群体的基本生活保障，是生活困难群体发展成果共享和社会公平正

---

① 杨良初，赵福昌等. 社会保障事权划分辨析 [J]. 中国社会保障，2007（4）：28 - 30.
② 王存河，梁永辉. 中央与地方财政性社会保障资金的分权关系优化路径 [J]. 西部法学评论，2013（5）：28 - 33.
③ 李文沛. 中央与地方政府社会保障事权配置法制化思考 [J]. 人民论坛，2014（12）：121 - 123.
④ 柯卉兵. 如何划分中央与地方政府的社会保障权责 [J]. 中国医疗保险，2015（1）：23 - 25.
⑤ 林治芬. 中央和地方养老保险事责划分与财力匹配研究 [J]. 当代财经，2015（10）：39 - 48.
⑥ 李凤月，张忠任. 我国财政社会保障支出的中央地方关系及地区差异研究 [J]. 财政研究，2015（6）：51 - 58.
⑦ 林治芬，魏雨晨. 中央和地方社会保障支出责任划分中外比较 [J]. 中国行政管理，2015（1）：34 - 38.

义的最佳体现，社会救助支出作为财政最基本的民生支出备受关注。然而，就政府间社会救助支出责任的研究而言，多散见在社会保障事权与支出责任领域，专门的研究不多。

关于社会救助支出责任划分的研究。为数不多的学者结合社会救助不同子项目的事权与支出责任做了专门的研究。关信平、郑飞北（2008）通过分析一些国家在社会救助方面的资金来源与经费管理，发现在社会救助资金筹集与管理中，各国中央政府与地方政府关系最重要。① 曾崇碧（2009）以重庆城乡救助为例，认为城乡社会救助制度还存在财政预算机制、财政分担机制、财政转移支付机制、财政投入增长机制等方面的问题。② 杨红燕（2011）认为，政府间最优的社会救助支出分担模式取决于各国的国情，在理论梳理和国外借鉴的基础上，结合我国1999~2008年的数据进行科学性与合理性分析，提出社会救助以"中央财政为主"的模式划分。③ 侯东哲（2011）以中央与地方政府间财政救灾关系为研究对象，从如何明晰中央政府与地方政府之间救灾事权及应急管理财力配置合理化两方面进行研究，对存在的问题及原因进行深入剖析，并提出一系列对策建议。④ 张弛（2015）以自然灾害应急管理事权与支出责任划分为研究对象，认为目前中央政府承担了自然灾害应急管理中绝大部分的事权与支出责任，二者的博弈使得中央政府处于被动地位而地方政府不作为。⑤ 陈文美等（2021）在运用"巴罗法则"和柯布 - 道格拉斯生产函数模型推导基础上，利用回归分析方法划分我国社会救助的财政最优支出责任，并从支出责任偏离度值和社会救助财政负担等不同视角研究社会救助支出责任的调整及优化。⑥ 陈文美等（2021）认为，当前我国存在社会救助支出责任划分依据的法律层次较低，省级及以下地方政府财政支出

① 关信平，郑飞北等. 社会救助筹资及经费管理模式的国际比较［J］. 社会保障研究，2008（1）：98 – 110.

② 曾崇碧. 政府民生保障职能与社会救助财政投入机制分析——以重庆市城乡社会救助为例［J］. 经济体制改革，2009（4）：125 – 128.

③ 杨红燕. 中央与地方政府间社会救助支出责任划分——理论基础、国际经验与改革思路［J］. 中国软科学，2011（1）：25 – 33.

④ 侯东哲. 中央政府与地方政府间财政救灾关系研究［D］. 成都：西南财经大学博士学位论文，2011.

⑤ 张弛. 应对自然灾害的事权与支出责任划分研究［D］. 北京：财政部财政科学研究所，2015.

⑥ 陈文美，李春根. 我国社会救助财政支出责任划分及调整优化研究［J］. 江西财经大学学报，2021（3）：56 – 68.

责任划分不清晰、不合理，社会救助支出责任过度下放，社会救助支出层级较多等问题，并提出社会救助支出责任划分应由经济发展水平决定，与事权相适应，与财力相匹配，达到政府间激励相容，并提出相应的政策建议。①

在包括城乡低保在内的社会救助支出责任的公平性讨论方面，一些学者结合数据进行了有益的探讨，发现了不同程度的问题。顾昕等（2007）认为，在城市最低生活保障的筹资中，中央政府的补助金发挥了重要的拉平效应。② 李丽琴（2012）对城市低保的实证分析发现，中央专项转移支付对城市低保均等化的效果并不理想。③ 杨红燕（2014）对中央财政转移支付支出公平效果的评估认为，中央财政支出有效改善了全国城市低保支出的均等化，但对于东、中、西部地区却存在不合理之处。④ 龙昇等（2015）基于地方治理视角，以市级财政支出视角审视城市低保筹资均等化。提高低保制度的地区均等化不仅需要中央强大的转移支付，还应关注省级内部的不公平问题。⑤ 顾昕、白晨（2015）认为，县级财政筹资责任加重，是医疗救助公共财政纵向失衡和省际医疗救助筹资水平横向不平等的重要原因，发现中央转移支付在东中部地区的"拉平"作用有限，在西部地区省级中央政府起到的均等化作用较小。⑥ 陈文美等（2017）运用泰尔指数及分解方法，测算了我国城市最低生活保障各级财政支出的均等化效应。认为城市低保财政支出均等化水平不断提高，但也存在诸多不合理之处，且中央财政支出起主导性作用，但东部省份的支出安排不尽合理；省级财政在城市低保中没有发挥与其财力相适应的均等化效应，甚至还产生阻碍作用，一定程度上抵消了均等化效应，县级财政支出的均等化效应高于省级财政，其支出负担较重并提出相应的政

---

① 陈文美，李春根. 我国社会救助支出责任划分：理论依据、现实问题与优化路径 [J]. 社会保障研究，2021（4）：78 - 86.

② 顾昕，范酉庆，高梦滔. 中国城乡社会救助筹资水平的公平性 [J]. 国家行政学院学报，2007（1）：16 - 27.

③ 李丽琴. 专项转移支付效应的再审视——基于城市最低生活保障的实证分析 [J]. 首都经济贸易大学学报，2012（5）：21 - 29.

④ 杨红燕. 财政转移支付的公平增进效果研究——以城市低保制度为例 [J]. 中央财经大学学报，2014（9）：3 - 11.

⑤ 龙昇，孟天广. 地方治理视角下的城市最低生活保障筹资均等化研究 [J]. 贵州社会科学，2015（5）：40 - 47.

⑥ 顾昕，白晨. 中国医疗救助筹资的不公平性——基于财政纵向失衡的分析 [J]. 国家行政学院学报，2015（2）：35 - 40.

策建议。① 陈文美等（2021）运用"巴罗法则"和柯布－道格拉斯函数模型结合回归分析方法测算了我国社会救助财政支出责任，并扩展到不同区域，最后依据最优支出责任测算对现行社会救助支出责任进行调整优化。② 陈文美等（2021）认为，在多级财政体制下，财政分权是社会救助支出责任划分的财力依据，构建有效的激励约束机制是处理好央地社会救助委托代理关系的重要保障。当前社会救助支出责任划分依据的法律层次较低，省及以下地方政府财政支出责任划分不清晰、不合理，研究了社会救助均等化发展等问题，并提出相应的政策建议。③

通过以上文献梳理发现，学术界对事权与支出责任划分研究已然成为关注的焦点。可以看出，已有文献对事权与支出责任进行了丰富的研究，从众多的研究成果中得到以下启示：

第一，大致理清了事权与支出责任和财权与财力之间的逻辑关系、明确了其划分的理论依据和基本原则。事权是支出责任划分的依据，支出责任是事权在支出层面的具体体现，二者是一种先后顺序的关系，属于一个问题的两个面，事权要与支出责任相适应的关系。要实现政府职能对应的权力，需要赋予相应的财权与财力。就财政收入端和支出端角度看，事权与支出责任是支出端，而财权与财力是收入端，支出端与收入端的匹配是财政收支平衡，是提高财政支出效率的重要因素。从受益、效率、外部性等方面阐释了事权与支出责任划分的依据及原则，为其划分了大致的方向。

第二，深入分析了事权与支出责任划分的不适应归因及思路。分税制改革的财权上移，而未能配套其改革出台明确、法定、具体的事权划分，在不断推进的过程中逐渐呈现事权下移。在此背景下，事权划分的混乱、模糊及下压势必加剧支出责任与财力的不匹配度。进一步分析事权与支出责任划分影响因素的复杂性，包括政治体制、经济体制、财政体制、文化传统等诸多影响因素。针对出现的问题提出了一些建议和改进思路，对推进与完善事权、

---

① 陈文美，李春根．城市最低生活保障各级财政支出均等化效应研究——基于泰尔指数分解检验［J］．社会保障研究，2017（1）：40－48.

② 陈文美，李春根．我国社会救助财政支出责任划分及调整优化研究［J］．江西财经大学学报，2021（3）：56－68.

③ 陈文美，李春根．我国社会救助支出责任划分：理论依据、现实问题与优化路径［J］．社会保障研究，2021（3）：78－86..

支出责任相适应提供了有益的探讨。

第三，对事权与支出责任的研究深入到公共服务的具体领域。从更多的视角丰富和发展了事权与支出责任划分的理论。通过文献并结合现实发现，尤其是一些涉及民生领域如教育、社会保障等方面事权与支出责任划分逐渐成为近年来关注的热点问题。结合具体领域的独有特点，梳理存在的问题、深入剖析原因，提出相应的对策建议，为本书研究提供了有益参考。

但在纵览当前整个研究的概况发现，以城乡低保为专门的研究对象，深入探讨其事权与支出责任划分还比较欠缺，为本研究提供了有利空间，当然也为研究带来诸多挑战。

第一，就研究内容看，当前研究大部分多属于理论层面的探讨，或者处于理论思路的拓宽阶段，建立在实际问题上的研究并不多，故而改革的思路与建议可行性与可操作性有待提高。当然，事权与支出责任划分作为财政体制改革的核心内容，涉及政府职能界定、行政体制改革、不同层级政府间、部门之间利益格局的分配、立法等众多事项，可谓是"牵一发而动全身"，复杂性可想而知，要达到理论和实践层面的科学合理划分事权与支出责任不易，也正是本研究的难点所在。

第二，就研究方法看，研究采用定性描述的方法居多。对支出责任划分的研究，主要集中在现状和问题的定性方面，缺乏用定量的方式研究，尤其对中央与地方各级政府在社会救助支出责任定量划分上，对其事权与支出责任划分的影响因素等缺乏定量的探讨等，难以为现实决策提供理论和实证方面的依据。

第三，结合城乡低保与支出责任划分的研究较少。城乡低保作为财政中最底线的民生支出，与其他公共服务的提供相比，无论是产品属性还是政府间事权与支出责任的划分，均有着本质而独立的不同，进而理论的探讨和实际的划分也有所不同。但就目前文献看，这方面的研究相对较少，也未涉及到定量方面的研究。

第四，结合不同区域进行支出责任划分的研究需要加强。我国幅员辽阔，地区经济社会发展不平衡，地方财力差异较大，这就使得同一事项处在经济发展不同的地区，其在同一级政府的事权与支出责任划分也不尽相同。在对社会救助事权与支出责任划分探讨时，首先面临的是经济发展、财政实力与救助任务之间强烈反差以及形成的"马太效应"现象。然而，目前在对城乡低保支出责任划分的少量研究中，结合地区经济发展差异考虑、加入区域因素考虑的研究则更少。

第五，研究的视角较为单一。事权与支出责任划分牵涉的面较广，不仅与分税制理论密切相关，还涉及政府职能、行政体制、政府层级设置、制度立法、公共服务均等化、历史路径依赖等诸多方面。而目前的研究，无论是理论的铺垫、问题剖析，还是政策及划分思路，多停留在公共财政学、公共经济学的角度，综合多学科、多视野探讨，是事权与支出责任划分的迫切要求。

鉴于此，本书以城乡低保为研究对象，探讨其在政府间支出责任划分。由于该研究问题的复杂性和多面性，将在深入研究考察我国国情与现实情况下，对城乡低保支出责任划分相关理论进行全面阐述，试图从理论层面构建一个支撑政府间城乡低保支出责任的划分依据。在此基础上，主要归纳出财政体制下城乡低保支出责任划分的逻辑关系。在此背景下，深入分析城乡低保支出责任划分的现状、问题及形成原因，从泰尔指数均等化的视角，实证测算三级财政支出责任在促进其均等化过程中的作用，以反映在城乡低保支出责任划分中结构失衡问题。然后，运用柯布－道格拉斯生产函数与"巴罗法则"及计量回归的方法深入探讨城乡低保最优支出责任划分，并利用固定效应的多元回归模型分析中国式财政分权对城乡低保支出的影响，重点对城乡低保支出责任划分的影响因素进行探讨。在全面梳理和借鉴国外典型国家社会救助支出责任划分的基础上，最终归纳出我国城乡低保支出责任的划分目标、原则、优化调整思路，并从建立健全法律体系、财权优化配置、完善转移支付制度、优化城乡低保管理机构职能、建立健全城乡低保监督体系等方面探讨其良好运行的保障机制。

第三节　研究思路及研究内容

一、研究思路

研究思路主要遵循提出问题、分析问题、解决问题，沿着理论铺垫—历史沿革—问题原因—实证划分—国外借鉴—保障措施的研究技术路线，如图1－1所示。

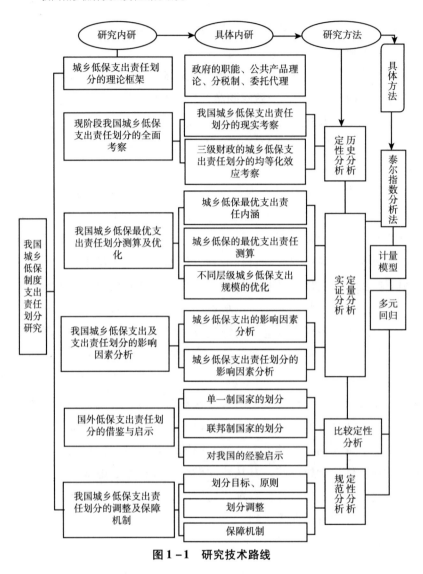

图 1 - 1　研究技术路线

二、研究内容

　　围绕城乡低保支出责任划分的相关理论，为城乡低保支出责任划分奠定理论划分依据；城乡低保支出作为财政民生支出的重要组成部分，通过对财政体制演变的梳理之后，沿着其轨迹全面考察城乡低保支出责任划分的演变规律，在此基础上，深入我国现行城乡低保支出责任划分的成效、问题及原因分析。为科学合理探讨城乡低保支出责任划分的实证依据，本书用柯布 -

道格拉斯生产函数与"巴罗法则"及计量回归的方法深入探讨社会救助最优支出责任划分并扩展到具体东、中、西部地区，构建固定效应的多元回归模型深入探讨支出责任划分的影响因素。在国外有关最低生活保障支出责任划分的借鉴与启示的基础上，提出我国城乡低保支出责任划分的调整及保障机制。具体内容如下：

第一章，绪论。主要包括城乡低保支出责任划分的研究背景、研究意义、相关概念界定、文献综述、研究思路及研究内容、研究方法和手段、重点、难点、创新点等方面的内容。

第二章，城乡低保支出责任划分的相关理论基础及划分依据。通过文献回顾，结合城乡低保制度的特点，构建城乡低保支出责任划分的理论框架。首先厘清城乡低保、支出责任、财权与财力之间的内涵及逻辑关系，在此基础上，从城乡低保公共产品属性、不同层级政府社会救助职能、现代财政制度框架、城乡低保事权与支出责任划分模式等不同的理论视角探讨，为城乡低保事权与支出责任划分提供理论依据。

第三章，财政体制改革下我国城乡低保支出责任划分的制度演进。围绕城乡低保支出责任划分，不同历史阶段不同，我国的财政体制不断演变，事权与支出责任的划分与其紧密联系。在全面考察计划经济时期、转型时期、市场经济条件下我国事权与支出责任划分变化情况后，首先结合我国社会救助支出责任划分进行梳理，其次重点梳理城乡低保事权与支出责任划分，最后归纳出财政体制下城乡低保事权与支出责任划分的逻辑关系。

第四章，我国城乡低保支出责任划分成效及问题分析。深入分析社会城乡低保事权与支出责任划分的现状与问题，并从均等化视角，运用泰尔指数测算比较三级财政支出责任在促进其均等化过程中的作用，以反映在城乡低保支出责任划分中结构失衡问题，最后对上述问题的产生进行原因剖析。

第五章，城乡低保最优支出责任划分测算及支出规模优化。运用柯布－道格拉斯生产函数与"巴罗法则"及计量回归的方法深入探讨城乡低保最优支出责任划分并扩展到具体东、中、西部地区，从实证上构建城乡低保支出责任划分的实证依据，同时测算三级财政的城乡低保支出规模优化，为不同层级财政关于城乡低保的支出责任划分及投入提供现实参考。

第六章，城乡低保支出及支出责任划分的影响因素分析。首先构建固定效应的多元回归模型深入探讨城乡低保支出的影响因素分析，在此基础上，专门探讨我国财政分权背景下，城乡低保支出责任划分的影响因素分析，为城乡低保支出责任划分调整提供较为全面的实证参考。

第七章，国外城乡低保支出责任划分的借鉴与启示。城乡低保制度作为社会救助最核心最重要的制度安排，该部分主要借鉴单一制和联邦制国家社会救助支出责任划分情况，以英国、日本、美国、德国为代表，通过全面重点分析其社会救助发展情况、管理体制、财政体制、事权与支出责任划分等具体模式，在此基础上分析 20 个国家社会救助事权与支出责任划分的大致做法，提炼和归纳出社会救助支出责任划分的基本模式，以期对探索我国最低生活保障支出责任划分提供反思和借鉴。

第八章，我国城乡低保支出责任划分的调整及保障机制。先给出我国城乡低保支出责任划分的目标及判定标准，探讨城乡低保支出责任划分的原则及基本思路。在此基础上，从建立健全法律体系、财权优化配置、完善转移支付制度、优化城乡低保管理机构职能、建立健全城乡低保监督体系等方面探讨其良好运行的保障机制。

第四节　研究方法和手段

一、历史分析与比较分析相结合

纵观世界各国，政府间事权与支出责任划分没有统一的标准模式，更多的是结合各国国情、特定历史路径依赖等诸多因素讨论政府间城乡低保支出责任划分。本书采用历史分析的方法，全面回顾和总结我国计划经济、经济转型与市场经济体制下政府间支出责任划分情况，梳理了在相应的体制框架下社会救助的支出责任划分，重点梳理城乡低保支出责任划分情况。运用比较分析的方法，分别列举了单一制、联邦制的典型国家的经验做法，以期为我国城乡低保支出责任划分提供借鉴和启示。

二、规范分析与实证分析相结合

规范分析是以一定的价值判断为基础，提出某些分析处理经济问题的标准，以此作为制定经济政策的依据，主要回答"是什么的问题"。本书主要研究城乡低保支出责任划分，涉及的影响因素多而复杂，并且因素间传导机制复杂，各因素对城乡低保支出责任划分均具有不同的特性，所以用规范分析的方法综合讨论城乡低保支出的影响因素，在此基础上重点讨论我国城乡低保支出责任划分的影响因素，为其划分提供一种规范的分析方法。实证分析多指在一定的假定条件和考虑有关经济变量间因果关系的前提下，运用具体的分析工具描述、解释或说明已观察到的事实，对有关现象将会出现的情况做出预测。本书运用一般统计方法、柯布－道格拉斯和巴罗法则模型推导，测算出我国城乡低保支出责任划分，并运用到不同区域，在此基础上优化三级财政的城乡低保支出规模，最后运用固定效应的多元回归模型等实证分析方法，为城乡低保支出责任提供了实证方面的划分依据。

三、定性分析与定量分析相结合

定性研究方法是根据社会现象或事物所具有的属性和在运动中的矛盾变化，从事物的内在规定性研究事物的一种方法或角度。本书在进行城乡低保支出责任划分相关基础理论阐释、全面政府间事权与支出责任划分、深入剖析城乡低保支出责任划分存在问题与原因分析等时，均用了定性的研究方法。定量分析主要是通过资料和信息数据的收集，并对所收集的数据进行量化处理、实证检验和分析，进而获得有价值的研究结论。本书在城乡低保的三级财政支出均等化作用比较、最优支出责任划分及影响因素探讨时，均采用定量的研究方法。

第五节 研究重点、难点、创新点与不足

一、研究重点

第一个重点，深入剖析现阶段城乡低保支出责任划分的现状、问题，并重点考察比较城乡低保三级财政支出责任在其均等化中的作用，反映支出责任划分的结构失衡问题，在此基础上归纳和分析原因。

第二个重点，探讨城乡低保支出责任的划分模式及影响因素。运用柯布－道格拉斯与巴罗法则的模型推导，构建最优支出责任划分的模型，在此基础上利用回归分析的方法实证分析出我国城乡低保的支出影响因素，重点考察财政分权对成型低保支出的影响，在此基础上全面考察城乡低保支出责任划分的影响因素。

第三个重点，城乡低保作为社会救助最重要、最核心的制度安排，通过国外联邦制和单一制等典型国家关于社会救助事权与支出责任划分的梳理，全面总结和归纳其经验做法，以期对我国的城乡低保支出责任划分形成借鉴和启示。

第四个重点，归纳和总结城乡低保支出责任划分的目标、原则、运行保障机制。

二、研究难点

运用定量的方法探讨城乡低保支出责任划分模式是第一个难点，由于鲜有研究对包括城乡低保在内的公共服务的支出责任进行定量研究，要选取科学合理的办法进行测算确实很难，自然面临不同的质疑和拷问。本研究主要运用柯布－道格拉斯、巴罗法则的模型推导，并结合回归分析的方法测算出城乡低保支出责任划分的最优模式，在此基础上运用固定效应的多元回归模型对其支出的影响因素进行分析，最后重点实证分析我国城乡低保支出责任划分的影响因素。

对国外社会救助支出责任划分的借鉴与启示是第二个难点，由于国情不同，对最低生活保障制度的说法和命名各不相同，并且所涉及的项目复杂且不统一，加上数据获取的难度等诸多原因，使得该部分内容成为难点部分。该成果重点选取单一制国家和联邦制国家的典型代表如英国、日本、美国、德国的社会救助支出责任划分，并总结归纳20国社会救助的支出责任划分的情况，以期为我国城乡低保支出责任划分提供借鉴和启示。

三、研究的创新点

对城乡低保支出责任划分做了有益的研究。本研究以城乡低保支出责任划分为研究对象,综合运用财政学、管理学、公共管理学、信息经济学等多学科交叉分析,明确了城乡低保属于中央政府和地方政府的共同事权,较为系统地构建了一套理论结合实际可操作性的划分框架,既包括理论的阐释也包括实证的研究,可将其推广到诸多基础民生领域关于事权与支出责任的划分,并结合财权优化配置、重塑转移支付制度、设计激励与约束机制、法治化等运行保障机制,从而提高这些领域划分及保障的规范性、科学性,促使有效的供给。

运用较为科学合理的划分方法测算不同政府的城乡低保支出责任。在关于城乡低保支出责任划分的定量测算方法上,本书运用柯布-道格拉斯、巴罗法则、回归分析等方法测算城乡低保支出责任划分的最优模式。首次划分了中央、省级、县级三级财政的城乡低保支出责任,并结合不同区域的实际情况,探讨了不同区域三级政府的城乡低保支出责任,一定程度上拓宽了定性研究的不足。运用这种定量的方法探讨城乡低保支出责任划分模式,可突破现有以定性研究为主的瓶颈,能为城乡低保支出责任划分提供实证操作的现实依据,也可推广借鉴到其他类似的民生领域。

构建固定效应多元回归模型深入探讨城乡低保支出的影响因素,从梳理实证层面揭示城乡低保支出的影响因素,尤其是重点考察我国财政分权体制下的影响因素;全面分析我国城乡低保支出责任划分的影响因素。探讨了经济发展水平、财力状况、财政分权、城乡低保需求四个方面的诸多影响因素,进一步从数理逻辑的层面揭示社会城乡低保支出责任划分的影响因素及影响程度,为城乡低保支出责任划分提供了现实依据。

第二章 城乡低保支出责任划分的相关理论基础及划分依据

第一节 相关概念界定

一、城乡低保制度

城乡低保制度主要包括城市居民最低生活保障制度和农村居民最低生活保障制度（以下简称"城乡低保制度"），是一种保障全体公民基本生存权益为目标的社会救助制度，是社会救助最重要、最核心的制度，是资金规模、保障人数最多的制度安排。关于最低生活保障制度的理解，首先，多数散见在社会救助制度中，不同国家有不同的定义和理解。英国贝佛里奇报将社会救助界定为那些因各种原因而不能达到国民最低生活标准的公民，有权从社会那里获得救助，以达到国民最低生活标准。[①] 美国《社会工作词典》把社会救助看成是那些收入水平低于国民最低生活标准，并通过政府家计调查审核的社会成员，由政府税收提供资金保障其最低生活标准的社会保障形式。[②] 豪厄尔（2001）认为，社会救助是针对由各种原因致使的难以维持最低生活水平的公民，由中央和地方政府依据既定的低保标准和家计调查结果，以现金或实物的方式提供的一种最低生活的保障。[③] 陈良瑾（1994）认为，社会

---

① 贝佛里奇. 社会保险及有关服务. 伦敦：英国政府文书局，1942：170.

② Barker R. L., The Social Work Dictionary (4th ed.) [M]. Washington D. C.: NASW Press, 1999, 447.

③ Howell F., Social Assistance (Chapter7): Theoretical Background, InI. Oritiz (Ed), Social Protection in Asia and the Pacific [R]. Asian Development Bank, 2001, 257.

救助是国家和社会对"三无"人员或者是因天灾人祸导致的生活困难、不能完全保障基本生活的城镇居民和农村村民提供的接济和帮助，所谓"三无"人员是指无法定义务抚养人、无劳动能力、无生活来源的老年人、残疾人、未成年人。[①] 郑功成（2015）认为，社会救助是法定的社会保障制度安排，而且是最基本、最悠久的社会保障制度安排，它由政府承担全部责任，提供的是底线、最低或生存保障。[②] 林闽钢（2010）认为，社会救助制度是指当社会成员在陷入生存危机，或者无法维持最低限度的生活状况时，由国家和社会按照法定的程序和标准向其提供满足最低生活需求的物质和服务援助，作为社会保障体系的重要组成部分，它是维护社会稳定的最后一道安全网。[③] 由此可见，由于社会救助项目的复杂性、多变性等特点，中西方不同国家、不同学者对社会救助概念的理解并无完全统一的说法，但却大同小异，即均把社会救助看作是对最低生活水平的社会成员提供的救援和帮助，并将社会成员接受社会救助作为一种法律赋予权利，国家通过"最低收入保障"的财政兜底形式，确保低于最低生活水平以下公民的基本生存权利和基本发展权利。其次，从已下发的制度文件中进行归纳，我国最低生活保障制度伴随着市场经济的建立，最早于 1993 年在上海开始试点，主要为解决国有企业改革而导致的大量下岗、失业工人的最低生活保障问题，于 1999 年国务院下发《关于在全国建立城市居民最低生活保障制度的通知》，2007 年国务院下发《关于在全国建立农村最低生活保障制度的通知》，其定义多体现为家庭人均收入低于当地最低生活保障标准的、持有非农业户口的城市居民，或家庭年人均纯收入低于当地最低生活保障标准的，主要是因病残、年老体弱、丧失劳动能力以及生存条件恶劣等原因造成生活常年困难的农村居民，给予提供资金或物质帮助，以保障其最低生活需要。

综上所述，城乡低保制度是指根据维持最基本生活需求的标准设立一条贫困线（poverty line），每一个公民，当其收入水平低于贫困线而生活发生困难时，都有权利得到国家和社会按照明文公布的法定程序和标准提供的现金和实物救助，其经费主要来源于国家税收，通过税收的形式对国民财富进行

① 陈良瑾. 中国社会工作百科全书［M］. 北京：中国社会出版社，1994：435.

② 郑功成. 中国社会救助制度的合理定位与改革取向［J］. 国家行政学院学报，2015（7）：17－22.

③ 林闽钢. 中国社会救助体系的整合［J］. 学海，2010（7）：55－59.

再次分配，将社会财富转移给最低生活保障线以下的低保群体。在城乡低保制度运行中，其不变的核心思想是追求公平正义。

二、城乡低保事权与支出责任

通过上述事权与支出责任概念梳理，城乡低保事权可概括为政府在城乡低保事务中所应承担的职责。党的十七大提出，要"建立健全决策权、执行权、监督权既相互制约又相互协调的权力结构和运行机制"，运用到财政体制领域。刘尚希（2010）提出，将事权划分为决策权、执行权、监督权和支出责任，其中前三者成为管理责任。[①] 因此，该成果将城乡低保事权分为城乡低保管理责任和支出责任。其中，城乡低保管理责任主要涉及政府对城乡低保的决策权、执行权和监督权，而城乡低保的支出责任简单说是指各级财政在城乡低保事务中应该承担的支出比例。

（一）城乡低保决策权

城乡低保决策权源于决策权力的一种，决策权力作为管理学的基本概念，主要是指决策主体在决策过程中对他人的控制力、制约力和影响力，而公共决策权力的产生和维护以公共利益为基础，其实质是各种利益相互博弈的过程，因此，城乡低保决策权是指不同政府间对城乡低保制度制定以及拍板定夺等方面的决策权力。

（二）城乡低保执行权

执行权往往是指一项制度制定完毕后，需要有专门的执行部门加以执行，作为执行权的一种，社会救助执行权主要是指城乡低保制度颁布后，需要各级政府设立专门的执行部门实施，将政策转化为实际工作，如各级政府的民政部门及民政系统，将国家制定的城乡低保政策、制度转化为实实在在的工作，为符合条件的困难群体提供相应保障。

---

① 刘尚希. 进一步改革财政体制的基本思路 [J]. 中国改革，2010 (5)：31 - 37.

（三）城乡低保监督权

监督权的本意是指公民有监督国家机关及其工作人员的公务活动的权利，是公民参政权中的一项不可缺少的内容。而实践中从监督主体的范围讲，对财政监督的理解可分为大监督和小监督：所谓大监督，是指不同类型的监督主体对监督对象开展的监督活动，包括政府内部监督、外部监督（人大、第三方评估机构、公民）等，小监督是指只涉及一方的监督主体。从监督的对象来理解，同样有涉及整个财政资金的监督和专门针对专项财政资金的监督。为此，本研究关于城乡低保事权监督主要围绕城乡低保财政资金而展开，政府内部具有财政监督权的主体，根据城乡低保财政活动客观职能的要求，依照法定的权限和程序，对城乡低保财政资金的运行及其所体现的经济关系的监察和督促。一般来说，政府内部具有财政监督权的主体主要有各级政府的财政机关和审计机关。

（四）城乡低保支出责任

城乡低保支出责任主要是关于政府城乡低保事权在财政支出层面的反映，是政府在城乡低保中应承担的财政责任，反映在数量上是指各级财政在城乡低保事务中应该承担的支出比例。一般来说，城乡低保事权与支出责任划分密切联系，清晰界定城乡低保事权在先，明确划分支出责任在后。事实上，城乡低保事权是各级政府支出责任划分的前提条件和基础，清晰界定各级政府在城乡低保事务中的事权范围，进而明确各级政府相应的支出责任。在事权与支出责任法定划分的基础上，通过财权的配置和财力的筹集来履行和落实支出责任。

第二节　城乡低保支出责任划分的相关理论基础

一、以人民为中心的发展理念

（一）内涵阐释

马克思历史唯物观认为，人民群众是历史的创造者，在历史创造中发挥着决定性的作用。在他看来，人民群众是从现实的、真正的人出发，通过劳动，扬弃异化，最终达到全人类的解放，① 列宁在领导俄国社会革命中继承了马克思主义的群众史观，进一步肯定了人民群众在社会革命中的积极作用，认为人民群众特别是在革命时期以新社会秩序的创建者身份出现。② 马克思主义的群众史观在我国不断传承与发展，毛泽东继承了马克思主义群众史观观点，并与我国实际情况相结合，提出了人民是革命的主体，是共产党最大的依靠，离开民众则一事无成，③ 在工作方法上进一步提出密切联系群众，人民是创造世界历史的动力。④ 20 世纪 90 年代，邓小平高度总结并提出以"三个有利于"标准，即是否有利于发展社会主义社会的生产力，是否有利于增强社会主义国家的综合国力，是否有利于提高人民的生活水平，强调群众利益高于一切。进入 21 世纪以来，江泽民提出以"三个代表"为标准，要求我们党要始终代表中国先进生产力的发展要求、始终代表中国先进文化的前进方向、始终代表中国最广大人民的根本利益，强调要密切联系群众。胡锦涛提出"以人为本"为核心，强调维护最广大人民的利益，均体现了人民主体原则。

党的十八大以来，以习近平同志为核心的党中央始终坚持继承发扬马克思主义的群众史观，在十八届五中全会首次总结提炼出"以人民为中心的发展思想"，并在十九大报告中习近平总书记进一步指出："坚持以人民为中心，人民是历史的创造者，是决定党和国家前途命运的根本力量。"⑤ 且将其确立为新时代坚持和发展中国特色社会主义的基本方略之一，这意味着不仅在经济社会发展方面要坚持以人民为中心的发展思想，而且在中国特色社会主义事业诸领域、各方面与全过程都必须坚持以人民为中心。该思想的提出是坚持人民主体地位在发展理论上的创造性运用，具有十分丰富的内涵与现实价值。首先，发展为了人民。这是对发展目的的回答，具体体现为发展的目的是为人民，需要把增进人民福祉、提高人民生活水平、促进人的全面发

① 马克思恩格斯全集（第 2 卷）［M］. 北京：人民出版社，2005：152.
② 列宁选集（第 1 卷）［M］. 北京：人民出版社，1995：601.
③ 毛泽东军事文集（第 2 卷）［M］. 北京：军事科学出版社、中央文献出版社，1993：381.
④ 毛泽东选集（第 3 卷）［M］. 北京：人民出版社，2006：1031.
⑤ 习近平. 决胜全面建成小康社会 夺取新时代中国特色社会主义伟大胜利——在中国共产党第十九次全国代表大会上的报告［M］. 北京：人民出版社，2017.

展作为考核、检验发展的根本出发点和落脚点，在任何情况下均需实现好、维护好、发展好最广大人民根本利益。其次，发展依靠人民。这是对发展动力的回答。人民作为历史的创造者，在历史发展与前进中发挥决定性作用，要求将人民作为发展的力量源泉，充分尊重人民主体地位，发挥人民群众的主动性、积极性和创造性，不断从人民群众中汲取智慧和力量。最后，发展成果由人民共享。这是对发展成果由谁共享的回答，要求发展的成果要惠及全体人民，由全体人民共同享有，而并非某一群体个体或几个群体个体单独享有，最终走向实现共同富裕。由此可见，以人民为中心的发展思想不仅科学回答发展为了谁、发展依靠谁、发展成果由谁享有的问题，还回答了实现什么样的发展、怎样发展的基本问题，成为习近平新时代中国特色社会主义思想人民立场的根本政治立场的集中体现。

（二）以人民为中心的城乡低保制度

城乡最低生活保障作为最底线的民生制度安排，主要是需要兜底保障最低生活标准线以下困难群众的最低生活需要，确保该群体生存及发展需要，是加强兜底性民生建设的要求。此处的"保障"，源于"保"和"障"的词语组成，于《辞海》中"保"有保护之意，"障"有阻隔之意，理解为保护，保卫的意思。保护本国公民安全、有尊严地生活是国家义不容辞的责任。新中国成立以来，我国一直努力践行增进人民福祉、提高人民生活水平，始终将解决贫困问题，兜底困难群众的基本生活需要作为努力的目标，尤其进入新时代，我国致力于健全劳有所得、病有所医、老有所养、住有所居、弱有所扶等方面国家基本公共服务制度体系。其中，坚持以人民为中心的发展理念，做到"弱有所扶"，不仅是习近平新时代中国特色社会主义思想的重要组成部分，也是加强城乡低保保障体系建设的总体要求和实践遵循。

首先，在保障对象选择上，它是针对特定的贫困人群，此处的特定是指家庭人均收入低于当地政府公告的最低生活标准的人口，也即是说，城乡低保制度的保障对象具有范围要求，而并非所有公民，低于当地最低生活标准是硬性规定，只有符合该标准的民众才具有申请的资格。与此同时，《社会救助暂行办法》规定，凡共同生活的家庭成员人均收入低于当地城市/农村居民最低生活保障标准的，均有从当地人民政府获得基本生活物质帮助的权利，加强对该弱势群体的保护，让其享受政府的财政补贴，以保证最基本生活需要，让发展成果惠及到该群体，这正是以人民为中心发展思想的集中体现。

其次，在保障标准制定上，如前文所述，城乡低保是根据当地政府维持民众基本生活所需的费用，以此为标准给予一定的资金补助，保障基本生活需要。保障标准如何确定？其影响因素主要包括当地的经济发展水平、物价指数、财政实力、人均生活水平等。由此可见，在确保保障居民正常生活的最低标准原则下，城乡低保标准是动态变化而非静态不变，随着经济发展等一系列因素变化，城乡低保的保障水平和标准均在不断变化。与此同时，适度的保障标准极其重要，既能保障该群体最基本的生活所需，又能激发该群体内生动力，实现从输血功能到造血功能的转变，保障该群体的基本生存权，激发其发展权，也即是说无论是保障生存也好，激发发展也好，保障标准均是以该群体为中心。究其原因，过高的保障标准不仅会引致福利依赖，形成福利陷阱，还会加大财政负担，增加居民税收负担；较低的标准不仅不能保障低保群体基本生活需要，影响社会的公平正义，最终影响社会的和谐稳定。可以看出，这同时也决定了各级政府对城乡低保支出及支出责任的适度性。

最后，在保障目标价值取向上，《社会救助暂行办法》规定，城乡低保的目标是为了保障公民的基本生活，促进社会公平，维护社会和谐稳定。具体到我国不同时期，低保保障的目标价值取向不尽相同。1993 年城市低保制度在上海率先建立，到 1999 年全国范围内建立并形成全国统一规范的制度，再到 2007 年农村低保制度的建立，我国的低保制度目标价值取向发生了些许变化。一是 20 世纪 90 年代初期，随着市场经济在我国建立，我国经济转型明显加快，国有企业进行了现代化企业制度改革开始减员增效，出现大批下岗失业职工，为解决该群体的基本生活，确保国企改革有条不紊地进行和维护社会和谐稳定，建立并完善了城市低保制度以解决国企改革引发的城市贫困问题。二是进入 21 世纪，我国采取了诸多惠农政策，并不断加大扶贫开发和社会救助工作力度，农村贫困人口数量大幅减少，但仍有一些贫困人口尚未解决温饱问题，城乡差距依然进一步扩大，为了实现保障该群体的基本生活，不断帮助激发其中那些有劳动能力的贫困人口脱贫致富，逐渐缩小城乡差距等目标，农村低保制度作为一项有助于控制和缩小城乡差距的制度在全国建立起来。三是党的十八大以来，我国更加重视发挥底线民生的兜底作用，党的十九大报告提出了"兜底线、织密网、建机制"，将"弱有所扶"作为政府新的使命正式纳入报告中，充分彰显以人民为中心本质，尤其是不仅扩大丰富了社会保障的范围与内涵，还扩大了社会救助体系的范围及发展思路，为减少贫困数量、缩小人民生活水平差距、实现全面建成小康社会发挥城乡低保的兜底作用。实现共同富裕是社会主义的本质要求，在今后及相当长一段时间，充分发挥城乡低保兜底线、保民生的基本功能，在实现共同富裕中城乡低保始终承担着不可替代的兜牢最后一道防线的责任。

二、贫困理论

汤森（1979）认为，缺乏获得各种食物、参与社会活动和基本生活和社交条件资源的个人、家庭和群体即是贫困。[①] 奥本海姆（1993）认为，贫困是指物质上和情感上的匮乏，即在食物、温饱和衣着方面的消费支出明显低于平均水平。[②] 而国家统计局（1990）则将贫困界定为：个人或家庭缺乏必要的生活资料和服务，生活条件没有达到社会可以接受的最低标准。一般来说，贫困主要包括绝对贫困和相对贫困。其中，绝对贫困是指收入不能满足维持基本生理所需的必需品的一种状态，即用纯粹客观的物质指标去测量，其生活水平低于最低物质生活水准的一种生活状况，而国际上 2005 年的标准为只要每天收入低于 1.25 美元即认为是绝对贫困。当然，随着经济发展、生活水平等变化，绝对贫困的标准在不断变化和调整。所谓相对贫困，世界银行给出的标准是只要低于平均收入 1/3 的社会成员便可以视为相对贫困。欧盟在测度其成员国的相对贫困水平时采用中位收入标准，它将收入水平位于中位收入 60% 以下的人口归入相对贫困人口，然后用这部分人口占整个人口的比率来测度一国的相对贫困比率（李永友、沈坤荣，2007）。[③] 现阶段我国经济社会快速发展的背景下，界定当前的相对贫困需要放在改革开放的过程中看，由于低收入群体的收入增长幅度远低于中高收入群体，随着时间的推移，双方收入差距逐渐拉大。相对自身而言，前者的生活境况在时间纵向上

---

① Townsend P., Poverty in the Kingdom: A Survey of the Household and Living Standard [J]. Allen lane and Penguin books, 1979: 7 – 14.

② Oppenheim C., Poverty, the Facts [M]. [3rd ed.]. London: Child Poverty Action Group, 1990.

③ 李永友，沈坤荣. 财政支出结构、相对贫困与经济增长 [J]. 管理世界，2007 (11): 14 – 26.

表现为不断提高，但与后者的横向比较却显得愈发贫困，甚至享受不到改革和发展果实的一种状况。也就是说，与绝对贫困不同，相对贫困有一个相对比较的对象，一般是与社会的平均水平相比，其居民收入水平少到仅维持一般社会生活状况。而城乡低保对象正对应于贫困中绝对贫困的类型，也即是说城乡低保对象并不是与所处社会的平均水平者相比，而是处于整个社会的最低水平，是社会的最底层者，属于绝对贫困。随着脱贫攻坚取得全面胜利，我国区域性整体贫困得到解决，实现了消除绝对贫困的艰巨任务，但这并不意味我国减贫事业终结，城乡低保群体仍然存在并长期存在，尤其是在社会风险加大如新冠疫情等出现，2020 年我国城乡低保人数达 4426 万人，其中，城市低保人数为 805 万人，较 2019 年减少了 55.9 万人，农村低保人数为 3621 万人，较 2019 年增加了 165.6 万人。[①] 为此，突出公共财政对城乡低保群体最低生活保障的兜底作用，充分发挥政府的保障功能依然至关重要。

关于贫困，阿玛蒂亚森（1999）在《以自由看待发展》一书中提出能力贫困理论，认为贫困不仅是收入能力不足，更是对基本可行能力的剥夺。他将可行能力看作一个人有可能实现的各种功能性活动的组合，主要包括免受困苦（如饥饿、营养不良）、可避免的疾病、过早死亡等基本可行能力以及能够识字算数、享受政治参与的自由等。根据这一观点，可以得出低收入是贫困人口获取收入能力丧失或降低的一个重要因素，但并非全部因素，疾病、人力资本的不足、社会歧视等都是造成贫困人口收入能力丧失的重要因素。杨思斌（2010）认为，在社会变迁过程中，社会贫困的产生同时也是一种公民应得权利被剥夺的过程。改革开放 40 余年，我国经济发展迅猛、人民生活水平不断提高，贫困人口大大减少，但也不可否认，经济结构的急剧变化以及由此带来的社会分配结构的变化，使得贫富差距迅速扩大，贫困人口收入并未随经济发展而明显提高，一定程度上弱化了低收入者的可行能力，致使一些群体基本丧失收入来源而陷入绝对贫困，成为保障对象。与此同时，可行能力又限制了低保群体摆脱贫困。现阶段，在不断实现经济高质量发展过程中，我国正着力解决发展带来的收入分配差距问题，更加注重对诸如城乡低保群体的扶持和帮助，让发展的成果惠及每个公民。为此，城乡低保的目的是明晰中央和地方各级政府的保障职能，通过多种保障方式与手段提高低

---

① 根据民政部网站数据整理而得。

保群体的可行能力，确保社会的发展成果惠及到每个公民，增强低保对象的生存能力和发展能力。

三、公共产品理论

（一）公共产品属性

关于公共产品的定义，著名经济学家萨缪尔森给出了经典的阐释，他认为非竞争性、非排他性是公共品或劳务消费的两个本质特征。所谓非竞争性是指公共产品消费者增加，边际成本却为零，具体讲是当一种公共品在增加一个消费者时，其边际成本为零。公共品的排他性是公私产品属性划分的本质区别，指公共产品不具备排出其他人不用付出任何成本都可以享受，表现为共同消费而不可分割。① 曼瑟尔·奥尔森（1995）在《集体行动的逻辑》中将公共产品定义为集体产品，认为集体成员中任何一个成员享用了集体产品，那么其他成员不可能不享用（如国防）。② 布坎南（1965）从集团或社会团体的角度给出了公共产品的定义，认为通过集体组织提供的物品或劳务，具有公共品的性质。③ 二者的定义具有极大的相似之处，可看出享受集体（集团）产品不以是否付出、贡献为前提，同样表现为不可分割性，恰似这种不可分割性容易出现"少数"剥夺"多数"倾向，产生"搭便车"问题。当然，现实生活中纯粹的公共品少之又少，大多数产品是介于纯公共品和纯私人品之间的混合公共品（准公共品）。由此产生在提供这些准公共品时，政府与市场的边界划分、提供的方式选择等一系列问题。对社会救助产品属性考察发现，城乡低保同时兼具消费的非竞争性和受益的非排他性，属于公共产品的范畴。

首先，就非竞争性而言，城乡低保资金主要由各级财政承担为主，"应保尽保"是城乡低保财政支出的基本要求，并不会因为城乡低保对象的增加而降低现有的保障待遇水平，更不会影响到其他保障对象继续享受保障的权利，只要满足收入低于当地最低生活保障线，均可以继续享受城乡低保待遇

---

① 保罗·A. 萨缪尔森. The Pure Theory of Public Expenditure [J]. Review of Economics Statistics, 1954（11）: 7-14.

② 曼瑟尔·奥尔森.《集体行动的逻辑》[M]. 上海人民出版社，1995.

③ Buchanan J. M., An Economic Theory of Clubs [J]. Economical, 1965, 3（125）: 1-14.

水平。这就表明城乡低保边际拥挤成本为零，不存在消费拥挤现象，城乡低保具有消费非竞争性。需要指出的是，每增加一个低保对象，国家财政必须额外支付一个低保的费用，那么对供给者带来的边际成本并不为零。

其次，就受益的非排他性而言，城乡低保是为了加强最低保障线以下社会成员的基本生活和生存权利，促进社会公平、维护社会和谐而建立的制度。主要面向年老、残疾等丧失劳动能力，因灾难、疾病、生存条件恶劣等生活陷入困境，低于当地最低生活保障线以下的困难群众。一旦符合保障条件，就不能将其排除在城乡低保制度受益范围之外。要强调的是，这里的非排他性并非绝对而是相对的，只有符合低保条件进入低保对象这个集体，才能享受无偿帮扶，一般而言，这本身也是一种排他性。因此，精准识别低保对象，一方面尽力实现低保对象"应保尽保"；另一方面按要求精准筛选低保对象，防止不符合低保条件的对象"搭便车"。

（二）城乡低保公共产品层次分析

马斯格雷夫（1959）从受益范围视角将公共产品划分为全国公共品和地方公共品，① 所谓全国公共品的消费不分区域范围，其供给受益定位于跨区域甚至全国范围内的消费者，地方公共产品的受益范围局限在一定区域，主要为满足地方消费者需求，超出一定区域范围，其效用大大减少，势必造成范围不经济，这为合理划定政府间城乡低保职能范围与支出责任提供理论依据。

首先，外部性决定城乡低保具有全国公共品的性质。城乡低保产品看似外部性较小，实则不是。城乡低保是为最低生活保障线以下低保对象提供最低生活保障，保证其最低基本的生活水平，体现社会最底线的公平正义。试想如果地方政府的城乡低保提供不合理，不能满足低保群体最低生活要求，保障其生存权利，不能体现社会的公平正义，或者是区域间低保标准差异过大，就很容易引发和激化社会矛盾，而这种恶性矛盾传播快、影响大，容易引发全社会陷入混乱甚至威胁政权的稳固。因此，城乡低保的公共产品层次并不局限在所辖区域，其负外部性扩及到整个社会大范围，并上升到政治的高度而关乎社会的和谐稳定与执政根本，属于全国性的公共产品。

---

① Musgrave R. A., Theory of Public Finance: A Study in Public Economy [M]. New York: Mc Graw-Hill, 1959: 68.

其次，城乡低保的产品特点具有典型的地方公共产品性质。由于城乡低保存在需要密切结合当地经济发展、居民偏好等问题，信息不对称、道德逆向选择使得城乡低保管理与执行在很大程度上具有地方产品的特色。第一，就城乡低保的标准制定而言，保障标准过高或过低都不利于城乡低保制度可持续运行。标准过高，财政压力加剧使制度不可持续，也容易引发福利依赖的产生；标准过低，不能满足低保群体最基本生活需求，保障其生存的权利。这就意味着保障标准制定必须与当地经济发展水平、物价水平、财政实力相适应，还要准确反映辖区低保群体的需求匹配偏好，而关于这些信息的收集、整理、分析，最终上升到政策的层面，主要以地方政府参与为主导。第二，就城乡低保的管理与执行而言，地方政府能更好地掌握其资料包括对象的识别、发放、动态管理、日常管理等，更是全由地方政府负责。第三，就城乡低保监督而言，虽然国家层面在不断加大低保资金的监督工作，但毕竟全国范围面大，鉴于成本考虑，也只能是以抽查的形式开展，城乡低保监督责任更多只能落到地方政府的头上。

因此，城乡低保产品属性兼具全国性和地方性特点，决定了其事权与支出责任划分只能在央地各级政府间行使，属于中央政府与地方政府的共同事权。

第三节　城乡低保支出责任的划分理论依据

通过前文论述，城乡低保属于中央政府与地方政府的共同事权，其支出责任需要由中央和地方政府共同承担。事实上，科学合理划分城乡低保支出责任是在多级财政框架下实现城乡低保的有效供给。为此，此处主要从政府职能分析，以财政分权理论、委托—代理理论等不同理论视角来探求城乡低保事权与支出责任划分的理论依据，进而促进多级财政下城乡低保的有效供给。

一、政府职能理论

（一）城乡低保中的政府职能理论

政府职能是指在一个阶段和时期，政府应履行的职责和应发挥的作用，是政府责任的具体表现。一般来讲西方政府职能理论主要经历了"有限政府理论""政府干预理论"等几个不同阶段。政府职能也经历从"政治人""守夜人""经济人""社会人"等不同政府角色职能的认识①。但无论哪一个阶段，西方国家对政府职能的认识都建立在维护公共安全秩序和提供公共服务基础上。如"有限政府"阶段，亚当·斯密政府职能设定为维持本国安全不受其他独立社会的侵略、保护人民免受其他人侵害欺辱，建立并维护基本公共设施和公共工程。② 又如"政府干预理论"，开启了政府的经济职能，并在社会保障方面推出社会保险、以工代赈和规定公平劳动标准等政策，扩大实行养老金制、为失业工人提供救济和就业的机会。

马克思主义政府职能理论认为，国家是"从人类社会中分化出来的管理机构"，政府执掌公共权力的目的和职能是管理社会公共事务。③ 同时还认为，政府职能具有社会管理职能和政治统治职能，其中，社会管理职能主要是解决像宏观经济管理那样社会自身无力解决的问题，而政治统治职能是为维护统治阶级利益使用国家机器对被统治阶级实行统治，二者是相辅相成，前者是基础、后者极大地影响前者。正如恩格斯曾说："政治统治是以执行某种社会职能为基础，而政府统治只有在它执行了它的这种社会职能时才能持续下去。"④

城乡低保是国家政府的一项职能，主要是国家通过国民收入再分配，对因不可抗拒的外力如自然灾害、经济发展、社会等客观原因造成的无法维持最低生活水平的社会成员提供最低生活保障，并以此保障低保群体最基本的生存权利。该制度伴随着工业革命后社会化的不断发展和市场经济的建立而产生和发展起来，体现为政府的法定责任使城乡低保摆脱了道义层面人们对弱者慈善怜悯的态度，使得城乡低保正式成为政府的一项基本职能。事实上，将城乡低保当作政府一项基本职能的根本原因在于，现代社会普遍有一个共识，认为陷入生活贫困不再全是个人自身的问题，而其根本是涉及政治、社会、经济发展等综合的社会问题，认为现代社会弱势群体在社会利益分配尤其是强调优胜劣汰的市场经济体制利益分配格局中处于消极地位，将社会成

① 曹闻民. 政府职能论［M］. 北京：人民出版社，2008（3）：34-40.
② 亚当·斯密. 国民财富的性质和原因的研究（下册）［M］. 北京：商务印书馆，1997.
③ 《列宁选集》（第4卷）［M］. 北京：人民出版社，1995.
④ 《马克思恩格斯选集》（第3卷）［M］. 北京：人民出版社，1972.

员自身差距放大致使收入差距逐渐拉大，一部分社会成员最终会沦落为生活保障线以下的困难群体，这就需要政府作为一项基本职能予以保障。正如何平（2011）认为，由于特殊的低保群体和保障方式，使得采用社会化、私有化的趋势并不完全适用，城乡低保作为政府的基本职能，必须承担城乡低保的主要责任，而企业和团体、个人等的救助行为均只能看作是辅助和必要补充①。

事实上，将城乡低保作为政府的基本职能最早可以追溯到16世纪，"圈地运动"开启了英国走上工业革命的道路，其过程迫使众多农民背井离乡，沦为流浪汉，失业现象日益严重，英国统治者被迫考虑救济贫民问题。1601年，英国《旧济贫法》颁布，国家不得不成为社会救助的责任主体。随着工业革命进一步扩大，失业问题日趋严重甚至影响到整个社会的安定与和谐，继而在1834年英国通过立法的形式确定和颁布了《伊丽莎白济贫法》，代表着国家济贫的法定制度诞生，以法定的形式规定国家政府在社会救助过程中的职能与角色，这一做法随着欧洲各国工业革命的出现与发展在世界各国不断建立起来。在我国，郑功成（2014）认为，新中国成立开始五保制度是社会救助的雏形，而现代意义的社会救助概念出现在20世纪80年代②，也是伴随我国全面改革开放和市场经济建立而产生发展起来的。正如1993年上海试点、1999年全面建立的城市最低生活保障制度正是有效应对我国市场经济不断完善中，国有企业改革导致的大量下岗工人的基本生存和维护社会稳定，顺利推进市场经济改革。

可以看出，城乡低保制度产生与发展作为经济社会发展的产物，具有经济社会发展和稳定基石的作用，无疑是国家社会应尽的责任和义务，是一项政府的基本职能，它主要是建立在立法基础上，通过政府财政供款，以无偿的方式保障最低生活线以下困难群体的基本生活和生存权利，对于符合法定条件的社会成员来说，城乡低保是其基本法定的生存权利。为此，切实保障公民的社会救助权无疑是国家职能的基本体现。

---

① 何平. 我国社会救助政府责任的回归——基于对责任主体责任划分的探讨 [J]. 华北电力大学学报（社会科学版），2011（5）：69－73.

② 郑功成. 中国社会保障演进的历史逻辑 [J]. 中国人民大学学报，2014（1）：2－12.

（二）城乡低保制度运行中的中央政府职能分析

事权与支出责任划分以多层级政府职能组合为基础前提。对于不同政府而言，其主要职能和管理目标不尽相同。马斯格雷夫（1959）从财政学的视角，将资源配置、收入分配、维护稳定作为政府的三项主要职能，认为分配职能和维护稳定职能主要由中央政府承担和行使。首先，分配职能是指为了使收入和财富分布尽可能符合社会普遍认同的公平程度，由政府出面对收入和财富进行调节。因此，公平是收入分配的主要目标，应追求全国范围内的相对公平。但在劳动力充分流动的条件下，分配职责如果属于某一地方政府，为了促进社会分配公平、提高穷人的福利，势必会采取高额累进税制对该地区的富人征税，但往往事与愿违，其结果会出现富人因为过重的赋税而流动到其他赋税较低的地方，而穷人却会因为较高的福利而流入此地，使得该地区富人越来越少，穷人越来越多，最终导致财政无力负担而难以实现公平目标。城乡低保的实质是通过国民收入再分配将富人的财富无偿地转移到穷人那里，以改善穷人的收入水平和生活水平，追求社会福利最大化和实现社会的公平和谐。正如前文所述，如果主要由地方政府承担城乡低保支出责任，会导致两个结果：一是福利磁铁会吸引更多的穷人进入此地增加财政支出负担，二是本地区的富人会选择逃离而导致税收收入的流失，这意味着城乡低保支出以中央政府为主导承担成为必然。其次，稳定职能指利用预算政策手段实现较高的就业率、合理稳定的物价水平、稳定的国际收支平衡、维护社会稳定等宏观目标。可见，如由地方政府承担，容易造成地方经济发展过程中的债务膨胀与赤字，导致通货膨胀压力，对价格稳定造成威胁，货币政策与财政政策等宏观经济调控职能，自然应由中央政府承担。在经济发展和社会稳定中，城乡低保制度具有十分重要的作用。具体而言，城乡低保是维护社会秩序的"稳定器"，经济良好运行的"减震器"，社会公平正义的"调节器"。

（三）城乡低保制度运行中的地方政府职能分析

按照马斯格雷夫（1959）的观点，资源配置职能主要由地方政府承担。诸多学者认为其原因是，较中央政府而言，地方政府在进行本地区资源配置时拥有良好的信息优势，容易识别和收集辖区公民千差万别的偏好信息，能较为准确地满足这些偏好，进而提高了政府资源配置的效率。其次，从规模经济与范围经济的视角来理解，每种类型的公共品和公共服务的生产、提供都具有最佳规模经济，超出将会带来损失和规模不经济。布坎南（1965）的"俱乐部理论"认为，新成员加入使得俱乐部原有成员的分担成本降低，但同时会带来拥挤问题造成效用降低。随着俱乐部成员的增加，当俱乐部边际收益等于边际成本时，俱乐部人数达到最优规模。他把俱乐部比拟为一个地区范围内居民消费公共产品达到最优规模机制，也被不少经济学家用来解释最优地方管辖范围问题①。布雷顿（1965）提出"职能最优配置论"，认为地方公共品均涵盖一个优化的地理区域，因此需要由管辖这个最优地理区域的地方政府来承担提供该公共品的职能②。城乡低保服务是社会保障体系中唯一需要进行生计调查的项目，申请条件相当严格，程序十分复杂。精准识别低保对象，需要地方政府民政系统工作人员深入到低保对象居住的环境及家庭进行摸底调查，收集相关信息，判断是否符合低保保障条件。也就是说，城乡低保的事权主要由地方政府承担，这也就决定了城乡低保中地方政府存在的必要性。就城乡低保保障效率而言，由于地方政府天然的地缘优势，对包括标准线等在内的偏好信息识别和收集成本较低，由其提供低保保障效率较高，尤其是由地方政府承担更多的管理责任，效率更高。

二、财政分权理论

财政分权是指赋予地方政府一定的税收权力和支出责任范围，并给予地方政府自主决定预算的支出规模与结构，自由选择所需政策对地方事务进行管理。也就是说，财政分权包括财政支出分权与财政收入分权两个维度。

（一）财政支出分权维度

围绕财政支出分权维度对财政分权的研究构成了西方传统财政分权的主流思想。英国著名经济学家哈耶克（1945）从信息的角度最早提出了财政分

---

① Buchanan J. M. , An Economic Theory of Clubs ［J］. Economical, 1965, 3（125）: 1 - 14.

② Breton A. , A Theory of Government Grants ［J］. Canadian Journal of Economics and Political Science, 1965, 31（2）: 175 - 187.

权的思想，认为与中央政府相比，地方政府对居民情况的了解更具优势，能因地制宜地制定出更好的决策，同时分权能克服信息传递中的信息流失①。随后，财政分权思想不断发展成熟，形成了以蒂布特、斯蒂格勒、奥茨等为代表的财政分权理论。蒂布特（1956）提出了"用脚投票"机制，该机制的主要内容是在人口自由流动的前提下，公民可以选择居住地来表达对地方公共品的偏好，为了满足居民的需求偏好，地方政府通常通过提高公共产品的供给水平和增进福利水平，不断形成了地方政府间相互竞争，为地方公共品研究提供了新的理论视角②。当然，该模型中的假设条件过于严格，如将地方政府看作追求利润最大化的厂商，人口自由流动等诸多限制，使得该模型在现实运用中局限性很大。斯蒂格勒（1957）认为，地方政府存在的必要性主要是基于两个原则考虑：一是与中央政府相比，地方政府更接近于自己所管辖的民众，更能了解居民的效用与需求；二是公民具有对本辖区公共品公共服务进行投票表决的权利，充分说明地方政府的存在是为了有效配置资源，增进社会福利最大化③。奥茨（1972）将偏好不同的人口分为两个子集，如果按照中央政府等量分配公共品，很容易忽略两个子集人口的不同偏好无法达到帕累托最优，中央与地方政府在提供地方公共产品时固有的效率差别，使得中央政府在资源配置中自然不如地方政府，并从成本与受益内部化的角度，提出应将公共服务职责尽可能下放到能够使成本与利益内部化的最小地理辖区内④。特雷什（1981）提出的"偏好误识"认为，由于信息不完全，中央政府缺乏地方政府的地缘优势使得在获取公民偏好时远没有地方政府那样能准确、清晰，厌恶风险的社会必然会偏向于让地方政府来提供此类公共产品⑤。由此可见，传统财政分权理论不仅说明了多级政府存在的必要性，还进一步阐释了由哪一级政府提供更有效率，为具有天然地缘优势的地方政府参与承担城乡低保事权和支出责任提供了理论依据。

① Hayek F. A. , The Use of Knowledge in Society [J]. American Economic Review, 1945 (35).

② Tiebout C. , A Pure Theory of Local Expenditures [J]. Journal of Political Economics, 1956 (64): 416 – 424.

③ G. J. Stigler. , The Tenable Range of Functions of Local Government [J]. Washington: Joint Economic Committee, 1957 (1): 16 – 213.

④ Oates W. E. , The Effects of Property Taxes and Local Public Spending on Property Values: A Reply and Yet Further Results [J]. Journal of Political Economy, 1972, 81 (4): 1004 – 1008.

⑤ Tresch Richard W. , Public Finance: A Normative Theory [M]. Business Publication, Inc, 1981.

20 世纪 90 年代末，以第二代财政分权理论，将信息经济学的分析框架纳入到财政分权理论的研究中来，认为由于存在信息不对称，政府在提供公共品时，需要强调激励相容，重点涉及对地方政府的激励机制，提高地方公共品的配置效率。钱（1996）和温加斯特（1997）从中国的分权改革中发现，分权成为中国地方政府改革的支持机制，会对中央政府形成经济上的制约和置信的承诺①。在此基础上，钱和温加斯特（1998）又提出了财政分权会产生竞争效应和制衡效应。两种效应会作用于地方公共品供给上，使得地方政府对基础设施投资过度而对公共品供给不足②。马斯金（2000）通过构建理论模型证明组织形式会影响激励机制，中央政府可通过锦标式竞争的设计对地方官员形成正向强烈的激励机制，从而有利于经济绩效及提高公共品的供给效率③。也即是说财政分权加强了地方政府之间的竞争，这种竞争对地方政府来说是一种重要的激励机制，从而提高公共品的供给效率，当然其前提是这种竞争必须是良性的。随着研究的进一步深入，学者们发现财政分权引发的政府间竞争并不能完全消除公共品供给的低效率。可见，第二代财政分权理论看到在政府间进行财政分权时考虑到相应的激励机制，将地方官员的利益（如政治利益等）与公共利益同时纳入到财政分权的分析框架，注重通过激励机制的设计来实现辖区间竞争和财政自治，只有在这种充分考虑多方利益主体的财政分权体制下，才能促进中央政府和地方政府各司其职，为有效地配置包括社会救助在内的公共品提供有利环境。

（二）财政收入分权维度

财政支出分权主要从效率的视角来探讨地方政府提供地方公共产品的必要性。然而，财政收入分权是从财力保障的视角探讨财政收入在不同政府层级的划分配置。马斯格雷夫（1983）提出，为了赋予地方政府相对独立的支出权力，确保地方政府具有提供公共品的财力，需要将税种在政府间的分配

① Qian Y. , and B. R. Weingast. China's Transition to Markets：Market-Preserving Federalism, Chinese style［J］. Journal of Policy Reform, 1996, 1（2）：149－185.

② Qian Y. , and G. Roland. Federalism and the Soft Budget Constraint［J］. American Economic Review, 1998, 88（5）：1143－1162.

③ Maskin Eric, Yingyi Qian and Chenggang Xu. Incentives, Scale Economies, and Organizational Form［J］. Review of Economic Studies, 2000（67）：359－378.

固定下来,并根据公平与效率的原则将税收收入划分为中央税收、州或省的税收及地方政府的税收①。斯蒂格利茨等(1971)认为,在任意税和最优税收两种情况下,不同的税收或补贴方式决定不同的最优公共品支出②。在实践层面,美国、德国等诸多国家纷纷按照税种的属性划分中央与地方政府的税收收入,赋予地方政府相应的收入能力。我国1994年建立分税制,实现了按照不同税种在中央与地方政府之间的分配划分,赋予地方政府的税收收入能力,为各级政府包括城乡低保事权与支出责任提供了财力上的可能性。

(三)配套财政分权的转移支付制度

作为财政分权的配套制度,转移支付是财政支出与财政收入间缺口的弥合剂,是各级政府事权与支出责任划分的重要辅助手段。在公共服务领域,转移支付制度是指为了实现各地公共服务的均等化,由中央政府通过国民收入的再分配,将一部分财政收入无偿地让渡给地方政府,或地方财政之间的横向转移,是政府间实行的财政资金相互转移或财政平衡制度,是政府间财政关系的重要组成部分。结合到城乡低保领域的转移支付,由于城乡低保产品及服务典型的外部性特点导致地方政府提供不足,地区间经济发展的不平衡使得财力上及保障任务的不匹配,城乡低保供给的区域不平衡等问题,城乡低保的转移支付制度必不可少。

第一,弥补纵向财政不平衡。按照税种属性,分税制将大部分税权和税收收入划归中央政府,地方政府仅拥有流动、零星的税种及小部分税收收入,中央与地方政府间天然形成较大的财政收入差距。在提供城乡低保过程中,地方政府作为城乡低保等大量公共产品和公共服务的提供主体,产生了事权、支出责任与财权不匹配,经常呈现本级财政收不抵支的情况;而财政收入丰厚的中央政府,由于只负责全国性公共产品如国防、外交等的提供,亦产生其事权、支出责任与财权不匹配,表现为明显的"支小于收"的现象。地方政府的"支大于收"与中央政府的"支小于收"容易出现纵向财政失衡,为有效弥补这种财政纵向失衡带来的缺口,需要中央政府通过转移支付,来修

① Musgrave R. A. , A Brief History of Fiscal Doctrine. A. J. Auerbach and M. Feldstein (eds.), Handbook of Public Economics [J]. Amsterdam: Elsevier, 1985 (1): 51 – 59.

② Stiglitz J. E. , Dasgupta P. , Differential Taxation, Public Goods and Economic Efficiency [J]. Review of Economic Studies, 1971, 38 (2): 151 – 174.

正和弥补地方政府支出责任与财力不匹配而导致的纵向财政不平衡产生的缺口。

第二，弥补横向财政不平衡。资源禀赋、地理环境、人口等众多因素，造成区域经济社会发展不平衡，每个国家和地区发展中不可避免，我国区域间经济社会发展不平衡问题严重。首先，表现在财政收入方面，经济发展向好的地区税收收入雄厚，争取到国家的项目多，配套资金也多，各种地方财政收入可观；而欠发达地区，税收收入困难，尤其是小税基的地方税收体系不完善和税收收入来源小，再加上除了地方税外各种财政收入不容乐观，这种横向的区域间财政实力存在较大差异。其次，表现在城乡低保财政支出上，经济发展向好与贫困程度呈现典型的反向关系，使得经济发展好、财政实力雄厚的地方仅承担少量的城乡低保任务，而经济发展落后、财政实力薄弱的地方需要承担大量的城乡低保责任。中央政府如不通过转移支付制度将财政资金从财政富裕地方转向财政困难地区，难免造成财政困难地区降低城乡低保的保障水平，致使城乡低保供给差异不断扩大，有失公平正义。

第三，弥补城乡低保外部性导致的供给不足。如前文所述，城乡低保属于基本公共服务，其事关社会稳定和谐，体现公平正义具有较强的正外部性，此处不再赘述。地方政府在提供城乡低保服务时，往往只根据辖区困难群体的偏好和意愿提供，不愿主动扩大保障范围和保障水平，从全社会看，城乡低保服务供给会呈现不足，这就需要中央政府通过转移支付来弥补地方政府不愿承担的部分。

第四，促进城乡低保供给均等化。城乡低保供给要求在全国范围内建立相对统一的保障制度，提供城乡低保最低生活保障线标准。在财政分权背景下，一方面，地方政府出于地区经济发展等利益驱动下，对其所辖区的城乡低保供给难以优先优序，往往低于应有的能力提供的水平；另一方面，地区经济发展差异使得各地提供的城乡低保存在诸多差异，尤其是欠发达地区往往由于财力的缺乏致使城乡低保远远低于全国平均水平。因此，无论是出于城乡低保供给的强有力保障，还是考虑地区差异所致千差万别，均需要中央政府将城乡低保供给的标准化纳入到宏观调控和统一的制度安排中，并从财政上通过转移支付给予所缺财力保障。为此，在城乡低保转移支付均等化过程中，一是始终坚持公平优先，以解决较大地区差异所致的城乡低保供给均等化失衡。二是兼顾效率，在坚持公平优先的基础上，重视东部地区转移支付的利用与引导作用，避免绝对的公平，防止欠发达地区城乡低保支出"等、要、靠"的依赖思想产生。

三、委托代理理论

委托—代理理论开始于20世纪60年代，属于制度经济学契约理论的主要内容之一，主要研究由于委托人与代理人之间由于信息不对称、利益冲突等情况存在的情况下，如何设计激励机制与监督约束等问题，此研究广泛运用于其他领域。当政府间发生责任"授"与"受"时会产生委托代理关系，政府间信息不对称与利益冲突则是"政府式"委托代理理论的基本前提。① "政府式"委托代理理论可以较好地运用到混合公共产品的供给上，其目的是中央政府为更好地对地方政府设计出最优激励机制和开展监管。一般而言，委托—代理关系依赖信息不对称、契约关系、利益关系三个基本关系的存在而存在，反映在中央和地方政府关于城乡低保供给的过程中，上述三种关系分析如下：

（一）城乡低保中央地方政府间委托—代理关系确立

城乡低保作为中央政府与地方政府的共同提供的混合产品，在城乡低保供给过程中，中央与地方政府间由于存在信息不对称、特定的契约关系、利益关系，使得城乡低保中央、地方政府间委托—代理关系得以确立，其中中央政府作为委托人，地方政府作为代理人。首先，从获取信息来看，城乡低保是针对家庭收入低于当地最低生活保障线以下的困难群众提供最低保障，由困难群众自愿申请，需要地方政府基层人员进行家计调查和核实，村级召开民主评议会议，层层上报审批，在管理中实行动态管理，严格进入和退出机制，低保标准根据当地经济发展水平、物价消费水平制定并适时调整，均需要发挥地方政府的地缘优势来收集和管理。在此过程中，地方政府凭借其地缘优势易于获取准确而大量的信息而处于优势地位。其次，从契约关系看，对最低生活保障线以下的困难群体提供最低生活保障，彰显社会公平正义、维护社会和谐稳定，是各级政府职能的根本体现，尤其对中央政府而言。中

---

① 王金秀. "政府式"委托代理理论模型的构建 [J]. 管理世界, 2002 (2): 139 – 140.

央政府很难进行直接的经营和管理，只有通过转移支付等手段拨付资金给地方政府，以完成中央政府在城乡低保过程中的特定任务。因此，中央与地方政府间城乡低保委托—代理的契约关系由此形成。最后，就利益关系而言，中央政府作为委托人主要是确保最低生活保障线以下困难群体的基本生活和生存权利，在全社会范围内构筑安全和谐网，进而促进经济社会的良性发展，制定城乡低保制度的顶层设计，通过转移支付、激励考核等手段促使代理人的地方政府达到效用最大化。而作为代理人的地方政府，在此过程中也不断追求自身利益最大化而执行委托人的委托任务。

（二）城乡低保中地方政府目标函数

在执行委托人的委托任务过程中，地方政府作为代理人具有双重代理人身份，一方面，代理中央政府作为中央政府在某个区域的行政代理人，具有"政治人"的身份，对管辖区域范围内的城乡低保进行宏观调控和全盘管理；另一方面，代理本地区政府及辖区选民，代表地方经济社会利益具有"经济人"身份，争取更多的中央资金支持，提高本辖区城乡低保的保障水平，并尽可能减轻地方财政负担，以实现辖区的利益福利最大化。为此，地方政府的双重代理人身份决定其目标函数的双重性。目标函数的双重性主要表现在：第一，追求政绩目标最大化。我国上下级政府间关系主要是通过行政性分权组织起来的，即上级政府通过行政分权的形式将权力逐级下放到下级政府，给予地方政府在地方经济社会发展中一定的自主权和积极性，同时通过行政权力、人事组织等手段使地方政府处于其管理范围之内。现阶段，国家高度重视民生改善，不断加大低保群体的最低生活保障力度，将各地最低生活的保障水平等民生改善纳入政治考核的范畴，因此迫于这种考核上的压力，无论是出于国家的政治利益还是个人的政治前途，在官员任期内不会选择降低现有的保障水平，但现行以 GDP 为主要考核目标的前提下，难以切实提高地方城乡低保的保障水平。第二，追求经济利益最大化。1971 年，尼斯坎南在《官僚制组织与代议制政府》一书中提出官僚预算最大化模型，认为"官僚机构和官僚个人既不是作为普遍福利的社会公共利益，也不是政治家确定的国家利益，而是官僚制组织和官僚自身的利益、自身效用最大化。"为此，在城乡低保实施过程中，地方政府有可能会不作为或者冒着违规的风险，夸大本地区城乡低保的难度和保障对象的数量，以争取包括政策支持、人员编制、资金补贴等在内的更多资源。

（三）城乡低保中央地方政府间的博弈路径选择

由于存在信息不对称和利益冲突，尤其是在事权与支出责任划分不清晰的情况下，中央与地方政府间可能选择以下几种路径展开博弈。一是与中央协商，尽量将城乡低保支出责任上交中央，减少其支出；二是在财权的配置上与中央讨价还价，尽可能获得更大财权；三是向中央政府争取较多的转移支付资金，获得更多的财力支持；四是尽可能加大包括土地开发、各种收费等在内的预算外资金为城乡低保进行资金融资，解决地方政府城乡低保财政预算内资金的不足；五是通过税收优惠、减免等政策引导社会资本、慈善机构、个人进行捐赠，弥补财政资金投入的不足。然而中央与地方政府间城乡低保事权与支出责任划分并非简单，如划分不当，会进一步加大中央与地方政府博弈的空间和机会。究其原因，一方面，中央与地方政府在城乡低保制度中各自合理的分担比例难以确定，尤其是省级政府以下各自的比例更难确定。另一方面，城乡低保支出责任划分并不是独立统一的，往往是结合特定地区经济发展、财政实力水平、具体保障情况等诸多因素，故而在目前缺乏法律规定、缺乏各地区支出责任与财力匹配的整体评估情况下，针对不同地区城乡低保支出责任划分具有很大难度。

第三章　财政体制改革下我国城乡低保支出责任划分的制度演进

　　政府间城乡低保支出责任划分的变革作为财政体制改革的重要内容，其关系演变无疑根植于财政体制改革的土壤中，也即是说，通过财政体制的变革可以窥见政府间城乡低保支出关系的演变。政府间城乡低保支出责任划分与财政体制的财权及财力的配置密切相关。一般来说，科学合理的事权与支出责任划分是财权划分与财力配置的基础及前提。为此，要全面考察政府间城乡低保支出责任，必然需要放在财政体制改革的大背景下探讨和考察，并进一步总结出其规律特征，为后续提供研究依据。

第一节　财政体制改革的制度变迁

　　从 1949 年新中国成立到现在，在计划经济不断向市场经济转轨的过程中，我国财政体制经历了四次重大改革。伴随着四次重大的财政体制改革，政府间事权划分与调整如何，结合政府间城乡低保与支出责任划分讲，其划分方向、变化轨迹与现实情况又如何，均需要进一步厘清。

一、统收统支财政体制阶段

（一）统收统支财政体制（1950～1952 年）

　　新中国的成立面临社会主义事业的百废待兴，为高度整合和有效调动有限资源，恢复国民经济发展，国家实行了高度集中的"统收统支"的财政管理体制。1950 年，政务院颁布《关于统一国家财政经济工作的决定》，该决定规定实行财政收入统一上缴中央，财政支出统一由中央核定并拨付，预算管理权限集中于中央，实行高度集中财政体制。1950~1952 年，全国财政收入分别为 62.17 亿元、124 亿元、173.94 亿元，全部上缴中央政府，地方政府没有财政收入的权限。

（二）统收统支财政体制模式下政府间事权与支出责任划分

当时条件下，这种高度集中的统收统支财政体制，对事权的划分体现出国家一切事务几乎全部由中央统揽和包办，地方政府各个机构基本上等同于中央政府的派驻与执行机构，从国防、外交、到地方公共产品和公共服务的提供，其支出责任几乎均完全由中央政府承担，具体表现为包括中央政府在内的各地方政府需要的支出项目统一由中央政府核定拨付。如 1950~1952 年的国家财政主要支出项目分别为 12.5 亿元、27.03 亿元、46.68 亿元，完全由中央财政统一安排。当然，在具体事务管理中，地方政府完全按照中央政府的要求和意图，开展具体的管理事务。不可否认，这种高度集中的统收统支的财政体制在当时起到了积极作用，通过统筹安排国家财力，实现国家预算收支平衡，尽快恢复国民经济发展，但由于财权的过于集中，地方财政收支不挂钩，中央统得过多、管得过严、缺乏弹性，导致该体制不利于调动地方政府积极性，也不利于财政在国民经济管理中宏观调控功能的发挥。

二、统一领导、分级管理的财政体制

经过三年的努力，新中国不断肃清了各种残余势力，并逐渐站稳了立场，落后的生产力与广大人民群众物质、文化需求的现实矛盾成为国内社会发展的主要矛盾。然而，此时高度集中的财政体制弊端也不断显露与凸显，为适应当时经济发展与现实需要，从 1953 年起，大力发展生产力被提上日程，在财政体制的选择上逐渐转向统一领导、分级管理的模式上。至此，高度集中的财政体制有所松动，开启了我国财政体制分权的思想。

（一）统一领导、分级管理的财政体制（1953~1978 年）

该模式是在中央的统一政策、统一计划、统一制度的前提下进行分级管理，实行中央、省级、县级财政管理、分类分成和总额分成的财政收入划分模式。所谓分类分成是指将财政收入分为：中央固定收入、地方固定收入、固定比例分成收入及调剂收入等四个部分，并针对不同的部分实行不同的分成比例。而与分类分成相对的实行总额分成，是指地方财政收支全额挂钩，就地方组织的总收入（不包括中央固定收入）与其总支出对比，核定一个上交、留用比例，在中央和地方间进行总额分成的财政管理体制。可以看出，该模式的特点主要体现为：

第一，赋予地方政府一定的预算自主权。在此模式下，中央和地方政府在职责上有分工，即由中央政府负责支出指标的确定，在此前提下，由地方政府统一对全部收入分固定收入和比例分成收入进行征收入库，为调动地方政府组织征收财政收入的积极性，对超收的部分另定分成比例，使地方多收多留。

第二，明确各地方政府一定的预算支出范围。中央统一对地区间的财力进行调剂，对于收大于支的地方实行上解收入，对于收小于支的地方实行中央补助。对地方来说，赋予一定的以支定收、结余留用和一定的统筹安排权力。但总的来看，地方政府权力较小，难以构成一级独立的预算主体，也就难以调动地方政府的积极性。

（二）该财政体制模式下政府间事权与支出责任的关系

不难看出，在统一领导、分级管理的财政体制模式下，赋予了地方政府对财政收支实行"以支定收，结余可以留用"、赋予一定的预算支出范围，对财政收支具有少量的收支分配权和管理权限。在这种体制下，地方政府承担了一部分事权，诸如1970年，中央政府扩大地方在计划管理、物资分配、商品价格和人事管理方面权限，但财权和财力主要集中在中央政府，政府间事权与支出责任仍然以中央政府为主导，涉及公民基本生活的物质分配主要实行计划分配管理。

三、分级包干财政体制

1978年十一届三中全会以后，党的工作重心转移到社会主义现代化建设上来，确立了以经济建设为中心的改革开放战略决策，充分调动各地方政府的发展积极性。1982年《宪法》第3条第4款规定，"要遵循在中央的统一领导，充分发挥地方的主动性、积极性的原则下，中央与地方应有职权划分。"1980 年，国务院出台《关于实行"划分收支，分级包干"的财政管理体制的规定》（以下简称《规定》），开始实行分级包干（亦称分灶吃饭）的财政体制，进入了我国分权改革最活跃的阶段。

（一）分级包干的财政体制（1980～1993 年）

该体制按照国家行政隶属关系划分中央与地方的收支范围，允许地方政府在划定的收支范围内自行安排预算，自求平衡。其中，这一体制又可分为三个阶段：第一，"划分收支、分级包干"的财政体制（1980～1985 年）。其特点是在财政收入方面，《规定》指出，根据各种财政收入的性质及企事业单位的隶属关系，将财政收入划分为中央固定收入、地方固定收入和中央与地方调剂分成收入，实行分类分成的办法。在财政支出方面，也按照支出按企事业单位的隶属关系，将由中央直接管理列入到中央财政预算支出，将地方管理的直接列入地方财政预算支出。第二，"划分税种、核定收支、分级包干"的财政体制（1985～1987 年）。该体制保留了分级包干的做法，开始以税种作为划分收入的依据，并且在兼顾地方既得利益的同时，适当提高中央财政收入占全国财政收入的比重。第三，"多种形式包干"财政体制（1988～1993 年）。从 1988 年起，推行全方位的包干体制，此时阶段属于相对高度分权的财政体制。

上述的财政包干体制带来了三个较大的转变。第一，极大地调动了地方政府的积极性，但同时降低中央财政比重。GDP 总量逐年增加，1993 年 GDP 为 35333.9 亿元，是 1978 年 GDP 总量的 9.69 倍。财政收支也成倍增加（见图 3－1），其中中央财政收入占全国财政收入比重逐年下降，1993 年达到最低，仅为 22.02%，出现中央财政收入萎缩现象，在很大程度上削弱了中央财政宏观调控的能力，而中央支出占全国财政支出减少的幅度却低于收入减少的幅度。第二，包干制加剧了地区间的差异。分级包干的财政体制建立在已有地区发展的基础上，按照税种划分中央与各地区的税收收入，大力鼓励多收多支，少收少支，结余留用，在调动积极性的同时，对于资源贫乏等偏远地区，由于留存比例小，组织征收收入的积极性不大，发展地方经济热情不高，势必会加剧地区间发展的差距，这种差距进一步形成地区间的封锁，阻碍统一市场的形成。第三，包干制度的不稳定性，引发财力逐渐增强的地方政府讨价还价。从 1988 年起，在全国实行了六种不同的包干制度，导致中央与地方关系缺乏稳定、规范、统一规定，在财政上解、中央补助、共享比例与基数等指标方面的确定过程中，科学合理的客观确定不足而人为因素影响较大，使得中央与地方讨价还价的局面出现。

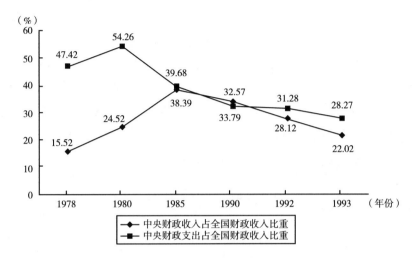

图 3 - 1　我国中央财政收支分别占全国财政的收支比重（1978～1993 年）

资料来源：根据《中国财政年鉴》数据整理所得。

（二）财政包干体制模式下政府间事权与支出责任关系

与高度集中的统收统支财政体制相对而言，该模式赋予地方政府一定的预算权力，的确调动了地方政府发展经济，加大了税收努力的积极性，但各级政府预算的收支分配权和管理权相对较小，还未做到"一级政权、一级预算俱乐部理论"。自此，地方政府开始承担一些地方事务的支出，但由于只是针对财政进行分级包干，未对政府事权划分做相应的调整，因此地方政府的事权划分不规范、不完整，出现"包而不干"现象。

四、分税制财政体制

分税制财政体制阶段（1994 年至今）。正如前文所述，包干制的财政体制降低了中央财政在总财政收入中的比重，削弱了中央政府宏观调控的能力，造成地方政府与中央政府在财政上对峙的局面。为扭转此种局面，提高中央财政收入占全国财政收入的比重，增强中央财政收入和宏观调节地区分配格局的能力，促进地区经济社会均衡发展，切实提高基本公共服务均等化水平，1994年，我国开始引进西方的财政分权体制。所谓财政分权是指赋予地方政府一定的税收权力和支出责任范围，一方面，中央政府给予地方政府自主决定预算的支出规模与支出结构，自由选择所需政策对地方事务进行管理；另一方面，在财政管理体制上采取分税制，将税种划分为中央税、地方税、中央与地方共享税，通过税收划分来规范中央和地方的财政关系。一般而言，结合税种的不同属性，将涉及收入分配、税基较宽、流动性较高等的税收划归中央政府，而将直接涉及地方经济发展的税收划归地方政府。同时，采取基数法核定地方政府的收支情况，中央对地方税收返还的数额主要是以1993年的数额为基数。发展到今天，按照税种属性划分中央和地方的税收收入情况如表3-1所示。

表3-1　　　　分税制框架下我国中央与地方政府间财政收支划分情况

名称	收支划分	具体内容
财政收入	中央税	消费税（含进口环节由海关代征的部分）、车辆购置税、关税、海关代征的进口环节增值税、印花税
	地方税	城镇土地使用税、耕地占用税、土地增值税、房产税、车辆税、契税
	共享税	增值税（不含进口环节由海关代征的部分）：央地按5∶5划分；企业所得税：中国铁路公司、各银行总行及海洋石油企业缴纳的部分归中央，其余部分中央与地方政府按60%与40%的比例分享 个人所得税：除储蓄存款利息所得的个人所得税外，其余部分的分享比例与企业所得税相同；资源税：海洋石油企业缴纳的部分归中央政府，其余部分归地方政府；城市维护建设税：中国铁路公司、各银行总行、各保险公司集中缴纳的部分归中央政府，其余部分归地方政府
财政支出	中央财政支出	国防费用、武警经费、外交和援外支出、中央机关行政经费、中央统管的基本建设经费、中央直属企业的技术改造和新产品试制费、地质勘探费、由中央财政安排的支农支出、由中央政府负担的国内、外债务的还本付息支出、中央本级负担的公、检、法支出和科教文卫等各项支出
	地方财政支出	地方征管费、地方行政管理费、地方负责的公检法支出、部分武警经费、民政事业费、地方统筹的基本建设投资、地方企业的技术改造和新产品试制经费、支农支出、城市维护和建设经费、地方文化、教育、卫生等各项事业费、价格补贴支出以及其他支出
	中央地方共同支出	义务教育支出、学生资助、基本就业服务支出、基本养老保险支出、基本医疗保障支出、基本卫生计生支出、基本生活救助支出、基本住房保障支出

资料来源：财税收入划分主要参考：中国注册会计师协会. 税法［M］. 北京：经济科学出版社，2016. 财政支出划分主要参考：李春根，廖清成. 公共经济学［M］. 武汉：华中科技大学出版社，2007. 及《基本公共服务领域中央与地方共同财政事权和支出责任划分改革方案》。

从表3-1可以看出,与分级包干的财政体制相比,分税制按照"一级政权、一级预算、一级财权"的原则比较明确、规范地实现了不同税种在政府间的划分与配置,赋予了地方政府履行一定的公共事务的财权与财力。首先,实现了不同税收在政府间的分配,规范了政府间的财政关系,有效提高了税收占GDP的比重与中央税收占全国总税收的比重,增强了中央政府的宏观调控能力。1994年,税收收入为5126.88亿元,占当年GDP的比重为10.64%,2016年税收收入约为16万亿元,是1994年的31.23倍,占2016年GDP比重为21.75%,中央财政占全国财政收入比重由55.7%上升到61.34%①。其次,分税制也赋予地方一定的收入权限,通过地方税收征收获得自身财力。与此同时,伴随分税制改革,中央实行的转移支付补充了地方政府的财力,尤其是对那些经济发展落后的地区,大量的中央财政转移支付增加了地方政府财力。当然,也应承认我国现阶段实行的转移支付制度还不完善,尤其是"以基数核定"税收返还体现出其分税制并不彻底,而是建立在原有利益格局调整的基础上,即以1993年为基数年核定中央对地方政府的返还基数,并以此作为以后中央对地方税收返还基数。1994年以后,税收返还额在1993年基数上逐年递增。可以看出,这在某种程度上是包干制财政体制的一种过渡、延续,是对地方既得利益的一种保护,从根本上存在不合理之处。最后,从中央与地方政府财政支出看,大致划分中央与地方政府的支出范围,但并没有做出根本性的调整,支出责任划分模糊,尤其在很多共同事务的支出责任划分上,更没有明确,这容易形成中央政府对地方政府支出责任的层层推脱与转嫁,不利于公共物品的提供。可见,截至2017年,我国的分税制改革,主要侧重于税收收入的划分,而对事权与支出责任的划分并未做根本性的调整。值得欣慰的是,2018年1月出台的《方案》将涉及人民群众基本生活和发展需要,管理体制和政策,需要优先重点保障的基本公共服务纳入到中央与地方共同支出的范围,为中央与地方合理划分共同支出责任提供了操作依据。

再看我国分税制背景下的政府间的事权划分情况。从行政体制看,我国是世界上唯一的政府层级众多的国家,分为中央、省、市,县、乡镇五级政府,这决定了我国政府管理责任划分的复杂性。目前,政府间管理责任划分

---

① 根据《中国统计年鉴》与《中国财政年鉴》整理。

如表 3 - 2 所示。

表 3 - 2　　　　　　现阶段我国中央政府和地方政府间事权划分情况

政府层级	内　　容
中央政府事权	负责统一领导全国地方各级国家行政机关的工作，规定中央和省、自治区、直辖市的国家行政机关的职权的具体划分；编制和执行国民经济和社会发展计划和国家预算；领导和管理经济工作和城乡建设；领导和管理教育、科学、文化、卫生、体育和计划生育工作；领导和管理民政、公安、司法行政和监察等工作；管理对外事务，同外国缔结条约和协定；领导和管理国防建设事业；领导和管理民族事务；改变或者撤销各部、各委员会发布的不适当的命令、指示和规章；改变或者撤销地方各级国家行政机关的不适当的决定和命令；批准省、自治区、直辖市的区域划分，批准自治州、县、自治县、市的建置和区域划分；依照法律规定任免、培训、考核和奖惩行政人员等
地方政府事权	县级以上地方各级人民政府依照法律规定的权限，管理本行政区域内的经济、教育、科学、文化、卫生、体育事业、城乡建设事业和财政、民政、公安、民族事务、司法行政、监察、计划生育等行政工作，发布决定和命令，任免、培训、考核和奖惩行政工作人员；办理本居住地区的公共事务和公益事业，调解民间纠纷，协助维护社会治安

资料来源：根据《中华人民共和国宪法》整理。

从表 3 - 2 可以看出，分税制背景下政府间事权具有如下特点：

第一，高度的重叠性。中央政府与地方政府事权划分具有高度的相似性，几乎完全重合，形成"上下一般粗"、职责同构的现象。在层层行政命令下，与支出责任类似，这种"上下一般粗"的局面无疑为事权的转嫁与转移提供了空间。

第二，结合税收收入划分看，呈现"收入上收，事权下移"的局面。仅从两个表（见表 3 - 1、表 3 - 2）对比看，与大多数国家相似，税收相对集中具有诸多好处，但事权与支出责任划分却没有同步上移，难免造成越往下级事权管理越繁杂，支出责任越繁重，财政收入越困难。

第二节　我国城乡低保支出责任划分的制度演进

城乡作为一项民生领域内最为基础的公共服务，其政府支出责任划分总是处在相应的财政体制框架之下，并伴随着我国财政体制不断走向分权又出现适当集权的情况。需要指出的是，伴随着经济社会发展需要，我国城乡低保制度于 20 世纪 90 年代开始在上海等城市试点，最终形成较为定型的城市居民最低生活保障制度和农村居民城市最低生活保障制度（同上，简称"城乡低保"），但城乡低保作为社会救助最核心的制度安排，社会救助发展历程无疑为城乡低保奠定了相关的制度基础和发展方向。本部分相结合财政体制下的社会救助的支出责任划分历程，在此基础上，重点理顺城乡低保支出责任划分的历程演进。

一、财政体制下社会救助支出责任划分的历程演进

（一）统收统支下社会救助事权与支出责任划分情况

此阶段我国为高度集中统收统支的财政体制，意味着财政收入要上缴中央，财政支出由中央统一核定与拨付。在此背景下，社会救助支出作为财政支出的重要组成部分，其政府间社会救助事权与支出责任也体现了这一时期的特点。

1. 建立失业救助制度，以中央财政承担为主导

社会救助作为新中国建立初期国家高度重视的一项任务，面临着大量失业人群的出现和众多的灾民。据统计截至 1950 年底，全国城镇失业人员达到 472.2 万人，失业率高达 23.6%[①]。鉴于此情况，首先，1950 年 6 月，政府出台了《中央人民政府国务院救济失业工人暂行办法》（以下简称《办法》），标志着社会救助制度建立，成立失业救助机构，并划定救助范围。该办法批准"由市人民政府下设立失业工人救济委员会，统一计划并指导一切社会救济事宜。"由市政府组成了民政、劳动局、工务局、公安局、总工会等机关为代表的失业工人救济委员会，并规定救济的范围，原则上是原在国营、私人的工商企业中工作的工人职员及国家公职人员。其次，明确救助的支出责任和救助标准。该《办法》明确规定了救助资金的支出责任和标准。规定在举办失业救济的城市中，所有的国营、私营部门、商店的行政方面或资方，均按职工月缴纳所付实际工资总额的百分之一缴纳作为救济失业工人和职员的失业救济金，充分体现的是个人责任；中央政府和地方政府同时拨给救济资

---

① 中央人民政府政务院救济失业人员暂行办法［J］. 山东政报，1950 - 06 - 01（1）.

金，其中，中央政府承担的支出责任不低于90%，并且救济金主要由当地人民银行代收并保管，政府拨给的救济粮由当地两市公司保管。在标准制定方面，采取按照救助对象拟定不同标准，失业人员每月发放 15～90 市斤食粮不等、失业学徒每月发放 30 市斤食粮、半失业人员工资低于救济金额无法维持基本生活的，按照补差办法给予临时救助。

2. 高度重视灾民救助，中央支出占据主要部分

新中国成立的几年里，自然灾害频发，导致严重的灾荒和众多灾民，给新兴的共和国发展带来巨大挑战。据统计，1950～1952 年，受灾人口分别为 3384 万人、6068 万人、2760 万人，分别占当年总人口的比例高达 6.13%、10.78%、4.80%。① 为应对严重的自然灾害，中央人民政务院专门出台了《关于生产救灾的指示》，统计数据显示仅 1950 年，中央政府投入灾区的救济粮为 8.74 亿斤，各地省区投入救济粮为 2.4 亿斤，中央投入所占比例为 78.46%，资金除外。1952 年，中央对灾民救助拨付金额为 1.09 亿元，约占当时财政收入的 0.63%，其中，中央政府支出占到 90% 以上，可见中央支出占绝对主导地位。

其实，在当时地方政府所需的一律开支均由中央政府统一审核、预算管理权限全部集中在中央的情况下，留给地方政府财务上的自主权很少，具体承担事业救助支出责任更小，看出社会救助支出责任基本上由中央政府承担。通过上述分析可以看出，社会救助的管理责任主要在包括村、生产队、乡镇等在内的地方政府，中央政府主要是进行社会救助制度的顶层设计。

（二）统一领导、分级管理财政体制下社会救助事权与支出责任的划分情况

随着社会主义改造的不断深入和基本完成，国家进入了计划经济体制，财政体制采取了统一领导、分级管理的模式，这一特殊的时代背景，对政府间社会救助事权与支出责任划分产生了极大的影响。其特点表现为：

1. 确立了社会救助的对象

随着"第一个五年计划"的开展，我国进入计划经济体制时代，国营企业或集体所有制企业成为城市绝大部分劳动力就业场所，以就业为基础的单

---

① 中华人民共和国国家统计局，中华人民共和国民政部. 中国灾情报告：1949－1995［M］. 北京：中国统计出版社，1995.

位保障制度逐步建立，使得社会救助人数大幅下降，社会救助对象趋于稳定。在城市，社会救助对象基本上固定为无生活来源、无劳动能力、无法定抚养义务的"三无"人员。在农村，社会救助对象基本确定为"五保户"。当然这一时期，由于自然灾害的频发、社会政策的失误，使得社会发展曾经几度陷入困境，出现如精简回乡困难职工、灾民、春荒夏荒等大量需要救助人员。"三无"人员救助和"五保户"救助制度无疑成为现阶段我国社会救助制度的雏形。

2. 社会救助事权管理机构的设立

1954 年，第一届全国人民代表大会通过《中华人民共和国宪法》将以前的内务部改由国务院领导，机构调整增设农村救济司、城市救济司。省（自治区）设立民政厅，直辖市设民政局，县设民政科。至此，社会救助主要由中央、省、市、县政府共同管理。当然，此时的社会救助主要涉及五保供养、自然灾害救济和失业救济，设置的管理机构也相对单一。

3. 社会救助支出责任划分呈现集体救助特点

就城市救助而言，由于当时绝大多数劳动力均进入国营企业和各级各类事业单位工作，而此时的单位兼具发放职工工资与提供职工全方位保障的双重身份，对于那些工资不能满足生活的职工，由单位提供救助；对于城市"三无"人员由当地政府给予提供救助。就农村救助而言，呈现集体救助的特点。人民公社是农村组织生产的形式，农民被分配到公社下属的生产队、大队劳动，统一由生产队分配劳动果实。在这种情况下，农村居民的社会救助主要依靠集体。因此，无论是城市还是农村，社会救助基本上采取集体救助的方式，社会救助责任有下放到地方的倾向。然而，这种集体救助的模式无疑处在计划经济体制内，产品实行的是统购统销，生产、消费由国家统一安排，从这个意义上讲，政府间社会救助的支出责任并未是严格意义上的分责。

（三）"包干制"下社会救助事权与支出责任的划分情况

这一阶段是我国正处在改革开放的起步发展阶段，经济体制由高度的计划经济向市场经济转轨，财政体制主要呈现"包干制"的转变，地方财政快速增长。对于社会救助财政支出而言，其支出规模不断加大。这一时期，国家高度重视社会救助领域的相关事宜，恢复被暂停的社会救济制度，在资金方面给予大力支持。社会救助支出从 1980 年的 2.84 亿元增长到 1993 年的 66.98 亿元，支出规模处于一定的上升阶段（见图 3－2）。但具体支出金额却较小，反映出伴随着市场经济的建立，该时期我国社会救助支出比重随财政体制的放活有较大提高，但由于生产力低下，整个社会物质基础贫乏导致的贫困程度较深，经济基础的薄弱使得社会救助支出只能处在追求低水平的提高阶段。

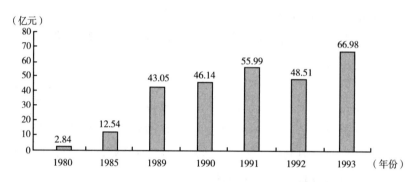

图 3-2　社会救助财政支出情况（1980～1993 年）

资料来源：此处的社会救助财政支出主要包括社会救济费、抚恤与灾害救济，主要根据《中国民政统计年鉴》整理而得。

　　在关于中央和地方在社会救助支出责任的划分方面，伴随"包干制"财政体制的不断深入，进一步调动地方经济发展积极性，各地区经济发展不断向好，地方财政收入逐年增高，其所占全国财政收入比重也呈现逐年递增，这为地方政府社会救助支出奠定了一定的物质基础。从总的来看，这一时期社会救助支出以地方财政支出为主（见图 3-3），1992 年为最高的年份（76.62%），中央财政支出不到 25%，1991 年为最低年份，地方支出占整个社会救助支出的59.92%。可见，中央与地方政府社会救助支出责任的承担伴随着"包干制"财政体制呈现出典型的地方化现象。就变化趋势而言，中央财政支出比重有所增加，但仍以地方支出为主导，除去 1992 年的峰值之外，社会救助的地方财政支出基本保持在 60% 以上，并且比较平稳，处于较为绝对的主导地位。

（四）分税制下社会救助事权与支出责任的划分情况

1. 社会救助制度的基本定型

　　继 1993 年在上海试点城市最低生活保障制度以后，各地不同程度推进该项制度建立，1999 年全国范围内建立城市居民最低生活保障制度，之后的医疗救助、农村低保等救助项目不断完善。可以说，1994～1998 年，是社会救

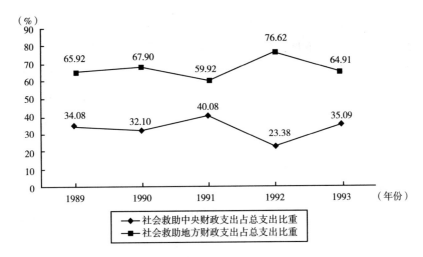

图 3 – 3　中央财政与地方财政的社会救助支出比重（1989～1993 年）

资料来源：根据《中国民政统计年鉴》数据整理。

助的主体制度——城市低保制度建立的探索试点阶段；1999～2014 年，我国社会救助制度不断地扩充、完善，最终得以基本定型。

第一，城市居民最低生活保障制度建立。1999 年，为配合进一步推进和完善市场经济体制改革，我国实行了大规模的国有企业改革，涌现大量的下岗和失业工人，为保障该群体的基本生活问题，保持社会稳定发展，在分省试点的基础上，国务院颁布了《城市居民最低生活保障制度办法》，将其作为一个统一的制度在全国范围内建立起来。

第二，医疗救助制度颁布。随着城市低保制度建立，帮助低收入困难人口摆脱"因病致贫、因病返贫"的困境逐渐凸显出来，决定将医疗救助纳入社会救助的体系中。2005 年，民政部等出台《关于建立城市医疗救助制度试点工作意见的通知》，并在全国全面推进。

第三，农村最低生活保障制度建立。城乡二元化经济导致的城乡差距一直是我国发展不均衡的主要体现，随着城市化进程的加快，其不均衡性发展更加严峻。为统筹城乡低保制度一体化发展，确保满足更多农村低收入贫困群体其基本生活需要，2007 年，国务院颁布《关于在全国建立农村最低生活保障制度的通知》，将低于当地最低生活标准水平的困难群体纳入农村低保的救助范围，稳定、持久、有效地解决全国农村贫困人口的温饱问题，为缩小基本民生领域的城乡差异迈出了坚实的一步。

第四，社会救助定型。党的十八大以来，国家高度重视民生领域的问题，尤其是涉及低收入群体的基本权利和基本利益，2014 年国务院颁发《社会救助暂行办法》，确定了最低生活保障制度为核心经常性救助，医疗专项救助、受灾人员救助为主体，特困人员供养、临时救助、教育救助、就业救助、住房救助（简称"8 + 1"）为补充的社会救助体系。至此，从制度层面实现了社会救助全国范围内"应保尽保"的全覆盖。

2. 各级政府社会救助的事权划分情况

社会救助作为全国性统一的制度，其管理责任划分涉及中央、省、市、县、乡镇，甚至到村一级。按照《社会救助暂行办法》和各级政府民政部门关于社会救助管理责任范围划分整理，如表 3 - 3 所示。

表 3 - 3　　　　　　　　各级政府的社会救助事权划分情况

政府名称	社会救助事权划分范围
中央政府（民政部）	①拟订救灾工作政策，负责组织、协调救灾工作，组织自然灾害救助应急体系建设，负责组织核查并统一发布灾情，管理、分配中央救灾款物并监督使用，组织、指导救灾捐赠，承担国家减灾委员会具体工作。②牵头拟订社会救助规划、政策和标准，健全城乡社会救助体系，负责城乡居民最低生活保障、医疗救助、临时救助、生活无着人员救助工作
省级政府（民政厅）	①提出救灾工作政策建议；组织、协调救灾工作；建立自然灾害救助应急体系，组织核查、评估、发布灾情；管理、分配救灾款物并监督使用；组织、指导救灾捐赠工作。②拟定全省社会救助政策、规划和标准；健全全省社会救助体系；负责城乡居民最低生活保障、农村五保供养、城乡医疗救助、临时救助和生活无着人员救助工作；指导全省城市低收入家庭收入的核定和农村社会救助对象的认定工作
市级政府（民政局）	①提出救灾工作建议；组织、协调救灾工作；建立自然灾害救助应急体系，组织核查、评估、发布灾情；负责市级救灾款物的管理、分配，指导、监督县级救灾款物的管理使用；组织、指导救灾捐赠工作。②拟订全市社会救助政策和规划；健全全市社会救助体系；负责城乡居民最低生活保障、农村五保供养、城乡医疗救助、临时救助工作；指导全市城市低收入家庭的核定和农村社会救助对象的认定工作
县级政府（民政局）	①组织、协调救灾工作，组织核查、发布灾情；管理、分配救灾款物并监督使用；指导灾区开展生产自救；组织、指导救灾捐赠；开展国际减灾活动。②建立和实施城乡居民最低生活保障制度；负责社会救济工作，指导农村五保户供养和敬老院建设
乡镇政府（民政所）	乡镇人民政府、街道办事处负责有关社会救助的申请受理、调查审核，具体工作由社会救助经办机构或者经办人员承担。村民委员会、居民委员会协助做好有关社会救助工作

资料来源：根据民政部、各省、各市、各县民政部门网站关于社会救助职责整理而得。

由此可见，中央政府社会救助事权主要负责全国社会救灾和救济法规、政策的制定、颁布和实施以及指导地方政府落实中央有关社会救济法规和政策等决策权，省级政府主要按照中央的政策、文件负责执行本辖区的社会救助的开展、执行的指导工作，制定本区域内的社会救助标准、管理办法等；县及以下基层政府，在社会救助工作中主要负责救助的家计调查、认定、资金发放、动态管理、监督核查等。可见，社会救助实行地方人民政府负责制，按属地管理原则进行管理。

3. 社会救助支出责任划分情况

在支出责任划分方面，梳理各个社会救助项目以及《社会救助暂行办法》发现，我国社会救助保障资金的筹集主要以地方为主，地方各级人民政府要将社会救助资金列入财政预算，省级人民政府要加大投入。地方各级人民政府民政部门要根据救助对象人数等提出资金需求，经同级财政部门审核后列入预算。中央财政对财政困难地区给予适当补助。也就是说，在支出责任划分上，我国社会救助支出由各级政府共同承担，但由地方政府承担主要支出责任。其中，省级政府应该发挥重要作用，而中央政府主要对财政困难地区予以转移支付，以确保社会救助不因地区经济发展落后、财力匮乏而无法推行，也不会由于地区经济发展不平衡使救助水平呈现较大的地区差异而背离公共服务均等化原则。

结合现实数据看，中央与地方政府的社会救助支出责任表现如图 3 - 4 所示。就总体而言，在 1994 ~ 1998 年这段时间里，虽然已经建立起以分税制为主导的财政体制，中央财政收入的能力和地位不断得到加强，但正如前文所述，由于处于城市低保制度建立的探索和试点阶段，中央对社会救助的支出责任的体现并没有实质性的提高，仍然以地方财政支出责任为主导，传统的城市救济、农村救济、五保供养制度还处在比较分散的状态中，资金的投入和管理仍然是各省各自分开执行。直到 1997 年，国务院下发《关于在全国建立城市居民最低生活保障制度的通知》，要求在 1999 年底前，县级以上城市和县政府所在地的镇都要建立城市居民最低生活保障制度。城市最低生活保障制度作为社会救助的主要组成部分，其建立需要庞大的财政资金做后盾。为此，在中央财力不断集中的保障下，自然是加大中央政府的支持力度，提高中央财政的支出责任。于是从 1999 年开始，中央与地方的社会救助支出责任划分呈现逆转，除了 2003 年、2004 年、2005 年外，社会救助的支出责任

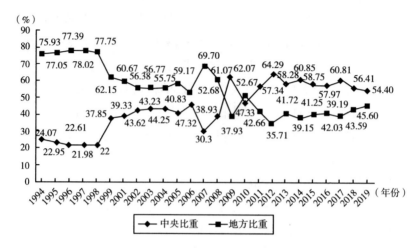

图3-4　社会救助央地支出责任变化趋势（1994~2015年）

资料来源：根据《中国民政统计年鉴》数据整理而得。

中央政府高于地方政府，逐渐转向中央支出为主导的模式。

就变化趋势而言，社会救助中央支出责任呈现先上后下，再上又下到保持基本平稳的态势。中央承担的支出责任最高为2003年的70.50%，最低为2007年的42.25%。党的十八大以后，中央的支出责任保持在55%，相应地，地方政府的支出责任处在45%范围内，基本保持平稳的状态。

党的十八大以后，逐渐形成规范定型的社会救助支出责任划分模式（见表3-4）。2014年颁布的《社会救助暂行办法》标志着社会救助制度定型，并要求完善社会救助资金、物资保障机制，将政府安排的社会救助资金和社会救助经费纳入财政预算。2018年1月的《方案》，关于社会救助事权与支出责任划分取得了实质性的突破，明确了社会救助属于中央与地方政府的共同事权，并规定支出责任与分担方式主要依据财政困难程度、保障对象数量等因素确定。如对于困难群众救助、残疾人服务的基础标准由地方制定标准，主要依据地方财力状况、保障对象数量等因素确定中央及地方政府的财政支出责任。对于受灾人员救助，其标准制定遵循中央制定补助标准，地方可以结合实际确定具体救助标准，并在支出责任和分担方式上规定对遭受重特大自然灾害的省份，中央财政按规定的补助标准给予适当补助，灾害救助所需其余资金由地方财政承担。该《方案》进一步明确各级政府的职责，推动解决中央和地方社会救助事权与支出责任划分确立不断制度化、法治化、规范化。

表3-4　　　　　　　现阶段社会救助各项目支出责任划分情况

项目名称	来源依据	关于支出责任地表述
城市居民最低生活保障	《城市居民最低生活保障》条例第五条	城市居民最低生活保障所需资金，由地方人民政府列入财政预算，纳入社会救济专项资金支出项目，专项管理，专款专用
农村居民最低生活保障	《国务院关于在全国建立农村最低生活保障制度的通知》第五条	农村最低生活保障资金的筹集以地方为主，地方各级人民政府要将农村最低生活保障资金列入财政预算，省级人民政府要加大投入。地方各级人民政府民政部门要根据保障对象人数等提出资金需求，经同级财政部门审核后列入预算。中央财政对财政困难地区给予适当补助
农村五保供养	《农村五保供养工作条例》第三章第十一条	农村五保供养资金，在地方人民政府财政预算中安排。中央财政对财政困难地区的农村五保供养，在资金上给予适当补助
自然灾害救助	《自然灾害救助条例》第四条	县级以上人民政府应当将自然灾害救助工作纳入国民经济和社会发展规划，建立健全与自然灾害救助需求相适应的资金、物资保障机制，将人民政府安排的自然灾害救助资金和自然灾害救助工作经费纳入财政预算
医疗救助	《关于进一步完善城乡医疗救助制度的意见》第五条第一款	要强化地方政府责任，地方各级财政特别是省级财政要切实调整财政支出结构，增加投入，进一步扩大医疗救助基金规模。中央财政安排专项资金，对困难地区开展城乡医疗救助给予补助

资料来源：根据社会救助各分项目文件、通知、意见等关于各社会救助项目资金筹资规定整理。

二、财政体制下城乡低保支出责任划分的历程演进

（一）低保制度建立阶段及支出责任划分（1993~1999年）

1. 城市低保制度建立

伴随着市场经济的建立发展，20世纪90年代，我国开启了国有企业、集体企业改制阶段，在此过程中，出现了大量的失业、下岗人员。据统计，1993年，我国登记失业人数为383万人，1996年"下岗"职工人数是650万人，加上"失业"人数570万人，意味着当时城镇失业人数超过1000万。事实上，随着经济体制转型、国有企业改革、产业转型及市场经济带来的分配收入变革，大量失业人口和贫困产生成为必然，并且此时未有相应的社会政

策出台来解决贫困人口基本生活困难问题，在这种压力下，倒逼一些经济发展地区如上海开始探索建立城市最低生活保障制度，以此缓解和兜底失业人员、下岗人员等困难群体的最低生活。1993年5月，上海市民政局、劳动局、财政局、总工会等部门联合下发《关于上海市城镇居民最低生活保障线的通知》，并于1993年6月1日开始实行，开启了我国城市救济制度改革的序幕。最初的低保制度运行中，包括对家庭收入调查、资格认定、标准测算、资金发放等做了初步探索，当时最低生活保障线仅为每月人均120元，保障人口不到万人。1994年，第十次全国民政工作民政部明确提出要逐步推行城市低保制度，将试点工作不断推向东南沿海地区，仅三年时间试点城市增加至116个，1997年8月，将建立城市低保制度写入《中华人民共和国国民经济和社会发展"九五"计划》，成为九五期间国家推进的工作之一。1997年9月，国务院的《关于在全国建立城市最低生活保障制度的通知》正式下发，并要求在1999年底之前，全国所有的城市和县政府所在地的城镇都要建立这一制度，标志着我国城市低保制度在中国的正式确立。

2. 支出责任划分情况

1999年9月28日，国务院正式颁布《城市居民最低生活保障条例》（以下简称《条例》），标志着城市低保工作走上了制度化的轨道。就制度层面看，《城市居民最低生活保障条例》第四条规定城市居民最低生活保障制度实行地方各级人民政府负责制，县级以上地方各级人民政府民政部门具体负责本行政区域内城市居民最低生活保障的管理工作，财政部门按照规定落实城市居民最低生活保障资金；统计、物价、审计、劳动保障和人事等部门分工负责，在各自的职责范围内负责城市居民最低生活保障的有关工作；第五条规定城市居民最低生活保障所需资金，由地方人民政府列入财政预算，纳入社会救济专项资金支出项目，专项管理，专款专用。这从制度的层面定调城市低保主要支出责任在地方政府。在具体资金支出层面，截至1999年底，共有531.6万名处在最低生活保障线以下的城镇居民得到了及时救济。其中，1999年城镇低保资金15.40亿元，保障人数为265.94万人，农村保障资金为6.22亿元。如《条例》规定，实际运行中的支出责任，如图3-5所示，1995~1999年，城乡低保的主要支出责任在地方政府，地方财政支出比重大约占80%，中央财政支出比重大约20%，二者占比比例大约为4:1。可以看出，伴随着分税制的建立，地方政府在城乡低保支出责任中处于主要责任，并且处于绝对主导地位。需要说明的是，此时的农村还未建立农村居民最低生活保障，而是农村社会救济。当然，为了有力推进城市低保制度的全国覆盖，落后地区尤其是中、西部一些偏远落后及少数民族地区，国家采取中央财政转移支付的办法，确保偏远落后地区城市最低生活保障制度的进行。

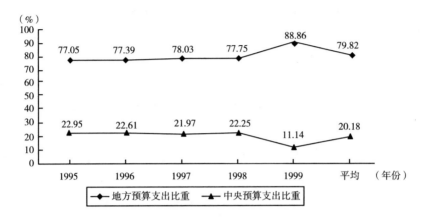

图 3 - 5　抚恤与社会救济中央及地方预算情况

资料来源：由于此时未将城市最低生活保障支出单列，此处主要根据《中国民政统计年鉴》关于抚恤与社会救济的中央及地方政府预算数据整理而得。

（二）低保制度扩充建立阶段（2000～2007 年）

1. 农村低保制度建立

民政部把"完善制度、规范管理"作为低保工作的一项长期工作深入推进。2004 年初，民政部正式成立最低生活保障司，专门负责城乡居民最低生活保障工作，为建立农村居民最低生活保障制度奠定了相应的基础和方向。2007 年，为促进农村经济社会发展，逐步缩小城乡差距，维护社会公平，国务院出台了《关于在全国建立农村最低生活保障制度的通知》，要求通过在全国范围建立农村最低生活保障制度，将符合条件的农村贫困人口全部纳入保障范围，稳定、持久、有效地解决全国农村贫困人口的温饱问题。这样便形成了城市和农村最低生活保障制度，全方位覆盖城市和农村居民，为和谐社会构建奠定了最低线的制度基石。

2. 支出责任划分情况

从《国务院关于在全国建立农村最低生活保障制度的通知》（以下简称

《通知》）第五条关于落实农村最低生活保障资金的要求看，规定农村最低生活保障资金的筹集以地方为主，地方各级人民政府要将农村最低生活保障资金列入财政预算，省级人民政府要加大投入。地方各级人民政府民政部门应根据保障对象人数等提出资金需求，经同级财政部门审核后列入预算。中央财政对财政困难地区给予适当补助。这表明，农村低保制度在成立之日，其支出责任主要以地方政府承担为主，并为了确保资金的足额到位，要求地方政府纳入到地方预算的保障范畴，同时强调省级政府的支出责任，在此《通知》中，中央财政更多是对财政困难地区给予适当补助的责任。在实践运行中，截至 2007 年底，我国农村低保保障人数达到 3452 万人[①]，城市低保人数2272.1 万人，共计资金安排超过 800 亿元。就具体支出责任看（见图 3 - 6），2000 ~ 2007 年，呈现出地方支出比重从高到低的趋势走向，中央支出比重则相反，2006 年、2007 年时，二者支出比重大致相同，形成支出责任对半分担的模式。事实上，城市低保和农村低保均规定二者资金筹集主要以地方为主，中央对财政困难地区以财政转移支付的形式给予一定补助，但由于我国经济发展不平衡，落后地区范围广，财政困难度较深，很多地区必须依靠中央财政鼎力扶持才能确保城乡低保制度的顺利实施运行，可见中央财政在城乡低保制度中具有举足轻重的作用。

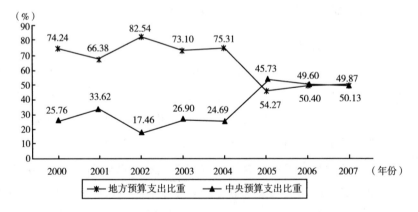

图 3 - 6　抚恤与社会救济的中央及地方预算情况（2000 ~ 2007 年）

资料来源：根据《中国民政统计年鉴》关于抚恤与社会救济的中央及地方政府预算数据整理而得。

---

①　王治坤. 建立健全社会救助体系，保障困难群众基本民生［EB/OL］. http：//www. gov. cn/govweb/zxft/ft93/content_872359. htm.

（三）城乡低保制度的完善阶段（2008～2013 年）

如图 3-7 所示，截至 2008 年，我国已经建立了覆盖城市和农村的最低生活保障制度，为低保对象提供了坚实的保障，构筑了社会最低线的民生安全网络，两项制度并列运行，各司其职。2013 年，我国城市低保人数为2064.2 万人，平均标准为 373.3 元/人·月，农村低保人数为 5388 万人，平均标准为 2433.9 元/人·年，城乡低保资金预算约为 1661.53 亿元。在具体支出责任划分方面，可以清晰发现，2008 年以后，城乡低保支出责任呈现出中央绝对主导的趋势，2011 年中央财政支出比重最高高达 72.01%，2008 年中央财政支出比重最低为 56.78%，六年来中央财政平均支出比重为66.22%。由此可见，与前一个阶段相比，城乡低保支出责任承担发生了根本性的改变，已由地方财政支出主导转变成中央财政支出主导。

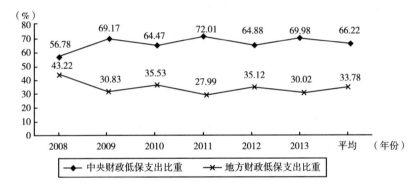

图 3-7　中央及地方财政的城乡低保支出比重变化情况（2007～2013 年）
资料来源：根据《中国民政统计年鉴》的数据整理而得。

（四）城乡低保定型阶段（2014 年至今）

党的十八大以来，为了进一步更好地保障公民的基本生活，促进社会公平，维护社会和谐稳定，有效发挥以城乡低保为核心的社会救助托底线、可持续的功能，2014 年国务院颁布了《社会救助暂行办法》（以下简称《办法》），要求社会救助应与其他社会保障制度相衔接，救助水平与经济社会发展水平相适应，标志着我国社会救助制度发展基本定型，并在《办法》第二章专门明确了最低生活保障，要求对人均收入低于当地最低生活保障标准，且符合当地最低生活保障家庭财产状况规定的家庭，给予最低生活保障，并规定最低生活保障标准，由省、自治区、直辖市或者设区的市级人民政府按照当地居民生活必需的费用确定，并根据当地经济社会发展水平和物价变动情况适时调整。在支出责任划分方面，其准确的表述为：县级以上人民政府应当将社会救助纳入国民经济和社会发展规划，建立健全政府领导、民政部门牵头、有关部门配合、社会力量参与的社会救助工作协调机制，完善社会救助资金、物资保障机制，将政府安排的社会救助资金和社会救助工作经费纳入财政预算。可以看出，关于以低保为核心制度的社会救助支出责任划分发生了本质性的改变，体现在由以前的地方政府为主转变为县级以上人民政府，强调支出责任由多级政府共同承担。就实际运行看，2014~2019年（见图3-8），中央财政的低保平均支出比重为64.85%，地方财政的低保平均支出比重为35.15%，支出责任划分在上一阶段的基础上平稳运行，基本形成了中央财政支出责任为主，地方财政共同承担的局面。

图3-8　中央及地方财政的城乡低保支出比重变化情况（2007~2013年）
资料来源：根据《中国民政统计年鉴》关于中央及地方政府城乡低保支出预算数据整理而得。

三、财政体制下城乡低保支出责任划分的主要特征

（一）财权事权划分的特征

1. 财权划分围绕集权和分权关系展开
通过上述财政体制和事权划分的制度演进历程梳理发现，为了找到一种

最佳且适合我国中央与地方的财政关系，我国财政体制改革始终围绕集权和分权的关系不断展开。从具体的演进历程看，一是 1953～1978 年的高度集中的统收统支，该时期的财政收入不分设国地税，而是统一纳入国家财政，财政支出也统一由中央计划分配到各地方政府；二是 1980～1993 年包干制的相对分权，中央政府给予地方政府相对独立的收支自主权、不断弱化中央集权，地方分权度不断提高；三是 1994 年分税制的相对集权，为了扭转中央集权的弱化，增强中央的宏观调控能力，分税制实现了中央财政主导地位，确立了转移支付制度作为宏观调控的有力手段。由此可见，我国历次财政体制改革均是不断探索集权与分权最佳结合点的过程。

2. 事权的划分并未做实质性的调整

1980～1993 年，随着财政"包干制"改革，中央政府将一大批公共产品和公共服务下放给地方政府提供，使得地方政府不断成为提供地方公共产品和服务的主体，虽然出现种种"包而不干"的现象，但显然地方政府成为公共服务提供的主体格局已经形成。另外，1994 年分税制将不同税种在央地政府间的划分，将大型、主要的税种划分到国税，将一些零碎的小税种划归至地方税，充分确保中央财政收入的主导地位，然而正如前面分析，这次主要涉及税权的分配，对事权并未作实质性调整，也即是说事权的划分在很大程度上还是延续包干体制下的划分模式，一些应该由中央政府承担的事务还是留给地方政府，如义务教育、养老保险、公共预防医疗卫生等事项，而一些应由地方政府承担的却由中央政府承担，如地方经济建设等事项。当然，相比财权划分，事权划分比较困难，它涉及面广，关系到官员个人利益、部门利益、政府层级间利益，甚至是政治利益，短期内很难收到成效。

3. 中央与地方财政体制改革具有利益博弈关系

在财政体制改革不断的"收－放－收"反复循环过程中，体现出财政利益博弈的关系。首先，高度集中的计划经济体制下，中央政府主导国家一切资源配置，包括从财政收入到政策的制定与实施等重大决策。地方政府没有财权也不具备资源分配的能力，自然没有与中央政府博弈的能力，仅是中央政府的派驻执行机构。其次，在财政包干制阶段以及现行的分税制以后，地方政府具有一定的财权与财政收入，也赋予其相应的一定的支出自主权。自此，在很大程度上，按照一级政府、一级预算、一级财权的要求，地方政府逐渐成为独立的经济利益主体，并且这种利益主体地位日渐增强，具备了与中央政府讨价还价的能力从而成为利益博弈的一方。因此，央地关系也由原来强制的行政命令转变为双方的契约关系，中央政府在下达行政命令的基础上，必须尊重地方政府的自身利益。

（二）城乡低保支出责任划分变迁的特征

1. 社会救助伴随财政体制出现相应规律

伴随着财政体制的"收－放－收"循环的规律，社会救助的事权与支出责任承担亦出现中央集权－地方分权－中央集权类似规律。

首先，在计划经济时期，由于中央政府的大包大揽，包括社会救助在内的公共服务事权基本上由中央政府承担，地方政府仅作为派驻机构执行中央的救助任务；在支出责任上，完全由中央政府承担。

其次，在财政包干制阶段，并未明确统一的社会救助制度，社会救助的事权承担下放到地方政府，由地方政府承担主要的事权，呈现出各省"各自为营"的事权管理局面；在支出责任上，也转向以地方政府为主，但由于缺乏中央的统一规划和要求，出现了"包而不干"的现象。

在分税制背景下，随着我国社会救助制度的不断完善，截至2014年，我国包括"8＋1"的社会救助制度框架基本形成，社会救助进一步走向定型阶段，这一时期，由于赋予一定的税收收入而使地方政府具备相应的支出能力，社会救助事权转为由中央与地方各级财政共同承担的模式，支出责任也由中央和地方各级政府共同承担。

2. 城乡低保支出责任划分伴随着财政体制出现亦同样规律

在多级财政体制下，城乡低保作为社会救助最核心的制度，其支出责任划分伴随着财政体制亦出现相同规律。整体而言，呈现出从中央财政支出责任主导—地方支出责任主导—中央财政支出责任主导的规律，这正好体现出分税制背景下我国财政体制关于财权的高度集中—相对分权—相对集中的逻辑规律。在事权分配上，无论是城市低保还是农村低保，均出现了下放地方的特点，形成中央政府负责牵头拟订城乡低保制度的规划、政策和健全城乡低保制度体系等方面的顶层设计，省级政府负责本区域的城乡低保政策、规划和标准及体系，并指导全省城市低收入家庭收入的核定和农村低收入对象的认定工作，市级以下政府负责方案和规划的具体实施。

第四章　我国城乡低保支出责任划分成效及问题分析

纵观我国财政体制改革，从高度集权到包干制大范围的分权，再到分税制的相对集权，不断适应了我国经济发展转型的需要，有效推动了城乡低保事权与支出责任划分基本框架的形成。本部分在呈现现阶段城乡低保事权与支出责任划分取得一定成效的基础上，重点比较三级财政对城乡低保制度均等化过程中的支出责任划分的均等化效应，同时结合现实，深入分析现行划分过程中存在的突出问题，为后续的对策研究提供思路。

第一节　城乡低保支出责任划分变革取得的成效分析

现阶段，随着分税制改革的不断深入，进一步规范了各级政府的税收收入关系，并赋予一定的财政收入自主权，为城乡低保制度健康可持续运行提供了财力保障，尤其是 2005 年公共服务均等化提出以后，提高各级财政公共服务支出水平的要求不断得到强化，有力推进了公共服务事权与支出责任划分发展，在此基础上，城乡低保支出责任的划分方面也取得诸多成绩。

一、中央财政的主导地位加强了中央财政城乡低保支出的"兜底"作用

中央财政的主导地位主要体现在提高财政收入占 GDP 的比重和提高中央

财政收入占全国财政收入的比重（简称"两个比重"）上。从图4-1可以看出，就财政收入占GDP的比重看，1994年财政收入为5218.1亿元，占GDP比重为10.77%，之后一直处于上升状态，2019年，财政收入为19.04万亿元，增长近36.50倍，占GDP比重上升到19.309%，国家财政收入不断提高。同时，由于"包干制"的大幅度分权，使得中央财政收入占全国财政收入的比重降至最低的1993年的22.0%，1994年的分税制加大了中央财政集权的能力，中央财政收入占全国财政收入的比重迅速提高到55.7%，之后一直保持在50%，虽然近年来其比重略有下降，但完全扭转了中央财政收入占全国财政收入比重低的状况。这样一来，中央就有能力发挥财政的城乡低保"兜底"作用，为城乡低保安全网提供了财力上的保障。

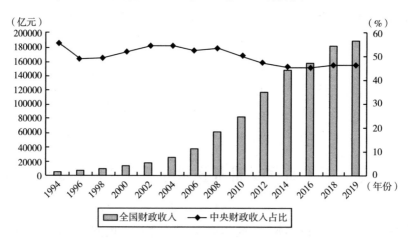

图4-1　全国财政收入及中央财政收入占全国财政收入
比重变化情况（1994~2015年）

资料来源：根据《中国财政年鉴》数据整理而得。

二、框定了各级财政的城乡低保支出责任划分模式

正如前文所述，伴随着财政体制改革的步伐，奠定了我国城乡低保支出责任划分的基本框架。目前，我国城乡低保实行的是以属地管理为主，各级财政共同承担支出责任的模式。根据2005年以后的数据显示（见图4-2），我国最主要的四级即中央、省级、地市级、县（区）级财政关于城乡低保支出责任的承担呈现出"两头大，中间小"的特点。所谓"两头大、中间小"

即是中央财政和县（区）级财政支出比重大，省级和地市级财政支出比重小。从具体数据来看：

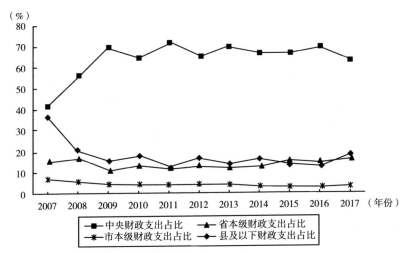

图 4 - 2　城乡低保各级财政承担社会救助支出责任的变化趋势（2005～2015 年）

资料来源：根据 2006～2016 年《中国民政统计年鉴》历年的预算安排数据整理。

第一，中央政府支出比重不断上升至基本保持平稳。从 2008 年开始，中央财政对社会救助的支出责任不断上升，2011 年达到峰值，之后保持在相对平稳发展的水平，说明在中央层面，我国城乡低保的中央支出责任分担基本上固定，2017 年略有下降，但均保持在 60%，充分体现城乡低保中央支出的主导地位。

第二，县（区）级财政的城乡低保支出比重较大，除 2007 年波动比较大以外，县（区）级财政的支出责任比重基本趋于稳定，基本在 20% 左右，位列第二。

第三，除 2015 年和 2016 年外，省级财政支出比重均低于县及以下财政支出比重，其承担的支出责任小于 15%，明显低于县及以下政府的支出责任。

第四，相比之下，地市级财政支出比重最低，最高的年份（2007 年）未超过 10%，并且自 2009 年以后，地市级财政的社会救助支出责任逐年下降，2017 年下降至 3% 左右。

三、不同区域各级财政城乡低保支出责任划分的格局基本形成

前文得出城乡低保支出责任划分呈现"两头大、中间小"的结论，此处

以不同区域城乡低保2007～2017年各级财政平均支出占比为考察对象，发现如下规律，如图4-3所示。

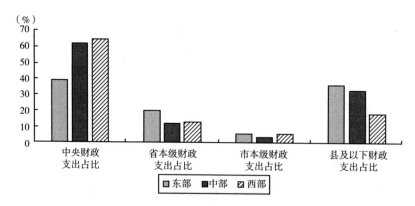

图4-3 四级财政的城乡低保支出平均占比情况（2007～2017年）

资料来源：根据2018年《中国民政统计年鉴》各级财政的城乡低保支出预算整理而得。

第一，东部地区为地方主导型。其中，中央比重小于40%，而地方支出超过60%，以地方财政支出为主，且县区级承担责任份额较高。当然，东部地区省份间差异较大，具体支出比重还需具体考察。如河北、辽宁、海南等省的城乡低保支出责任，中央份额自然会高一些，而北京、上海基本上由地方政府负责，地方政府承担的支出比重会更高一些。

第二，中、西部地区为中央主导型。其中，中央财政低保支出责任不低于60%，是城乡低保制度顺利可持续运行的坚实后盾。与此同时，地方政府在承担较小支出责任划分中，普遍存在县区级财政的支出责任超过省本级和市本级，且市本级承担支出责任最小（小于4%）。可以发现，在不同区域，无论是地方主导还是中央主导，县（区）级财政的支出责任高于省级和市级支出责任，是普遍的规律。

四、城乡低保制度的保障力度不断加强

这种整体上以中央财政支出为主导，不同区域按照不同的财政支出比例承担城乡低保支出责任的模式，有力有效地扩大了城乡低保的支出规模，一定程度上实现了最低生活保障线以下对低保对象的"应保尽保"。从表4-1可以看出，城乡低保规模快速增长，2007～2020年，城市低保支出规模累计达到

8169.9 亿元，保障人数累计达到 2.47 亿人次；农村低保支出规模累计达到 10688.78 亿元，保障人数累计约达到 6.32 亿人次，为缓解我国绝对贫困人口，助力脱贫攻坚实现了"应保尽保"的目标。

表 4 - 1　　我国城乡低保保障人数及财政支出情况（2007～2020 年）

年份	城市低保人数（万人）	城市低保支出（亿元）	农村低保人数（万人）	农村低保支出（亿元）
2007	2272.1	277.4	3566.3	208.67
2008	2334.8	393.4	4305.5	228.7
2009	2345.6	482.1	4760	363
2010	2310.5	524.7	5214	445
2011	2276.8	659.9	5305.7	667.7
2012	2143.5	674.3	5344.5	718
2013	2064.2	756.7	5388	866.9
2014	1877	721.7	5207.2	582.6
2015	1701.1	719.5	4903.6	931.5
2016	1480.2	687.9	4586.5	1014.5
2017	1261	640.5	4045.1	1051.8
2018	1007	575.2	3519.1	1056.9
2019	860.9	519.5	3455.4	1127.2
2020	805.1	537.3	3620.8	1426.3
总计	24739.8	8169.9	63221.8	10688.77

资料来源：根据历年《民政事业发展统计公报》的数据整理而得。

五、城乡低保制度的保障水平逐年提高

低保标准、低保支出水平和低保替代率是城乡低保制度三个核心具有代表性的指标，是增强保障对象对该项制度获得感的主要表现。现阶段较为定型的城乡低保支出责任划分推进了城乡低保保障水平的提高。

首先，就低保标准看（见表 4 - 2），2007～2019 年的数据显示，无论是城乡低保，还是农村低保的保障标准，均呈现逐年提高的态势。其中，城市低保标准提高了约 2.42 倍，农村低保保障标准提高了将近 5.35 倍。

表4-2　　　　　　　城乡低保标准水平变化情况（2007~2019年）　　　　单位：元/人·年

年份	城市低保		农村低保	
	平均标准	平均支出水平	平均标准	平均支出水平
2007	182.4	102.7	840	465.6
2008	205.3	143.7	987.6	604.8
2009	227.8	172	1209.6	816
2010	251.2	189	1404	888
2011	287.6	240.3	1718.4	1273.2
2012	330.1	239.1	2067.6	1247.9
2013	373.3	264.2	2433.6	1393.5
2014	410.5	285.6	2776.8	1552.3
2015	451.1	316.6	3177.6	1766.5
2016	494.6	333.4	3744	2049.6
2017	540.6	—	4300.7	—
2018	579.7	—	4833.4	—
2019	624	—	5335.5	—

资料来源：根据历年《中国民政统计年鉴》的数据整理。

其次，就低保的平均支出水平看，城市低保和农村低保平均支出水平亦呈现逐年提高的趋势，并且提高的幅度超过了保障的平均标准，切实保障了低保对象的基本生活。

最后，不同地区城乡低保水平随着各地经济发展水平的提高，城乡低保替代率呈现稳中有升的局面。以2007~2019年城市低保的替代率水平为例（见表4-3），就时间维度分析，不同地区的城市低保替代率水平均保持稳定并有所提高，实现了经济发展与低保保障水平的同步发展；就不同区域看，东、中、西部替代率均呈上升趋势，尤其欠发达的中、西部地区替代率水平提升较快，并且东、中、西部替代率水平差异逐渐缩小，说明一定程度上东、中、西部的低保保障力度差距在缩小。可见，中、西部地区并没有因为经济发展相对落后而降低城乡低保保障水平，这无疑得益于现行财政体制下城乡低保支出责任划分框架，中央相对集中财力，集中力量推进中、西部欠发达地区最低生活保障制度在城乡、地区一体化发展，还得益于地方各级财政承担支出责任，使得地方政府在发展经济的同时，始终将包括城乡低保在内的民生支出作为财政最基本的职责履行。

表 4-3　　　　　　城市低保替代率水平情况（2005～2015 年）

年份	东部城市低保替代率	中部城市低保替代率	西部城市低保替代率
2007	0.12	0.10	0.11
2008	0.12	0.11	0.12
2009	0.13	0.12	0.13
2010	0.13	0.14	0.13
2011	0.14	0.12	0.12
2012	0.14	0.12	0.12
2013	0.13	0.13	0.12
2014	0.15	0.13	0.14
2015	0.14	0.13	0.14
2016	0.14	0.13	0.14
2017	0.15	0.14	0.15
2018	0.14	0.14	0.15
2019	0.15	0.15	0.16

资料来源：根据《中国民政统计年鉴》和《中国统计年鉴》数据整理，城市最低生活保障水平替代率＝城市最低生活标准/城镇居民人均可支配收入。

第二节　三级财政支出促进城乡均等化的作用比较——以城市低保为例

2005 年，我国首次在《中共中央关于制定国民经济和社会发展第十一个五年规划》中提出公共服务均等化，近年来一直为该目标而努力。党的十九大报告提出按照均等化原则，加强社会保障体系建设，统筹城乡社会救助体系，着力解决好发展不平衡不充分的问题。城乡低保制度作为最基本的底线民生工程，实现均等化无疑是最基本的目标追求。为此，本部分重点考察比较三级财政支出在促进城乡低保均等化过程中的作用。

一、城乡低保各级财政支出均等化效应的测度方法

此处借助泰尔指数及分解方法，以 2008～2017 年城乡低保各级财政支出

为研究对象，考察城市低保制度中各级政府的财政支出关系，以及这种支出制度安排的均等化效应，为合理划分城乡低保各级财政的支出责任提供一定参考。在数据方面，选取自 2009～2018 年的《中国民政统计年鉴》，由于目前各省尚未公布本级城乡低保转移资金使用以及本级实际的支出情况，此处使用当年城乡低保各级政府本级财政支出的资金预算安排。需要特别说明的是，考虑到地市级财政支出比重小（一般小于 4%），引起的均等化效应可忽略不计，加上"省管县"制度的推行，此处不讨论地市级财政支出均等化效应，而主要测算近十年城乡低保制度中全国总财政、中央财政、省本级财政、县（区）级财政支出的泰尔指数及均等化效应。

（一）泰尔指数方法

泰尔指数（Theil index）是因泰尔（Theil，1967）利用信息理论中的熵概念测算收入不平等而得名，现在被广泛运用到对地区经济差异测算的研究中，主要通过考察人口和其相应的收入是否匹配来判断资源分布的公平性，即通过收入份额与人口份额比值大小来衡量其公平性，泰尔指数值越大，均等化水平越低；泰尔指数值越小，均等化水平程度越高。同时，泰尔指数的最大优点是，它可以衡量组内差距和组间差距各自的变动趋势、幅度以及对总差距的贡献，能更全面反映差异的情况。本节采用自然对数的泰尔指数测度城乡低保中各级财政支出的地区差异及均等化水平。以下是城乡低保中各级财政支出的泰尔指数及均等化效应公式：

$$T_Q = \sum_i^{31} [q_i/q] \ln[(q_i/q)/(p_i/p)] \qquad (4-1)$$

$$T_Z = \sum_i^{31} [z_i/z] \ln[(z_i/z)/(p_i/p)] \quad T_Z' = T_Z - T_Q \qquad (4-2)$$

$$T_S = \sum_i^{31} [s_i/s] \ln[(s_i/s)/(p_i/p)] \quad T_S' = T_S - T_Q \qquad (4-3)$$

$$T_X = \sum_i^{31} [x_i/x] \ln[(x_i/x)/(p_i/p)] \quad T_X' = T_X - T_Q, T_X'' = T_X - T_S$$

$$(4-4)$$

以上公式测算的是全国 31 个省份城乡低保财政支出的泰尔指数及均等化效应，反映了各省城乡低保财政支出与各省城乡低保人口数量的匹配程度。

其中：T_Q 代表财政总支出的泰尔指数，T_Z 代表中央财政转移支付前，城乡低保财政支出的泰尔指数，T'_Z 代表中央转移支付前后城乡低保均等化变化的程度，代表中央财政支出的均等化效应；T_S 代表省本级财政支出前，全省城乡低保财政支出的泰尔指数，T'_S 代表省本级支出前后城乡低保均等化水平的变化程度；T_X 代表县（区）级财政支出前，城乡低保财政支出的泰尔指数，T'_X 代表县（区）级财政支出前后城乡低保均等化变化的程度，T''_X 代表城乡低保县（区）级财政与省本级财政支出的均等化效应的对比情况；q_i 代表 i 省城乡低保财政支出，q 代表 31 个省份城乡低保财政总支出；z_i 代表中央财政转移支付前 i 省城乡低保财政支出，z 代表中央财政转移支付前 31 个省份城乡低保财政总支出；s_i 代表省本级财政转移支付前 i 省城乡低保支出，s 代表省本级财政转移支付前 31 个省份城乡低保财政总支出；x_i 代表县（区）级财政支出前 i 省城乡低保支出，x 代表县（区）级财政支出前 31 个省份城乡低保财政总支出；p_i 和 p 分别代表 i 省和全国城乡低保人数。

（二）各地区泰尔指数分解

为更好体现区域内和区域间城乡低保财政支出的泰尔差异及均等化效应，测算城乡低保财政支出区域内部和区域之间差异对城乡低保总体差异的贡献值，本书按照传统分法将 31 个省份划分为东、中、西部三个区域，将上述四种城乡低保财政支出的泰尔指数分解为东、中、西部及区域内、区域间的泰尔指数，以更好地反映不同区域财政支出模式的均等化效应。以城乡低保财政支出的总泰尔指数为例，区域内和区域间的财政支出泰尔指数测算方法公式为：

$$T_j = \sum_i [q_{ji}/q_j] \ln [(q_{ji}/q_j)/(p_{ji}/p_j)] \qquad (4-5)$$

$$T_{区域内} = \sum_j [q_{ji}/q_j] * T_j = \sum_j \sum_i [q_{ji}/q_j] \ln [(q_{ji}/q_j)/(p_{ji}/p_j)] \qquad (4-6)$$

$$T_{区域间} = \sum_j [q_j/q] * \ln [(q_j/q)/(p_j/p)] \qquad (4-7)$$

$$区域内贡献率 = T_{区域内}/(T_{区域内} + T_{区域间}) \qquad (4-8)$$

$$区域间贡献率 = T_{区域间}/(T_{区域内} + T_{区域间}) \qquad (4-9)$$

式（4-5）测算 j 地区（如东部地区）内部各省城乡低保财政支出的泰

尔指数；式（4-6）和式（4-7）分别测算的是泰尔指数的区域内与区域间分解；q_{ji} 和 q_j 分别表示 j（j = 东部、中部、西部）区域内 i 省的城乡低保财政支出和 j 区域内各省城乡低保财政支出之和，p_{ji} 和 p_j 分别表示 j 区域内 i 省的城乡低保人数和 j 区域内各省城乡低保总人数。

二、测算结果与分析

（一）城乡低保制度中各级财政支出差异测算结果分析

根据式（4-1）~ 式（4-4），分别测算出 31 个省份 2008 ~ 2017 年城乡低保的全国财政支出、中央财政支出、省本级财政支出和县（区）级财政支出的泰尔指数及其均等化效应，测算结果如表 4-4、图 4-4 所示。

表 4-4　城乡低保全国及中央、省本级、县（区）级财政支出的泰尔指数（2007 ~ 2018 年）

年份	T_Q	T_Z	T_S	T_X
2008	0.035141	0.160519	0.044819	0.048295
2009	0.031988	0.318315	0.032380	0.041215
2010	0.035024	0.242502	0.037275	0.040228
2011	0.036589	0.248560	0.038294	0.039987
2012	0.050405	0.327132	0.043945	0.038523
2013	0.044522	0.346559	0.037694	0.028966
2014	0.045063	0.308255	0.045594	0.026923
2015	0.054213	0.324156	0.045225	0.049599
2016	0.039898	0.266727	0.037213	0.033440
2017	0.042552	0.255215	0.043012	0.043638
平均值	0.041539	0.279794	0.040545	0.039082

从表 4-4 可以看出，城市低保财政支出的泰尔指数（T_Q）在 0.0031988 ~ 0.054213，均值为 0.041539，反映出城市低保财政支出的地区差异小，均等化水平较高；中央财政支出转移支付前的泰尔指数（T_Z），在 0.160519 ~ 0.346559 范围内波动，均值为 0.279794，约是中央财政支出转移支付后泰尔

指数均值的 6.74 倍，表明在中央财政转移前，城市低保的泰尔指数差异最大，区域间极不平衡。省本级财政支出前，城市低保支出的泰尔指数（T_s）处在 0.032380 ~ 0.045594，均值为 0.040545，表明省本级支出前，各省份城市低保的泰尔指数差异很小；县级财政支出前的泰尔指数（T_x）均值为 0.039082，最小值（0.026923）出现在 2014 年，最大值（0.049599）出现在 2006 年，约为全国支出泰尔指数均值的 0.94 倍，表明县级财政支出前，城市低保泰尔指数差异较大。

比较 2008 ~ 2017 年城市低保各级财政支出的均等化效应（见图 4 - 4），中央财政支出远远高于省级和县（区）级财政支出的均等化效应。首先，中央财政支出对城市低保的均等化效应最强，无疑是该项制度得以健康运行的基础保证。就变化趋势看，中央财政的拉平效应不断提高，反映了近年来中央高度重视社会救助等"底线民生"工程，并不断加大投入，欲通过强有力的中央财政弥合地区间城市低保的支出差异，逐步实现全国范围内的城市低保公共服务均等化。其次，10 年来城市低保省本级财政支出的均等化效应略低于县（区）级财政支出的均等化效应，并出现负值，表明省本级财政支出对城市低保存在逆均等化效应的现象，具有一定程度的阻碍作用。最后，县级（区）财政支出的均等化效应介于中央与省级之间，近 10 年来其均等化效应呈现由高到低再到高的局面，说明县（区）级财政在城市低保均等化进程中发挥了重要作用，并且这种作用不断加强。

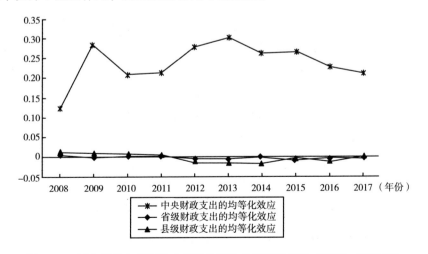

图 4 - 4　城市低保各级财政支出的均等化效应变化趋势（2008 ~ 2017 年）

（二）城市低保制度中各级财政支出差异的区域分解及均等化效应分析

根据式（4-5）～式（4-9），分别测算我国东、中、西部城市低保中各级财政支出的泰尔指数及区域内、区域间分解值和贡献率，并做相应的比较，以分析城市低保中各级财政支出在三大不同区域内、区域间的均等化效应。

从城市低保全国财政支出的泰尔指数分解看（见表4-5），区域内贡献率均值占比82.80%，表明城市低保制度中财政支出不均等主要由区域内差异引起；分区域差异看，东、中、西部泰尔指数的变化趋势均呈现反复波动态势，但总体值都比较小，不超过0.1，有力地说明了城市低保财政支出的均等化水平逐渐趋于稳定。就三个区域均等化比较看，东部地区泰尔指数明显大于中、西部地区，表明在东部地区各省份间城市低保的财政支出存在较大的差异，西部地区差异次之，中部地区差异最小。由此可见，城市低保财政支出均等化差异主要来自于东、西部，如何进一步努力降低东、西部城市低保的支出差异，是提高整个城市低保均等化水平的关键。

表4-5 城乡低保财政总支出泰尔指数 T_Q 的区域分解（2008～2017年）

年份	东部	中部	西部	区域内	区域间	区域内贡献率（%）	区域间贡献率（%）
2008	0.036590	0.014204	0.014204	0.026482	0.008658	75.36	24.64
2009	0.055161	0.013065	0.022157	0.026799	0.005189	83.78	16.22
2010	0.048280	0.016435	0.034796	0.031170	0.003853	89.00	11.00
2011	0.051490	0.013570	0.038661	0.032492	0.004096	88.80	11.20
2012	0.063526	0.016123	0.046331	0.040148	0.010139	79.84	20.16
2013	0.057718	0.020630	0.039878	0.037329	0.007193	83.84	16.16
2014	0.053468	0.021655	0.040056	0.036512	0.008550	81.03	18.97
2015	0.047705	0.044537	0.051584	0.048201	0.006012	88.91	11.09
2016	0.042120	0.040805	0.020509	0.032572	0.007326	81.64	18.36
2017	0.035280	0.043215	0.021064	0.032271	0.010281	75.84	24.16
均值	0.049134	0.024424	0.032924	0.034398	0.007130	82.80	17.20

城市低保制度中中央财政支出的泰尔指数分解旨在分析中央财政对不同区域间城市低保的支出差异（见表4-6）。区域内差异多大于区域间差异，

占贡献率均值比重约为55%，说明中央财政支出的差异主要来自于区域内差异。首先，具体到不同地区，中央转移支付前，东部的泰尔指数落在0.111847～0.230957，均值为0.190915；中部的泰尔指数落在0.022375～0.182924，均值为0.098567；西部的泰尔指数落在0.022375～0.246969，均值为0.147510，表明中央转移支付前，东部地区城市低保的财政支出差异远高于中、西部，中部最低。其次，从三个地区城市低保中央财政支出均等化效应比较发现（见图4-5），近年来，随着《国家基本公共服务体系"十三五"规划》关于大力推进城市低保在内的社会救助的均等化进程，中央财政支出对各地区城市低保的均等化均具有促进作用，但东、中、西部却仍然存在较大差异，表现为东部地区的均等化远远高于中、西部，且十年来居高不下；西部次之，中部地区均等化虽在各年间有波动，却一直徘徊在最低水平。

表4-6　城市低保中央财政支出的泰尔指数 T_Z 的区域分解（2008～2017年）

年份	东部	中部	西部	区域内	区域间	区域内贡献率（%）	区域间贡献率（%）
2008	0.111847	0.022375	0.022375	0.072347	0.088172	45.07	54.93
2009	0.195170	0.058114	0.134533	0.145658	0.172657	45.76	54.24
2010	0.169148	0.060919	0.137087	0.131264	0.111238	54.13	45.87
2011	0.178003	0.055219	0.143658	0.135753	0.112807	54.62	45.38
2012	0.206808	0.065126	0.210849	0.173431	0.152866	53.15	46.85
2013	0.230957	0.120834	0.226896	0.199424	0.147135	57.54	42.46
2014	0.196231	0.079536	0.203392	0.163518	0.144737	53.05	46.95
2015	0.205267	0.179355	0.246969	0.210478	0.113678	64.93	35.07
2016	0.186785	0.182924	0.090659	0.156077	0.110650	58.52	41.48
2017	0.228931	0.161265	0.058678	0.155134	0.100081	60.79	39.21
均值	0.190915	0.098567	0.147510	0.154308	0.125402	54.75	45.25

究其原因，主要与我国城市最低生活保障在东、中、西部的不同财政分担机制有关。1999年，《城市居民最低生活保障条例》规定了城市低保所需资金由地方人民政府列入财政预算，纳入社会救济专项资金支出项目，专项管理专款专用，中央财政给予财政困难地区适当补助。按此规定，城市低保中央财政支出在不同区域差别对待，经济发展好的东部省份，其城市低保资金多以地方财政自给为主（如上海、广东），但对同属东部的欠发达省份给

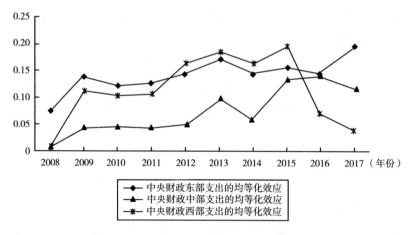

图4-5　城乡低保东、中、西部中央财政支出均等化
效应变化趋势（2008～2017年）

予大力支持（如海南、山东）。所以，在剔除中央财政支出后，经济发展不平衡的东部地区各省份地方财政支出低保差异更加凸显，即使中央财政大力支持东部欠发达省份城市低保，经济发展的极不平衡性仍然成为导致东部地区城市低保财政支出差异的根源。因此，中央资金如何引导鼓励地方政府对低保工作的重视，是缩小东部低保差异的根本途径。

　　通过城市低保省本级财政支出前各区域泰尔指数的分解（见表4-7）可知，其差异主要来自于区域内差异，贡献率均值达到87.98%；就三个区域大小及变化趋势，也呈现出东部地区差异最大、西部次之、中部最小，但整体来说，扣除省本级财政支出，各区域城市低保支出差异较小，均值都小于0.1。

表4-7　城市低保省本级财政支出的泰尔指数 T_S 的区域分解（2008～2017年）

年份	东部	中部	西部	区域内	区域间	区域内贡献率（%）	区域间贡献率（%）
2008	0.079523	0.011228	0.011228	0.035793	0.009026	79.86	20.14
2009	0.099521	0.010351	0.010351	0.029639	0.002741	91.53	8.47
2010	0.086003	0.011530	0.028204	0.032717	0.004558	87.77	12.23
2011	0.087955	0.009773	0.009773	0.033686	0.004608	87.97	12.03
2012	0.095380	0.013048	0.013048	0.037146	0.006579	84.95	15.05
2013	0.085069	0.011509	0.011509	0.033852	0.003843	89.81	10.19

续表

年份	东部	中部	西部	区域内	区域间	区域内贡献率（%）	区域间贡献率（%）
2014	0.094590	0.024489	0.024489	0.041460	0.004134	90.93	9.07
2015	0.096725	0.027412	0.027412	0.042246	0.002979	93.41	6.59
2016	0.078617	0.021029	0.021029	0.032563	0.004650	87.50	12.50
2017	0.070711	0.026903	0.026953	0.037030	0.005982	86.09	13.91
均值	0.087410	0.016727	0.018400	0.035613	0.004910	87.98	12.02

　　结合图4-6分析各区域省本级财政支出的均等化效应时发现，城市低保省本级财政支出产生的均等化水平总体较小。但东部省本级财政支出对城市低保的均等化效应均为正向的促进作用，且明显高于中、西部。中、西部省本级财政支出均等化效应多为负值，并且波动较大，尤其西部的负向效应较大，说明中、西部各省省本级财政支出对城市低保均等化产生负向的阻碍作用，且这种阻碍作用日益增大，自然会降低城市低保均等化水平，加重县（区）级财政支出负担，一定程度上反映了省级财政对城市低保支出力度小，未能较好承担相应的支出责任。因此，进一步加强省本级财政尤其是西部地区对城市低保的投入，履行其相应的支出责任而防止转嫁至下级财政，是当前制度设计的关键环节，也是城市低保制度逐步实现均等化的目标要求。

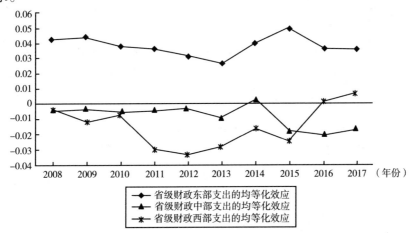

图4-6　城市低保东、中、西部省级财政支出均等化

效应变化趋势（2008～2017年）

县（区）级财政支出之前，城市低保支出差异也主要由区域内差异引起
（见表4-8），具体分解到东、中、西部发现，东部县（区）级财政支出的
泰尔指数值最大，中部次之，西部最小。正如前文的分析，这与我国在东、
中、西部城市低保支出模式、不同地区经济发展和财政实力差异有必然联系。
但西部12个省份多属于经济发展落后地区，国家级贫困县（区）主要出自
西部省份，而县（区）级财政则承担较大的低保支出责任，难免会造成财政
负担的加大，影响低保制度的开展。

表4-8　　　　　　城市低保县（区）级财政支出的泰尔指数 T_X 的
区域分解（2008~2017年）

年份	东部	中部	西部	区域内	区域间	区域内贡献率（%）	区域间贡献率（%）
2008	0.112947	0.023966	0.023966	0.039555	0.008741	81.90	18.10
2009	0.126829	0.015858	0.018433	0.035818	0.005398	86.90	13.10
2010	0.109821	0.019414	0.019566	0.034406	0.005822	85.53	14.47
2011	0.107654	0.016308	0.022823	0.034307	0.005680	85.80	14.20
2012	0.090001	0.020950	0.027345	0.036699	0.001815	95.29	4.71
2013	0.037910	0.022656	0.025982	0.026836	0.002130	92.65	7.35
2014	0.037234	0.020177	0.025695	0.025794	0.001129	95.81	4.19
2015	0.046653	0.044138	0.052719	0.048469	0.001130	97.72	2.28
2016	0.036833	0.042289	0.017692	0.030299	0.003141	90.61	9.39
2017	0.047551	0.053745	0.025369	0.040316	0.003322	92.39	7.61
均值	0.075343	0.027950	0.025959	0.035250	0.003831	90.46	9.54

为了更好地反映不同地区城市低保县（区）级财政支出的均等化效应
（见图4-7），可从两个角度描述。第一，与全国财政支出均等化效应相比，
东部县（区）级财政支出对城市低保均等化指数较大，说明东部县（区）级
财政对城市低保均等化具有很大的促进作用；中、西部县（区）级财政支出
的均等化指数均为正值，且近年来促进作用不断上升，表明总体上存在促进
作用。

第二，通过不同地区县（区）级财政支出与省本级支出的均等化效应的
比较，分析县（区）级与省本级财政对城市低保均等化效应的影响程度。如
图4-8所示，结果发现，10年以来，东部地区县（区）级支出的均等化均

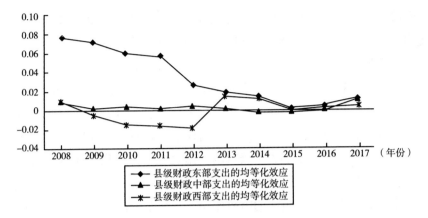

图4-7　城市低保县级财政支出与总财政支出均等化效应比较（2008～2017年）

高于省级均等化效应。中部地区均等化之差的指数除个别年份，均为正值，说明县（区）级财政支出均等化均值略高出省本级财政支出的均等化效应；西部地区也出现类似规律。

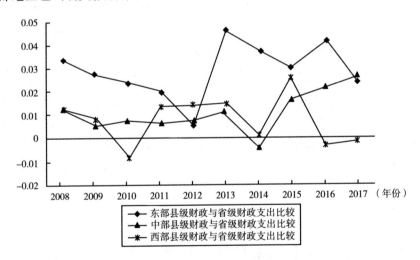

**图4-8　城市低保县（区）级财政支出与省本级财政支出均
等化效应比较（2008～2017年）**

三、结论思考

首先，通过城乡低保的三级财政支出均等化检验发现，中央财政支出对城乡低保起到很强的均等化效应，县（区）级财政支出均等化作用次之，省本级财政支出没有发挥实质性的均等化效应。由此从全国范围看，在城乡低保支出责任中，中央、省级、县（区）级政府在城乡低保支出责任中，体现为中央政府最大、县（区）级政府次之、省本级政府最低。

其次，具体反映到东、中、西部发现，东部财政的支出结构不尽合理，均等化水平亟须提高；中部财政支出的均等化程度较高，西部财政支出均等化水平较低，有待进一步提高。结合不同地区的省级、县（区）级财政支出均等化效应结果看出：东部省本级财政支出对城乡低保均等化具有正向的促进作用；中部省本级财政支出具有轻微的阻碍作用，但总体具有促进作用；西部省本级财政支出具有负向的阻碍作用，且高于中部。东部县（区）级财政支出均等化效应远远高出省本级财政支出，表明东部县（区）级财政作为主要的城乡低保支出主体；中部、西部县（区）级财政均略高于省本级财政支出，表明中、西部省本级财政在城乡低保中的支出比例小于县（区）级财政支出。

最后，现行城乡低保制度的出资模式一定程度上存在着结构性失衡的问题：一方面，中央财政支出有待进一步完善；另一方面，实力更强的省本级财政支出责任明显缺位，没有发挥省本级财政应有的拉平、统筹作用，反而依赖中央转移支付，降低了中央转移支付的均等化效应，而实力较弱的县级财政却承担着城乡低保较重的支出责任，其支出水平决定着省本级内部的均等化水平。另外，城乡低保制度中各级财政支出泰尔指数、均等化变化反复波动、不够稳定，表明各级政府的财政支出责任划分存在一定的随意性，尤其是省本级以下各级财政支出划分存在较大的随意性，也正是缺乏政府支出责任相关法律规定的表现。

第三节　城乡低保事权与支出责任划分存在的问题

自 1999 年城市最低生活保障建立，到 2014 年社会救助制度基本框架基本形成，再到"十三五"，城乡低保事权与支出责任划分不断完善。这种划分思路也为社会保障领域其他项目的事权与支出责任的划分提供了一定思路。但与此同时，也存在着诸多不容忽视的问题甚至是有失偏颇之处，通过前文对三级财政的城乡低保财政支出均等化作用比较发现，着实存在不同层级间支出责任、不同区域支出结构不合理等诸多问题。

为了更好地挖掘现阶段城乡低保事权与支出责任划分存在的问题,本部分将通过对中、西部两省省级及县(区)级民政系统领导与工作人员、省级及县级财政系统专门负责城乡低保资金管理与拨付部门的实地走访调研,结合相关资料和统计数据更加深入地揭示一些深层次问题。

一、立法层次较低

党的十八大以来,国家高度重视财政体制改革,主要包括《新预算法》、税制改革、完善事权与支出责任相适应制度三个方面,其中《新预算法》修订、"营改增"全面实行取得重要性突破与成功,而事权与支出责任划分,尚处在立法层次较低、划分相对混乱的阶段,反映到具体社会救助层面,更是如此。按照《立法法》第八条的规定,基本的财政制度只能由法律决定,然而我国关于事权与支出责任的划分在所谓法律效力大的如《宪法》等法律体系中多为原则上的、不全面的、模糊性的表述,缺乏相应的指导意义与可操作性。如《新预算法》中只提及到分税制和转移支付,并未涉及政府间事权的具体界定。现实中,缺乏统一的、完整的关于界定政府间事权与支出责任划分的法律法规,处理政府间关系的指导性意见往往是国务院或一些部门文件,缺乏稳定性、权威性,这为政府间事权划分不规范性、随意性、转嫁性提供了空间与机会。

城乡低保制度一直处于较为分散、碎片化的状态中,多以单个制度的形式出现,如《城市居民最低生活保障制度》《农村居民最低生活保障制度》等,其城乡分割、区域分散制约着城乡低保制度体系的发展与完善。2014年的《社会救助暂行办法》对城乡低保制度做了相对统一的规范,使城乡低保制度向法治化迈进了一步,对其事权划分表述为:国务院民政部门统筹全国城乡低保体系建设,卫生计生、教育、住房城乡建设、人力资源社会保障等部门,按照各自职责负责相应的城乡低保管理工作,省级、县(区)级参照执行,乡镇人民政府、街道办事处负责有关社会城乡低保的申请受理、调查审核,村民委员会、居民委员会协助做好有关城乡低保工作。在资金管理上,完善城乡低保资金、物资保障机制,将政府安排的城乡低保资金和城乡低保工作经费纳入财政预算。① 可以看出，虽然大致规定了城乡低保事权划分，但对于各级政府城乡低保支出责任划分并未明确，使得实际操作中缺乏依据。与此同时，《社会救助暂行办法》仅为暂行办法，立法层次相对较低，难免在执行过程中造成各种不规范。

二、事权未能理顺

政府间事权从方向上看，主要包括纵向和横向事权。顾名思义，纵向事权为不同层级间处理同一事物的权力，横向事权为同级政府不同部门间处理同一事务的权力。理顺城乡低保事权要求理顺不同层级城乡低保事权与同级政府不同部门间城乡低保事权。随着信息化的到来，我国不断提高城乡低保管理水平，但由于政府横向部门间城乡低保事权未能理顺，导致诸多管理不善和漏洞问题，成为调研中的突出问题，主要表现在：

第一，我国政府间城乡低保内部管理呈现"多龙治水"特征。城乡低保制度体系中的不同内容涉及银行、公安、民政等多个政府部门管理，这使得城乡低保在运行过程中在制度设计、发展规划、相关政策的制定和实施等方面容易出现"各自为营"或者难以配合的局面，加大了不同部门之间工作协调的难度，甚至使政府在城乡低保的局部领域出现缺位、越位、错位等问题。

第二，城乡低保制度与其他社会保障制度间的协调性不够。虽然城乡低保与社会救助其他项目、社会保险、社会福利等在制度原理和运行机制上存在诸多不同，但均作为社会保障的体系的组成部分，要求不同制度设计过程中注意功能性和协调，如城乡低保与就业救助与失业保险制度、医疗救助与城乡医保制度等之间的协调。但这些社会保障项目属不同部门分管，再加上政府部门间的协调性不够，导致城乡低保与其他社会保障项目的协调性欠佳，难以达到制度整合效应"1＋1＞2"的效果。

第三，政府间城乡低保管理职能存在许多"职责同构"现象。从中央政府民政部，到各个省民政厅，再到市、县（区）民政局，在职能上的要求大同小异，缺乏各自清晰明确的职责要求，难以发挥各级政府在城乡低保管理中的优势，甚至还会出现相会推诿、扯皮现象。

---

① 根据 2014 年国务院颁布的《社会救助暂行办法》整理。

第四，基层事权管理任务繁重。由于低保工作要落实到每个低保对象，并且低保保障程序包括家计调查、资料审核、民主评议等一系列琐碎而具体的事务，"上头千条线，基层一根针"的现象在城乡低保领域表现得更加突出，尤其是在事权划分的不合理、人力资源分配失衡的情况下，基层城乡低保事权管理任务显得异常繁重。目前，县级民政局、乡政级民政所编制极少，人力不够制约着城乡低保管理水平的提高，大大影响了基层城乡低保办理效率，救助不精准现象时时发生。

三、支出责任划分不清晰、不合理

城乡低保支出责任划分反映了各级财政对城乡低保财政支出的承担比例。首先，在相关文件与制度中，城乡低保支出责任划分均呈现由地方人民政府负责为主的特点，并纳入财政预算。在此基础上，由中央财政对财政困难的地区给予适当补助。可以看出，这种表述对城乡低保支出责任划分并不清晰，而只做了原则上的规定，以地方财政筹集为主，并未涉及到中央与地方具体的支出比例，更没有涉及到省级以下地方政府的支出责任。省级政府作为统筹全省城乡低保的中心，具有安排和设计全省范围内包括省级、地级市、县（区）级政府的城乡低保支出责任的权力，但由于缺乏具体的责任划分依据，容易造成地方政府支出责任划分的随意甚至混乱，也为省级政府下放支出责任提供了有利空间。如在中部某省调研中发现，该省专门出台了《最低保障操作规程》，明确了低保是公共财政的责任，但并未以规定的形式明确省、市、县三级财政的支出责任，实际操作中，该省以省、市、区（县）7∶1∶2 的比例（省直管县按照省县 8∶2 的比例）承担低保支出责任，看似以省本级支出责任为主导，实则不然，在这个省级比例中，其"大头"源于中央政府的转移支付。以 2016 年为例，该省安排城乡低保资金预算为 128.89 亿元，其中，中央转移支付达 97.62 亿元，占整个城乡低保资金的 75.67%，转移支付经过省级统筹后发放给各个市县，并要求按照上述高比例配套，但其实际上省本级实际安排城乡低保预算支出仅为 15.17 亿元，市级为 0.22 亿元，县区级安排城乡低保支出预算为 13.93 亿元。可以看出，在省级及以下城乡低保支出中，县级财政支出与省本级支出"平分秋色"，而地市级基本上不参与城乡低保支出，该划分模式缺失存在不合理之处，加大了县区级财政负担。在对西部某省的考察中，也出现诸多类似的情况，尤其是那些国家级、省级贫困县确实难以承担。

其次，结合整个现实看，各级政府支出责任划分不甚合理（见表4-9）。总的看来，中央支出责任比例均值为62.12%，省本级为14.42%，市级为4.52%，县（区）级及以下为18.48%；从变化趋势看，中央支出责任在不断上升，2009年后基本趋于稳定，保持在60%左右，省本级支出责任比例波动较小基本保持在13%~17%，地市级政府支出责任逐年减小，而县（区）级政府支出责任有上升的趋势，且超过省本级支出比重。从这种支出模式不难看出，在中央保持相对稳定的情况下，一定程度上，支出责任省本级与县（区）级呈现此消彼长的关系，并且支出责任县（区）级却超过省本级，呈现出省本级将支出责任压往基层的现象。更有甚者，这种支出责任下压至乡镇一级，而现有制度规定中并未规定乡（镇、街道）也应该对城乡承担职能，但实际运行中，一些拥有财力的乡、镇或街道也分担了低保的财政支出，有的承担比例还较高。

表4-9　　　　　城乡低保各级政府支出责任情况（2007~2019年）　　　单位:%

年份	中央支出占比	省本级支出占比	市级支出占比	县及以下支出占比
2007	40.81	15.87	6.77	36.55
2008	56.78	16.42	5.58	21.22
2009	69.17	10.61	4.47	15.75
2010	64.47	13.29	4.48	17.76
2011	72.01	11.88	3.55	12.56
2012	64.88	13.52	4.29	17.31
2013	69.98	12.18	3.91	13.94
2014	67.16	13.01	3.68	16.15
2015	67.23	15.67	3.01	14.09
2016	69.56	14.43	2.93	13.07
2017	62.93	15.91	3.18	17.99
2018	54.4	18.19	6.6	20.8
2019	48.22	16.42	6.34	23.02
平均值	62.12	14.42	4.52	18.48

资料来源：根据《中国民政统计年鉴》数据整理，且2018年、2019年由于未区分各项目不同层级财政的具体支出情况，故此所用数据为社会救助支出数据，主要为了观察支出责任划分趋势。

支出责任向下，如目前省本级财政支出责任相对缺位的情况下，会导致省域内城乡低保保障水平差异拉大，"马太效应"加剧。就我国地区经济发展不平衡而言，需要保障的人口多集中在经济发展落后的中、西部，而往往这些地方财力比较薄弱，有限财力的情况下，要保障大量低保群体的最低生活需要，只能通过降低保障标准达到，而发达地区却刚好相反，需保障人数少、财力充沛，保障水平就会提高，从而导致区域间城乡低保水平差距扩大，需要中央和省本级支出责任的确实履行。以 2021 年第三季度为例（见表 4 - 10），城市低保标准上海最高，大约是低保标准最低的河南与新疆的 2.26 倍和 2.28 倍，农村低保差距更明显，上海大约是河南和贵州的 3.46 倍和 3.43 倍，具体到县（区）的比较，差距更大。可见，各地低保标准差异各异，一定程度上反映了支出责任下放导致经济落后地区保障能力的减弱。

表 4 - 10　　　　**2021 年第三季度各省城乡低保标准的差异比较**　　单位：元/人·月

省份	城市	农村	省份	城市	农村
北京	1245	1245	湖北	674.2	506.6
天津	1010	1010	湖南	589.8	435.7
河北	710.6	463.4	广东	914.5	733
山西	614.8	471.3	广西	767.3	449.9
内蒙古	762.1	554.4	海南	562.8	481.4
辽宁	704.8	503.9	重庆	636	524.1
吉林	612.4	444.6	四川	621.7	441.7
黑龙江	648.7	429.7	贵州	647.3	384.6
上海	1324.4	1323	云南	667.9	407.3
江苏	795.8	787.4	西藏	972.6	422.2
浙江	922.7	922.7	陕西	651.1	444.1
安徽	675.9	674.5	甘肃	646.4	406.6
福建	697.8	685.1	青海	642	399.8
江西	757.8	535	宁夏	607	431.1
山东	807.1	625.4	新疆	581.3	451.7
河南	586.6	382.1			

资料来源：根据民政部 2021 年第三季度各省社会服务统计数据整理，http://www.mca.gov.cn/article/sj/tjjb/2021/202103dbbz.html。

四、城乡低保支出层级过多

履行城乡低保支出责任的主要载体是各级政府组织，科学划分政府层级是规范中央与地方城乡低保财政支出的前提条件。我国《宪法》规定，地方政府层级主要为省、市、县、镇四级，地方政府间城乡低保支出责任是按照四级模式划分，管理和支出层次最多，这不仅影响到信息的传递速度，还会造成城乡低保资金逐级下达过程中的"额外开支成本"，导致城乡低保资金效率使用低下。这其中饱受争议的是"市管县"体制，在成立之初其目的是借助中心城市辐射带动作用促进城乡共同发展而推动城市化进程，但随着政府机构改革和信息化高速发展，市管县发挥的作用有限，且弊端日益凸显。就城乡低保资金分配看，在省级政府的"统筹"考虑之后，还面临在市级政府的再次"统筹"，并且从近年支出预算安排来看，市级政府的预算安排不到5%，"市管县"体制作用极为有限。最主要的是，地（市）职责不清，容易导致市级政府既有省级政府的对经济社会宏观管理的职能，又有县级政府的微观管理作用，① 造成市级政府将本应属于县级政府的部分城乡低保权限"紧抓不放"，难免会干预县级政府的职能发挥，降低县级政府的灵活性和积极性，也较容易发生对城乡低保资金的挤占和截留，进而降低了城乡低保资金的使用效率。

五、城乡低保监管力度不强

城乡低保监督是通过一定的组织机构，依照一定的程序，对城乡低保行政管理机关和机关工作人员是否合法、合理地行使行政职权所实施的督察、纠偏活动，其目的是解决城乡低保实施过程中由于信息不对称而产生的中央与地方政府、救助机构与公民之间等关系的扭曲，而由此造成城乡低保实施中如腐败、权力寻租、道德风险等诸多问题。目前，我国尚没有健全且相对独立的包括公民在内多方参与的城乡低保监督体系，由此容易造成城乡低保

---

① 朱丘祥. 分税与宪政——中央与地方财政分权的价值与逻辑［M］. 北京：知识产权出版社，2008.

精准识别度不高，保障过程中骗取各种"关系保""人情保"等各种违法事件屡屡发生。如2014年民政部反映一些地方存在"人情保、关系保"，群众对此反应比较强烈等问题。可见，如此多问题的产生，一定程度上是由于缺乏相应的城乡低保监督机制的不健全而引致。同时，对各级财政资金筹集、资金到位、资金执行、资金专款专用等情况的监督力度也不强。另外，实施绩效监督的力度还不够完善，在考核监督过程中，较为重视制度的实施和资金的分配，而对低保的实际效果、动态管理等重视不够。可见，监督力度不强势必会不同程度降低国家城乡低保的公信力，从而损害了该项制度的公平性。

第五章　我国城乡低保最优支出责任划分测算及支出规模优化

党的十九大报告将中央与地方政府的财政关系定调为"权责清晰，财力协调，区域均等"，并将其提到三大财税体制改革的首要位置，为当前及今后财政体制改革指明了着力点与调整方向。当然，也从侧面反映出我国政府间事权与支出责任划分相对滞后。中央与地方财政关系的调整，无疑成为改革的重点与难点，亟待精确发力和精准落地。其中，"权责清晰"反映在支出责任层面上，其实质是合理清晰划分各级财政支出责任。从前文的研究发现，支出责任划分不清晰、不合理导致诸如支出责任下移与转嫁，支出低保保障水平不高，低保监管不到位等一系列问题。可见支出责任未能清晰划分已成为制约城乡低保央地关系的根本原因。基于此，本章在厘清城乡低保最优支出责任内涵的基础上，运用内生增长理论的"巴罗法则"，结合柯布－道格拉斯生产函数以及回归计量经济学模型，从定量方面探讨城乡低保的最优支出责任划分，提出对现行各级财政的城乡低保支出责任进行相应的调整与优化。

第一节　城乡低保最优支出责任的内涵

正如前文所述，社会救助支出责任是政府城乡低保事权在财政支出层面的反映，是各级政府在城乡低保中应承担的财政支出责任。体现在数量上，是指各级财政在城乡低保事务中应该承担的支出比例，因此，城乡低保最优支出责任与各级政府的城乡低保最优财政支出比例是等同的概念。可见，这需要将城乡低保总财政支出放在各级财政对其城乡低保支出加总的框架下分

析，即将总的城乡低保支出分解为不同层级的政府对城乡低保支出的加总，①
在此框架之下，所谓城乡低保最优支出责任是指在城乡低保支出中，各级财
政最优的支出规模，体现在具体比例上，指的是各级政府的城乡低保最优支
出比例。

　　由此可见，关于各级政府的城乡低保最优支出责任和最优支出规模的关
系如图 5 - 1 所示。以三级财政为例，在城乡低保财政支出规模中，由中央、
省本级、县（区）三级政府城乡低保财政支出规模相加构成，在众多三级财
政城乡低保支出规模中，均存在着一个规模，这个规模不仅是该级次政府城
乡低保支出的最优规模，还是三级政府城乡低保财政支出占城乡低保总财政
支出的最优比重，三个最优比重决定了三级政府的城乡低保最优支出责任。
这里需要指出的是，由于在现行城乡低保支出过程中，市级财政支出责任最
低，近年来均低于 4% 并呈现不断减少的趋势，加上各省积极推进"省管县"
的财政体制，市级财政在城乡低保支出过程中不断弱化。因此，此处主要以
中央、省本级、县（区）级为研究对象，探讨三者在城乡低保支出中的支出
责任。

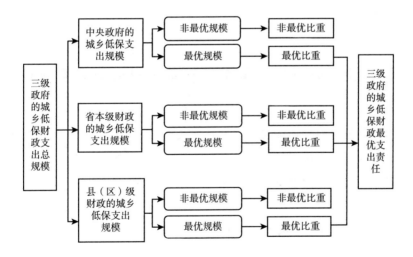

图 5 - 1　三级政府城乡低保财政支出规模与支出责任关系

　　结合图 5 - 1 进一步展开分析：

---

　　①　这符合 2014 年《社会救助暂行办法》关于社会救助资金由各级财政共同筹资，并纳入年度
财政预算的规定。

$$城乡低保支出规模 = 中央政府的城乡低保社会救助财政支出规模$$
$$+ 省级政府的城乡低保财政支出规模$$

$$省级城乡低保财政支出 = 省本级政府的城乡低保财政支出规模$$
$$+ 县(区)级政府的城乡低保财政支出$$

$$\frac{中央政府的城乡低保}{财政支出规模比重} = \frac{中央政府的城乡低保财政支出规模}{城乡低保支出规模} \times 100\%$$

$$\frac{省本级政府的城乡低保}{财政支出规模比重} = \frac{省本级政府的城乡低保财政支出规模}{城乡低保支出规模} \times 100\%$$

$$\frac{县(区)级政府的城乡低保}{财政支出规模比重} = \frac{县(区)级政府的城乡低保财政支出规模}{城乡低保支出规模} \times 100\%$$

因此，要探讨三级政府的城乡低保最优支出责任，只需分析出在既定的城乡低保规模下三级政府的最优支出规模即可。这里需要强调的是，在多级政府的框架下，政府对城乡低保支出多少与其应承担的主要责任还是次要支出责任有关，[①] 承担城乡低保主要支出责任的政府支出比重应高于次要支出责任的政府支出比重。为此，三级财政的城乡低保最优支出责任大小取决于最优规模大小。

第二节 城乡低保最优支出责任划分的实证测算

鉴于城乡低保财政最优支出规模是财政支出上的体现，目前的成果鲜有直接探讨城乡低保支出规模，也没有直接探讨城乡低保最优支出责任的研究。因此，这里主要借鉴财政支出最优规模的研究方法。

一、财政最优支出规模的测算

对于最优财政支出规模的测算，国外研究主要集中在 20 世纪 80 年代以后，众多学者运用经济理论对财政支出与经济增长间关系进行大量的定量研

[①] 赵永辉. 我国高等教育支出责任与财力保障的匹配研究 [M]. 北京：中国社会科学出版社，2016.

究。巴罗（1990）首次将公共部门作为新的要素引入 C-D 生产函数中，建立起一个以政府财政支出为中心的内生增长模型，认为财政支出与经济增长呈现倒 U 型曲线关系，其顶点决定了财政支出的最优规模，从理论上推导出政府对经济的干预程度存在一个最优值。[①] 福塔甘（1993）进一步扩展了巴罗的模型，再次引入政府资本要素，全面分析公共投资规模流量与经济增长的相互影响关系。[②] 在此基础上，理查德和洛厄尔（1998）运用经济增长与财政支出规模的倒 U 型曲线关系，测算 20 世纪 30 ~ 80 年代，美国、加拿大、丹麦等国家的最优财政支出规模，发现这些国家财政支出与经济增长呈现负相关，表明过度的财政支出规模降低了经济增长的速度。[③] 伊斯特利和丽贝洛（1993）、德瓦拉扬，斯瓦鲁普和邹（1996）分别在生产函数模型的基础上研究了政府在国防、教育和交通上的费用对经济增长与社会福利的影响。[④] 卡拉斯（1996）运用 1960 ~ 1985 年的数据对包括亚洲在内的 118 个国家，以政府服务财政支出占 GDP 的比重建模发现，国家财政支出的最优规模平均值为 23%。[⑤] 达和阿米尔·哈尔哈利（2002）运用随机系数模型对 19 个欧盟国家进行考察发现，政府财政支出规模的扩大会扭曲市场激励，导致税负加重而影响资本的积累，进而不利于经济增长。[⑥]

国内关于财政最优支出规模的测算，也大多基于以上内生增长理论来测算，马树才等（2005）、杨友才等（2009）分别运用柯布 - 道格拉斯生产函数、门槛效应回归的分析方法探讨了我国不同阶段财政支出的最优规模。[⑦][⑧] 近年来，政府民生服务的财政支出最优规模成为学者们研究的重点。围绕社

[①]　Barro R. J. , Government Spending in a Simple Model of Endogenous Growth [J]. Journal of Political Economy, 1990, 98 (5): 103 – 125.

[②]　Futagami K. , Dynamic Analysis of an Endogenous Growth Model with Public Capital [J]. Scandinavian Journal of Economics, 1993, 95 (4): 95 – 98.

[③]　董承章，马海涛. 基于状态空间模型的财政支出动态最优规模的实证研究 [J]. 山东经济，2009 (5): 23 – 28.

[④]　Easterly W. , Rebelo S. , Policy and Economic Growth: An Empirical Investigation [J]. Journal of Monetary Economics, 1993, 32 (3): 417 – 458.

[⑤]　Karras G. , On the Optimal Government Size in Europe Theory and Empirical Evidence [J]. The Manchester School, 1997, 65 (3): 280 – 294.

[⑥]　Dar, A. A and Amir khalkhali S. , Government Size, Factor Accumulation, and Economic Growth: Evidence from OECD Countries [J]. Journal of Policy Modeling, 2002 (24): 679 – 696.

[⑦]　马树才，孙长清. 经济增长与最优财政支出规模研究 [J]. 统计研究, 2005 (1): 15 – 20.

[⑧]　杨友才，赖敏晖. 我国最优政府财政支出规模 [J]. 经济科学, 2009 (2): 34 – 44.

会保障支出最优规模的研究，穆怀中（1997）最早提出了社会保障支出与国家生产力发展水平以及各方面的承受力要相适应，将保障公民基本生活需要与促进国民经济健康发展设定为相辅相成的双重目标，并建立了测定社会保障水平的模型。[①] 王增文（2010）以经济增长中的内生增长理论为基础，利用柯布－道格拉斯生产函数和计量经济模型对中国社会保障财政支出的最优规模进行了研究，得出中国社会保障的财政最优支出规模为总财政支出的34.8%。[②] 杨志安等（2013）以"巴罗法则"为依据，对我国1981～2011年包括社会保障、医疗、就业保障和住房保障等在内的民生财政支出最优规模进行测算，揭示民生财政支出投入不足。[③] 马雪彬等（2015）以内生增长理论为基础，测算了我国东、中、西部三个区域的最优社会保障财政支出规模，得出三个区域尤其中、西部的社会保障财政支出存在很大优化空间。[④] 李春根等（2018）运用柯布－道格拉斯及回归分析测算了我国现阶段社会救助财政支出规模，并扩展到不同的区域，最后提出针对性的调整政策建议。[⑤]

从以上的研究中发现，国内外众多学者对某类或者某项财政支出最优规模测算的结果多用该项财政支出占财政支出比重或者是占 GDP 比重衡量，再用这个比重值与所选年份的总财政支出值相乘得到最优的支出规模，实际上，这是一个问题的两种说法，即最优支出规模与最优支出比重两种不同的表述而已。

二、城乡低保财政最优支出责任测算

由以上理论探讨和实践测算发现，与财政最优支出规模的测算类似，如果将总的城乡低保支出分解为不同层级的政府对城乡低保支出的加总，并以

---

① 穆怀中. 社会保障适度水平研究 [J]. 经济研究，1997（2）：56–63.

② 王增文. 中国社会保障财政支出最优规模研究：基于财政的可持续性视角 [J]. 农业技术经济，2010（1）：111–117.

③ 杨志安，郭矜等. 中国民生支出最优规模的实证分析 [J]. 经济与管理研究，2013（12）：30–34.

④ 马雪彬，冯丽梅. 我国三大区域财政社会保障支出的最优规模及实现程度研究 [J]. 山东财经大学学报，2015（5）：70–76.

⑤ 李春根，陈文美. 现阶段我国社会救助财政支出规模适度吗？——基于"巴罗法则"与柯布－道格拉斯生产函数的分析 [J]. 华中师范大学学报（人文社会科学版），2018，57（4）：49–58.

此为分析框架，可以得出各级财政对城乡低保支出划分也存在一个最优的支出责任划分，并可以通过类似的方法将其测算出来。这里需要指出的是，基于"省管县""乡财县管"等减少财政支出层级的改革趋势和实际中市级财政对城乡低保承担较小（支出比例低于4%）的情况，本部分主要探讨中央、省本级、县（区）三级财政对城乡低保的最优支出责任。

（一）"巴罗法则"介绍及运用到城乡低保支出责任的可行性分析

与研究财政最优支出规模的测算方法一样，本书主要采用内生增长模型有关巴罗法则结合柯布－道格拉斯生产函数进行推导和一系列的变形，在此基础上利用回归分析的方法测算城乡低保最优支出责任划分。

所谓内生增长理论是产生于 20 世纪 80 年代中期的一个西方宏观经济理论分支，其核心思想认为，现代经济持续增长能够不依赖外力来推动，即那些外生的技术进步率和人口增长率并没有能够从理论上说明持续经济增长的问题，而内生的技术进步才是保证经济持续增长的决定因素。发展至今，内生增长模型主要沿着两种研究思路：第一种是以罗默、卢卡斯等为代表，它们用全球经济范围的收益递增、技术外部性解释经济增长的思路，主要有罗默的知识溢出模型、卢卡斯的人力资本模型、巴罗模型的"巴罗法则"等；第二种是从资本持续积累的视角解释经济内生增长，主要包括琼斯－真野模型、雷贝洛模型等。

本部分运用内生经济增长理论的"巴罗法则"推导，在此基础上结合柯布－道格拉斯生产函数进行测算。"巴罗法则"认为，在规模报酬一定的条件下，生产函数可以表示为：$Y = F(K, N, G)$，其中，Y 是产出，K 是资本存量，N 是劳动力数量，G 为政府公共支出。对 F 求 G 的导数，对生产函数求时间 t 的导数，得出：

$$dY_t/dt = (dY_K/dK_t Y_t) * (dK_t/dt) + (dY_N/dN) * (dN_t/dt)$$
$$+ (dY_G/dG) * (dG_t/dt) \qquad (5-1)$$

上式两边同时除以 Y，得出：

$$dY_t/dt = (dY_K/dK_t) * (dK_t/dt Y_t) + (dY_N/dN_t Y_t) * (dN_t/dt)$$
$$+ (dY_G/dG Y_t) * (dG_t/dt) \qquad (5-2)$$

进一步整理得出：

$$\mathrm{d}Y_t/\mathrm{d}tY_t = (\mathrm{d}Y_K/\mathrm{d}K_t) * (\mathrm{d}K_t/\mathrm{d}tY_t) + (\mathrm{d}Y_N/\mathrm{d}N_t) * (N_t/Y_t) * (\mathrm{d}N_t/\mathrm{d}tN_t)$$
$$+ (\mathrm{d}Y_G/\mathrm{d}G) * (G_t/Y_t) * (\mathrm{d}G_t/\mathrm{d}tG_t) \tag{5-3}$$

即：

$$Y'/Y = MPK(K'/Y) + \alpha(N'/N) + MPG[(G'/G)(G/Y)] \tag{5-4}$$

其中，$\alpha = (\mathrm{d}Y/\mathrm{d}N) * (N/Y)$ 表示劳动力的产出弹性，$MPK = \mathrm{d}Y/\mathrm{d}K$ 代表资本的边际产出，$MPG = \mathrm{d}Y/\mathrm{d}G$ 为政府服务的边际产出，按照巴罗法则，政府支出 G 为最优时 $MPG = 1$，称为政府支出规模的自然效率条件，其意义可以解释为当政府支出规模增加 1 元，产出也相应增加 1 元，此时政府的支出为最优的支出；如果产出增加大于 1 元，政府支出提供的服务不足，如果小于 1 元，则提供过度。即若 $MPG = 1$，则 G 地提供为最优，若 $MGP < 1$，则 G 地提供为过度供给；若 $MGP > 1$，则 G 地提供为供给不足。

反映到城乡低保最优支出责任，在城乡低保支出规模既定的情况下，由不同层级政府承担不同组合的支出责任。在这其中，各级政府承担的城乡低保支出的边际成本等于边际效益时，即当 $MGP = 1$，此时该层级政府的城乡低保支出规模 G_s 为最优；若 $MGP < 1$，则 G_s 的支出规模为过度供给；若 $MGP > 1$，则 G_s 的支出规模为供给不足。可以理解为，由多级政府共同承担社会救助城乡低保的财政支出，无论哪一层次政府的城乡低保财政支出，只要其不是最优支出，也就决定了其他层次政府的城乡低保财政支出不是最优支出，呈现出过度或者不足。将城乡低保财政总支出简化为中央财政支出与省级财政支出之和，这个总支出是一定的，如果中央财政支出过度提供，地方财政必然提供就少，呈现出不足；相反，如果中央财政提供不足，地方财政必然提供就多，呈现出过度。由于不是最优状态，均会带来政府间城乡低保的相互转嫁，加深博弈，使得中央和地方政府都不能很好履行各自的城乡低保支出责任，甚至影响对其他公共服务的供给责任。

（二）三级政府城乡低保财政支出责任的柯布－道格拉斯函数变形与推导

柯布－道格拉斯生产函数是由数学家柯布（C. W. Cobb）和经济学家道格拉斯（Paul H. Douglas）在 20 世纪 30 年代提出，主要研究劳动投入与资本投入和产出之间的关系，再根据上述"巴罗法则"边际分析法推出当政府支出的边际成本 $MGP = 1$ 时，政府支出规模达到最优，这一广泛应用可评价财政支出对经济发展影响。结合本书的研究主题，运用这一结论测算城乡低保最优的支出责任划分。在此，为了分别测算中央财政、省本级财政、县级财政对城乡低保最优支出责任，可分两种情况考虑：第一，以城乡低保支出为基础对象，将城乡低保支出分为中央财政支出和省级财政支出，通过一系列的推导、变形和计算测算出中央财政的城乡低保最优支出规模，即得到其最优支出责任。第二，以省级城乡低保为基础对象，将省级城乡低保支出分为省本级财政支出和县（区）级财政支出，最终计算出县（区）级城乡低保财政支出的最优规模，即得到县（区）级城乡低保最优的财政支出责任，进而推出省本级城乡低保最优支出责任。

按照第一种情况考虑，在不具体分出城乡低保支出属于哪级财政支出的情况下，其柯布 – 道格拉斯生产函数可表示为：

$$GDP_t = C_t K_t^x L_t^y F_t^z \tag{5-5}$$

其中，K_t 代表第 t 年的资本存量，L_t 代表第 t 年的劳动力数量，F_t 表示第 t 年的城乡低保财政支出，对式（5-5）两边取对数得：

$$\ln GDP_t = C_t + x\ln K_t + y\ln L_t + z\ln F_t \tag{5-6}$$

其中，z 为城乡低保财政支出的边际产出弹性，由 $\mathrm{d}\ln GDP_t/\mathrm{d}\ln F_t = (\mathrm{d}GDP_t/\mathrm{d}F_t) * (F_t/GDP_t)$ 可推出，城乡低保财政支出的边际产出弹性 $z = MPG * (F_t/GDP_t)$，设城乡低保财政支出的相对规模 $G = F_t/GDP_t$，则 $z = MPG * G$。根据"巴罗法则"，城乡低保支出规模的自然效率条件为 $MGP = 1$，达到最优城乡低保支出规模。

将城乡低保支出分为中央财政的城乡低保支出和省级财政的城乡低保支出两部分，其产出函数为：

$$GDP_t = C_t K_t^x L_t^y F_{t_1}^{z_1} F_{t_2}^{z_2} \tag{5-7}$$

其中，K_t 表示第 t 年的资本存量，L_t 表示第 t 年的劳动力数量，F_{t1} 表示第 t 年的中央财政的城乡低保支出，F_{t2} 表示第 t 年的省级财政的城乡低保支出。对上式两边取自然对数得：

$$\ln GDP_t = C_t + x\ln K_t + y\ln L_t + z_1\ln F_{t1} + z_2\ln F_{t2} \qquad (5-8)$$

由上述"巴罗法则"得出，当自然效率条件为 $MGP = 1$ 时，中央财政的城乡低保支出达到最优。

根据式（5-6）和式（5-8），可求得：

$$z\ln F_t = z_1\ln F_{t1} + z_2\ln F_{t2} \qquad (5-9)$$

将式（5-7）两边同时除以 z，得到：

$$\ln F_t = (z_1/z)\ln F_{t1} + (z_2/z)\ln F_{t2} \qquad (5-10)$$

由于 z 表示城乡低保财政支出在 $MPG = 1$ 的条件下的最优支出规模，z_1 表示 $MPG = 1$ 条件时中央财政的城乡低保支出占城乡低保财政支出的最优规模，即 $z_1/z_2 = F_1/F$，z_1/z 代表 $MPG = 1$ 的条件下中央财政的城乡低保支出占城乡低保财政支出的最优比重，同理，z_2/z 表示省级财政的城乡低保支出占城乡低保财政支出的最优比重。

同理，可得出东、中、西部①不同区域中央财政的城乡低保支出适度规模的变形公式：

$$\ln F_{nt} = (z_1/z)\ln F_{nt1} + (z_2/z)\ln F_{nt2} \qquad (5-11)$$

其中，$n = e$、m、w（e 代表东部，m 代表中部，w 代表西部）。在巴罗财政支出自然效率条件下，z_1 表示政府支出在 $MPG = 1$ 条件时城乡低保财政支出占 GDP 的最适度比重，即 $z_1 = F_{nt1}/GDP_{nt1}$，则 $z_1/z_2 = F_{nt1}/F_{nt}$，z_1/z 代表政府财政支出在 $MPG = 1$ 的条件下某区域第 t 年中央财政的城乡低保支出占城乡低保财政支出的最优规模，同理，z_2/z 表示某区域第 t 年省级财政的城乡低保支出占城乡低保财政支出的最优比重。

为了进一步求得中央财政的城乡低保财政支出占城乡低保财政总支出的适度规模比重以及不同区域中央财政的城乡低保财政支出占不同区域城乡低保财政支出的适度规模比重的情况，采取如下回归方程：

$$\ln F_t/F_{t2} = (z_1/z)\ln F_{t1} + (z_2/z)\ln F_{t2} + \varepsilon_t \qquad (5-12)$$

---

① 东部地区包括北京、天津、河北、辽宁、上海、江苏、浙江、福建、山东、广东、海南；中部地区包括山西、吉林、黑龙江、安徽、江西、河南、湖南、湖北；西部地区包括内蒙古、广西、重庆、四川、贵州、云南、西藏、陕西、甘肃、青海、宁夏、新疆。

$$\ln F_{nt}/F_{nt2} = (z_1/z)\ln F_{nt1} + (z_2/z)\ln F_{nt2} + \varepsilon_t \qquad (5-13)$$

其中，ε_t 为随机扰动项。

通过对式（5-12）、式（5-13）进行回归分析，可求出中央财政的城乡低保支出占城乡低保财政支出的最优比重以及各区域中央财政的城乡低保支出占各区域城乡低保财政支出的最优比重。本部分以 2007～2019 年中央与各省级对城乡低保支出，测算中央及各省级的城乡低保的最优支出责任。按照第二种情况考虑，在不考虑中央财政的城乡低保支出情况下，此处专门研究省级对城乡低保的支出，并将省级城乡低保财政支出分为省本级财政对城乡低保的支出和县（区）级财政对城乡低保的支出，建立式（5-14）和式（5-15），按照以上的方法，同理可得出省本级财政和县（区）级财政城乡低保的最优支出比重以及测算出不同区域省本级和县（区）级财政的城乡低保最优支出比重。

$$\ln F_s/F_{sb} = (z_1/z)\ln F_{xb} + (z_2/z)\ln F_{sb} + \varepsilon_t \qquad (5-14)$$

$$\ln F_{ns}/F_{nsb} = (z_1/z)\ln F_{nxb} + (z_2/z)\ln F_{nsb} + \varepsilon_t \qquad (5-15)$$

其中，F_s 为省级财政的城乡低保支出，F_{xb} 为县（区）级财政的城乡低保支出，F_{sb} 为省本级财政的城乡低保支出，n 代表不同区域东部 e、中部 m、西部 w。

（三）中央财政的城乡低保最优支出责任测算

1. 统计性描述

随着城乡低保制度的不断建立与完善，社会救助支出规模不断上涨，中央财政对社会救助的支出逐年提高，逐渐扭转了之前以地方为主导的筹资模式，尤其是对于经济发展相对落后的中、西部地区，中央更加重视，逐年加大转移支付力度提高其支出责任。表 5-1 是 2007～2019 年城乡低保支出、中央对各省的城乡低保支出以及不同区域各自的城乡低保支出情况。

表 5-1　　　　　　　　　　　各变量的描述性统计　　　　　　　　单位：亿元

变量	观测值	平均值	标准差	最小值	最大值
Fe	13	1552.23	866.85	433.75	3513.58
Fe_1	13	947.79	394.61	189.86	1481.21
Fe_2	13	604.44	546.62	234.18	2032.37

续表

变量	观测值	平均值	标准差	最小值	最大值
Fe_e	13	422.43	335.58	127.77	1277.85
Fe_{e1}	13	143.98	68.65	26.46	245.80
Fe_{e2}	13	278.45	282.06	101.31	1032.05
Fe_m	13	525.71	238.13	163.29	1003.53
Fe_{m1}	13	367.75	138.13	86.6	524.72
Fe_{m2}	13	157.97	124.70	62.97	478.81
Fe_w	13	601.80	312.83	142.69	1232.79
Fe_{w1}	13	435.04	191.63	76.8	711.19
Fe_{w2}	13	166.75	145.28	52.26	521.6

2. 变量的平稳型检验

按照式（5-8）、式（5-9），将相关数据进行取自然对数的处理，其处理结果如表5-2所示。

表5-2　　　　　　　　各变量取自然对数的结果

年份	全国		东部		中部		西部	
	$\ln(Fe/Fe_2)$	$\ln(Fe_1/Fe_2)$	$\ln(Fe_e/Fe_{e2})$	$\ln(Fe_{e1}/Fe_{e2})$	$\ln(Fe_m/Fe_{m2})$	$\ln(Fe_{m1}/Fe_{m2})$	$\ln(Fe_w/Fe_{w2})$	$\ln(Fe_{w1}/Fe_{w2})$
2007	0.5758	-0.2504	0.2320	-1.3426	0.7558	0.1216	0.7728	0.1534
2008	0.9198	0.4113	0.3689	-0.8072	1.2721	0.9432	1.1462	0.7637
2009	1.2877	0.9649	0.5606	-0.2854	1.5670	1.3330	1.7761	1.5906
2010	1.1236	0.7304	0.4669	-0.5190	1.5558	1.3187	1.4047	1.1231
2011	1.3727	1.0804	0.6919	-0.0026	1.7196	1.5222	1.6916	1.4880
2012	1.1329	0.7442	0.5015	-0.4290	1.4950	1.2411	1.4452	1.1764
2013	1.3027	0.9855	0.6468	-0.0950	1.5374	1.2954	1.7191	1.5216
2014	1.1950	0.8344	0.5431	-0.3267	1.3924	1.1067	1.6645	1.4547
2015	1.1813	0.8148	0.5925	-0.2126	1.3651	1.0702	1.5269	1.2821
2016	1.2609	0.9277	0.6460	-0.0966	1.4391	1.1684	1.6374	1.4212

由于研究所采用时间序列对数据进行回归分析，为了确定回归结果稳定可靠，防止产生"伪回归"问题，需要进行数据的平稳性检验。此处数据平稳性检验主要是 ADF 检验，检验是否存在单位根以判断数据是否具有平稳性，针对平稳性数据可以直接回归；如果为非平稳性数据，需要进一步进行协整检验，判定两个或者多个变量之间是否存在协整关系，只要存在至少一个协整关系，便可以排除伪回归的可能，再进行差分切换，使其变成平稳变量后进行回归，反之不能用回归方法，此处均采用 Stata13 软件实现。

通过对上述变量进行 ADF 单位根检验（见表 5 – 3），发现各变量的 *T* 统计量均小于临界值，即所有变量均通过了 ADF 单位根检验。且所有变量的 *P* 值均在 1% 水平上显著，均小于 0.01。因此，说明该数据的平稳性很好，可以直接做回归分析。

表 5 – 3   各变量的 ADF 单位根检验

	T 统计量	1% 水平临界值	5% 水平临界值	10% 水平临界值	P 值
$\ln(Fe/Fe_2)$	– 1.001	– 3.75	– 3	– 2.63	0.0075
$\ln(Fe_1/Fe_2)$	– 0.768	– 3.75	– 3	– 2.63	0.0011
$\ln(Fe_e/Fe_{e2})$	– 1.487	– 3.75	– 3	– 2.63	0.0053
$\ln(Fe_{e1}/Fe_{e2})$	– 1.795	– 3.75	– 3	– 2.63	0.0038
$\ln(Fe_m/Fe_{m2})$	– 1.425	– 3.75	– 3	– 2.63	0.0057
$\ln(Fe_{m1}/Fe_{m2})$	– 1.445	– 3.75	– 3	– 2.63	0.0056
$\ln(Fe_w/Fe_{w2})$	– 2.110	– 3.75	– 3	– 2.63	0.0024
$\ln(Fe_{w1}/Fe_{w2})$	– 2.103	– 3.75	– 3	– 2.63	0.0023

3. 回归分析

在数据平稳性很好的基础上，对式（5 – 8）进行回归得到结果（见表 5 – 4）。其中，*F* 统计量为 2694.52，R^2 为 0.9959，调整后 R^2 为 0.9956，说明回归方程的拟合度很高，并且各变量在 1% 水平上均呈现显著，对二者进行回归方程为：$\ln(Fe/Fe_2) = \ln(Fe_1/Fe_2)$，即回归系数 $z_1/z = 0.5860$，说明在 $MPG = 1$ 的自然效率情况下，中央的城乡低保支出占总城乡低保支出的最优支出比例为 58.60%，也就是说，中央财政的城乡低保最优支出责任比例为 58.60%。由此推导出省级财政的城乡低保支出责任为 100% 与 58.60% 两个数值之差，即省级财政的城乡低保最优支出责任为 41.40%。

表 5 - 4 　　　　　　　　中央财政的城乡低保最优支出责任回归结果

区域	$\ln(Fe/Fe_2)$	回归系数	标准差	t 值	$P>\lvert t\rvert$	95% 置信区间	
全国	$\ln(Fe_1/Fe_2)$	0.5860 ***	0.01129	51.91	0.0000	0.5611	0.6108
	cons	0.7101 ***	0.00083	85.10	0.0000	0.6917	0.7284
	R-squared	0.9959					
	Adj R-squared	0.9956					
	F	2694.52					
区域	$\ln(Fe_e/Fe_{e2})$	回归系数	标准差	t 值	$P>\lvert t\rvert$	95% 置信区间	
东部	$\ln(Fe_{e1}/Fe_{e2})$	0.3322 ***	0.01138	29.20	0.0000	0.3072	0.3573
	cons	0.6643 ***	0.6643	82.31	0.0000	0.6465	0.6820
	R-squared	0.9873					
	Adj R-squared	0.9861					
	F	852.68					
区域	$\ln(Fe_m/Fe_{m2})$	回归系数	标准差	t 值	$P>\lvert t\rvert$	95% 置信区间	
中部	$\ln(Fe_{m1}/Fe_{m2})$	0.6747 ***	0.0111	61.00	0.0000	0.6504	0.6991
	cons	0.6582 ***	0.0117	56.25	0.0000	0.6324	0.6840
	R-squared	0.9971					
	Adj R-squared	0.9968					
	F	3720.50					
区域	$\ln(Fe_w/Fe_{w2})$	回归系数	标准差	t 值	$P>\lvert t\rvert$	95% 置信区间	
西部	$\ln(Fe_{w1}/Fe_{w2})$	0.7022 ***	0.0107	65.55	0.0000	0.6786	0.7257
	cons	0.6359 ***	0.0124	51.12	0.0000	0.6085	0.6633
	R-squared	0.9974					
	Adj R-squared	0.9972					
	F	4297.30					

　　考虑到我国幅员辽阔，不同区域、不同省份经济发展差异的不平衡，低保人口的分布差异较大，为了更好地测算经济发展和贫困人口分布情况带来的中央财政对城乡低保支出责任的不同，将对式（5-9）进行东、中、西部的情况进行回归，分别测算出不同区域中央对城乡低保的最优支出责任。

　　第一，从东部地区的回归结果可以看出，F 统计量为 852.68，R^2 为 0.9873，调整后 R^2 为 0.9861，说明该回归方程的拟合度很高，并且变量在 1% 水平上均呈现显著，对二者进行回归方程为：$\ln(Fe_e/Fe_{e2})=0.3322\ln(Fe_{e1}/Fe_{e2})$，即回

归系数 $z_1/z = 0.3322$，说明在 $MPG = 1$ 的自然效率情况下，中央对东部地区的城乡低保支出占总城乡低保支出的最优支出比例为 33.22%，也就是说，中央财政对东部地区的城乡低保最优支出责任为 33.22%。据此可以推导出东部省级财政的城乡低保支出责任为 100% 与 33.22% 两个数值之差，即东部省级财政的城乡低保最优支出责任为 66.78%。

第二，从中部地区的回归结果看，F 统计量为 3720.50，R^2 为 0.9971，调整后 R^2 为 0.9968，说明回归方程的拟合度很高，并且各变量在 1% 水平上均呈现显著，对二者进行回归方程为：$\ln(Fe_m/Fe_{m2}) = 0.6747\ln(Fe_{m1}/Fe_{m2})$，即回归系数 $z_1/z = 0.6747$，说明在 $MPG = 1$ 的自然效率情况下，中央对中部地区的城乡低保支出占总城乡低保支出的最优支出比例为 67.47%，也就是说，中央财政对中部地区的城乡低保最优支出责任为 67.476%。据此可以推导出中部省级财政的城乡低保支出责任为 100% 与 67.47% 两个数值之差，即中部省级财政的城乡低保最优支出责任为 32.53%。

第三，从西部地区的回归结果可以得出，其 F 统计量为 4297.30，R^2 为 0.9974，调整后 R^2 为 0.9972，说明回归方程的拟合效果较好，并且在 5% 水平上均呈现显著，可得出对二者进行回归方程为：$\ln(Fe_w/Fe_{w2}) = 0.7022\ln(Fe_{w1}/Fe_{w2})$，即回归系数 $z_1/z = 0.7022$，说明在 $MPG = 1$ 的自然效率情况下，中央对西部地区的城乡低保支出占总城乡低保支出的最优支出比例为 70.22%，也就是说，中央财政对西部地区的城乡低保最优支出责任为 70.22%。同理推导出西部省级财政的城乡低保支出责任为 100% 与 70.22% 两个数值之差，即东部省级财政的城乡低保最优支出责任为 29.78%。

综上，可以得出中央财政和省级财政的城乡低保最优支出责任，同时得到东、中、西部不同区域中央财政和省级财政的城乡低保最优支出责任。如表 5-5 所示。

表 5-5　　　　中央财政和省级财政的城乡低保最优支出责任划分　　　单位:%

区域	中央财政的城乡低保最优支出责任	省级财政的城乡低保最优支出责任
全国	58.60	41.40
东部	33.22	66.78
中部	67.47	32.53
西部	70.22	29.78

（四）县（区）级财政的社会救助最优支出责任测算

1. 统计性描述

在我国各层级政府中，县级政府在政治体制中处于非常重要的地位。作为一级独立政权、独立预算的政府，是组织机构、职能配置最为完整的一级基层政府。在社会救助制度运行中，县（区）级政府承上启下、连接城乡，直接面对低保群体，就其对城乡低保承担的支出责任看，也是不可或缺的一级政府。2014 年的《社会救助暂行办法》规定，城乡低保的筹资以地方政府为主，现实中，城乡低保的支出责任不断往下压，使得县（区）级财政对城乡低保支出呈现逐年提高、支出责任负担加重的态势，为此探讨县级财政的社会救助最优支出责任显得尤为重要。2007 年，省本级财政对城乡低保支出为 73.84 亿元，2017 年增加至 263.60 亿元，增加 189.76 亿元；相比之下，县（区）级财政对城乡低保的支出较多，如 2007 年，全国县（区）级财政对城乡低保的支出为 170.04 亿元，2017 年增加到 298.05 亿元，增加 128.01 亿元，支出规模明显高出省本级支出规模 61.45 亿元。表 5-6 是省级、省本级、县（区）级财政对城乡低保支出及不同区域的描述性统计。

表 5-6　　　　全国及不同区域省级、省本级、县（区）级财政对
城乡低保支出的描述性统计　　　　　　　单位：亿元

变量	观测值	平均值	标准差	最小值	最大值
Fe_s	13	244.65	173.48	73.84	636.29
Fe_{xb}	13	359.79	379.12	135.66	1396.08
Fe_{sb}	13	604.44	546.62	234.18	2032.37
eF_{es}	13	88.04	62.29	23.11	241.97
Fe_{exb}	13	190.41	217.17	70.3	790.08
Fe_{esb}	13	278.45	282.06	101.31	1032.05
Fe_{ms}	13	70.13	44.57	26.52	169.67
Fe_{mxb}	13	87.84	82.24	32.58	309.14
Fe_{msb}	13	157.97	124.70	62.97	478.81
Fe_{ws}	13	86.49	63.10	24.20	224.75
Fe_{wxb}	13	80.26	84.17	28.04	296.85
Fe_{wsb}	13	166.75	145.28	52.26	521.60

2. 变量的平稳型检验

同样，根据式（5-10）、式（5-11），将相关数据进行取自然对数的处理，其处理结果如表5-7所示。

表5-7 全国不同区域省级、省本级、县（区）级财政对城乡低保

支出取自然对数的处理结果

年份	全国		东部		中部		西部	
	$\ln(Fe_s$ $/Fe_{sb})$	$\ln(Fe_{xb}$ $/Fe_{sb})$	$\ln(Fe_{es}$ $/Fee_{sb})$	$\ln(Fe_{exb}$ $/Fe_{esb})$	$\ln(Fe_{ms}$ $/Fem_{sb})$	$\ln(Fe_{mxb}$ $/Fe_{msb})$	$\ln(Fe_{ws}$ $/Fe_{wsb})$	$\ln(Fe_{wxb}$ $/Fe_{wsb})$
2007	1.1948	0.8342	1.4778	1.2188	1.0618	0.6375	1.0013	0.5434
2008	0.8294	0.2561	1.0906	0.6810	0.7284	0.0692	0.6098	-0.1743
2009	0.9104	0.3956	1.1796	0.8123	0.6663	-0.0543	0.7690	0.1464
2010	0.8485	0.2898	1.0165	0.5673	0.7701	0.1484	0.6345	-0.1209
2011	0.7216	0.0561	1.0714	0.6521	0.5626	-0.2807	0.4696	-0.5120
2012	0.8243	0.2471	0.9616	0.4798	0.9313	0.4304	0.5796	-0.2417
2013	0.7629	0.1350	1.0794	0.6641	0.5673	-0.2697	0.5717	-0.2597
2014	0.8070	0.2161	0.9071	0.3901	0.8856	0.3538	0.5779	-0.2456
2015	0.6413	-0.1066	0.9035	0.3840	0.5963	-0.2041	0.4000	-0.7097
2016	0.6449	-0.0990	0.8856	0.3538	0.5953	-0.2063	0.4174	-0.6577
2017	0.7565	0.1228	0.8090	0.2197	0.7144	0.0420	0.5737	-0.2550
2018	0.9906	0.5265	1.2392	0.8972	0.9190	0.4099	0.7527	0.1158
2019	1.1613	0.7858	1.4505	1.1833	1.0375	0.6000	0.8419	0.2782

县（区）数据同样为时间序列，亦需进行数据的平稳性检验。先对该实践序列数据进行 ADF 单位根检验，发现除了 $\mathrm{Ln}(Fe_{wxb}/Fe_{wsb})$ 在10%水平上显著以外，其余变量均通过 ADF 检验，并且均在1%水平线呈现显著，说明此数据为平稳性的，可以进行直接回归分析（见表5-8）。

表5-8 县（区）级财政的城乡低保支出的自变量和因变量的 EG-ADF 检验情况

	T统计量	1%水平临界值	5%水平临界值	10%水平临界值	P值
$\ln(Fe_s/Fe_{sb})$		-3.75	-3	-2.63	0.0018
$\ln(Fe_{xb}/Fe_{sb})$		-3.75	-3	-2.63	0.0021
$\ln(Fe_{es}/Fe_{esb})$		-3.75	-3	-2.63	0.0016
$\ln(Fe_{exb}/Fe_{esb})$		-3.75	-3	-2.63	0.0018

续表

	T 统计量	1% 水平临界值	5% 水平临界值	10% 水平临界值	P 值
$\ln(Fe_{ms}/Fe_{mxb})$		−3.75	−3	−2.63	0.0024
$\ln(Fe_{mxb}/Fe_{msb})$		−3.75	−3	−2.63	0.0017
$\ln(Fe_{ws}/Fe_{wxb})$		−3.75	−3	−2.63	0.0428
$\ln(Fe_{wxb}/Fe_{wsb})$		−3.75	−3	−2.63	0.0935

3. 回归分析

同理，在通过数据平稳性检验之后，按照式（5-10）进行回归 R^2 得到回归结果（见表5-9），可以看出，其 F 统计量为2846.95，R^2 为0.9962，调整后 R^2 为0.9958，充分说明了回归方程的拟合度很高，并且在1%水平上均呈现显著，于是对二者进行回归方程为：$\ln(Fe_s/Fe_{sb}) = 0.5898\ln(Fe_{xb}/Fe_{sb})$，即回归系数 $z_1/z = 0.5898$，说明在 $MPG = 1$ 的自然效率情况下，县（区）级的城乡低保支出占总城乡低保支出的最优支出为58.98%，也就是说，县（区）级财政的城乡低保最优支出责任为58.98%。由此，可以计算出省本级财政的城乡低保最优支出责任为41.02%。

表 5-9　　　　　县（区）本级财政的城乡低保支出责任回归结果

区域	$\ln(Fe_s/Fe_{sb})$	回归系数	标准差	t 值	$P>\|t\|$	95% 置信区间	
全国	$\ln(Fe_{xb}/Fe_{sb})$	0.5898 ***	0.1106	53.36	0.0000	0.5656	0.6142
	$cons$	0.6873	0.0044	156.10	0.0000	−0.6776	0.6970
	$R\text{-}squared$	0.9962					
	$Adj\ R\text{-}squared$	0.9958					
	F	2846.95					
区域	$\ln(Fe_{es}/Fe_{esb})$	回归系数	标准差	t 值	$P>\|t\|$	95% 置信区间	
东部	$\ln(Fe_{exb}/Fe_{esb})$	0.6744 ***	0.0100	67.27	0.0000	0.6523	0.6964
	$cons$	0.6413	0.0072	89.07	0.0000	0.6255	0.6572
	$R\text{-}squared$	0.9976					
	$Adj\ R\text{-}squared$	0.9974					
	F	4524.80					

续表

区域	$\ln(Fe_{ms}/Fe_{mxb})$	回归系数	标准差	t 值	$P>|t|$	95% 置信区间	
中部	$\ln(Fe_{mxb}/Fe_{msb})$	0.5396***	0.0091	59.36	0.0000	0.5196	0.5597
	cons	0.7024	0.0031	226.55	0.0000	0.6956	0.7092
	R-squared	0.9969					
	Adj R-squared	0.9966					
	F	3523.76					

区域	$D1.\ln(Fe_{ws}/Fe_{wxb})$	回归系数	标准差	t 值	$P>|t|$	95% 置信区间	
西部	$D1.\ln(Fe_{wxb}/Fe_{wsb})$	0.5124***	0.0151	31.19	0.0000	0.4390	0.5057
	cons	0.7067***	0.0058	122.01	0.0000	0.6940	0.7195
	R-squared	0.9888					
	Adj R-squared	0.9878					
	F	973.01					

　　同理，分别将数据代入式（5-11）进行回归分析得出东、中、西部的回归结果。可以看出，在"巴罗法则"条件下，东部县（区）本级财政的城乡低保支出责任为 67.44%，中部县（区）本级财政的城乡低保支出责任为 53.96%，西部县（区）本级财政的城乡低保支出责任为 70.67%，并且东部、中部均在 1% 水平上显著，西部在 5% 水平上显著。由此，可以计算出东部地区省本级财政的城乡低保最优支出责任为 45.04%，中部地区省本级财政的城乡低保最优支出责任为 17.55%，西部地区省本级财政的城乡低保最优支出责任为 15.26%。

　　这里需要特别说明的是，由于省级财政的城乡低保支出是省本级财政和县本级财政的城乡低保支出之和。因此，将城乡低保支出看作一个整体，即省本级、县（区）级财政支出之和，所以，省本级、县（区）级的最优支出责任应该通过一定的转换，即县（区）级财政的城乡低保最优支出责任 = 省级财政的城乡低保最优支出责任 * 相应的比例。转换结果如表 5-10 所示。

表 5 – 10　中央、省级、县（区）级财政的城乡低保最优支出责任划分结果　单位:%

区域	中央财政的城乡低保 最优支出责任	省本级财政城乡 低保最优支出责任	县区级财政的城乡 低保最优支出责任
全国	58.60	24.42	17.21
东部	33.22	45.04	21.74
中部	67.47	17.55	14.98
西部	70.22	15.26	14.52

（五）三级财政城乡低保支出责任划分的类型归纳

运用"巴罗法则"与柯布 – 道格拉斯的模型推导，结合回归分析的方法，测算出我国中央、省级、县（区）三级财政的城乡低保支出责任划分。根据表 5 – 10 可得出：

第一，就全国整体而言，中央财政的城乡低保的支出责任为 58.60%，超过一半，也就是说，城乡低保支出责任应该以中央财政为主，地方财政为辅，而在省级和县级财政支出责任划分上，基本上以对半模式为主，省本级财政略微高出一点，简称中央主导型。

第二，就不同区域看，东部地区的城乡低保，中央财政的支出责任为 33.22%，地方政府的支出责任为 66.78%（45.04 + 21.74），也就是说，要积极发挥中央财政的引导作用，以地方财政支出为主导，并且在省级与县（区）级的划分中，需要强化省本级财政支出责任。在中、西部地区，中央财政的支出责任超过 65%，分别为 67.47%、70.22%，试图改变地方政府对中央政府的过重依赖；在省级财政与县（区）级财政支出责任划分上，省级财政均超过 15%，东部地区省份省本级财政达 45.04%，县（区）级财政保持在不超过 15% 的范围之内，属于中央绝对主导型。

通过上述研究，此划分改变了以往城乡低保支出责任划分的格局：

一是强调中央财政对东部城乡低保支出责任的承担，无论是直接承担还是以奖代补或是其他何种方式呈现，均改变之前某些东部省份完全由地方政府承担的局面。

二是强调提高省级财政对城乡低保支出责任的承担比例，减少县（区）级财政的城乡低保支出责任承担比例，改变以往支出责任省级财政轻而县级财政重的局面，扭转并防止省级政府将本属于自身的城乡低保支出责任转嫁给县级政府，从而加大县（区）级财政的负担，也避免由县（区）级财政承担主要责任而导致城乡低保供给新的省内不均等产生。

三是强调减少城乡低保支出责任的政府层级，进一步加快"省管县"制度的推广，最终过渡到三级政府的支出管理模式，从而提高财政支出效率。

第三节　我国三级财政的城乡低保支出责任划分优化

为使我国城乡低保的财政支出责任调整更科学合理，本节主要运用上述结论，并结合支出责任偏离度值、财政负担能力等指标探讨我国城乡低保的财政支出责任调整及优化。首先运用已划分出的三级财政的城乡低保最优支出责任测算 2007～2019 年三级财政的城乡低保最优支出规模。其次测算城乡低保最优支出责任偏离度值，以衡量实际支出责任与最优支出责任间偏离程度。① 最后是测算城乡低保的财政负担，以衡量城乡低保财政支出对整体财政收支造成的压力，分别从支出负担和收入负担两个层面来探讨如何优化调整我国城乡低保支出责任。②

需要指出的是：①此处的城乡低保偏离度表述为，不同层级财政城乡低保偏离度为不同层级财政城乡低保实际支出比重与对应层级财政城乡低保最优支出比重之差，再与对应层级财政城乡低保最优支出比重之比，即：实际支出偏离度 =（实际支出比重 - 最优支出比重）/最优支出比重 * 100。②城乡低保财政负担主要衡量城乡低保财政支出对整体财政收支造成的压力，分为城乡低保财政支出负担和财政收入负担两方面。其中，城乡低保财政支出负担 = 城乡低保财政支出/财政支出 * 100，城乡低保财政收入负担 = 城乡低保财政支出/财政收入 * 100。囿于三级财政支出和收入数据的不可获得性，此处的财政支出、财政收入均为不同区域相应年份的总体财政支出、财政收入，而非各级财政支出和财政收入，以此整体上反映城乡低保财政支出负担状况。

---

① 此处最优支出责任偏离度值 =（最优支出责任 - 实际支出责任）/实际支出责任 * 100。

② 此处城乡低保的财政负担为支出负担和收入负担，其中，城乡低保的财政支出负担 = 不同区域城乡低保支出/不同区域的财政支出 ×100%，城乡低保的财政收入负担 = 不同区域城乡低保支出/不同区域的财政收入 ×100%。

此处的城乡低保财政负担数据来源于根据 2014～2019 年《中国财政年鉴》《中国民政统计年鉴》。

一、中央财政的城乡支出规模优化

因此，按照上述测算中央财政的城乡低保最优支出责任为 58.60% 以及中央财政对东、中、西部不同区域城乡低保支出责任分别为 33.22%、67.47%、68.02%，以此测算出 2007～2019 年中央财政的城乡低保最优支出责任规模、支出责任偏离度值和不同区域财政负担，分析中央级财政的城乡低保最优支出责任调整优化如表 5－11 和图 5－2、表 5－12 所示。

（1）就全国范围内看，从表 5－11、图 5－2 及表 5－12 可以发现：第一，中央财政的城乡低保实际支出责任的规模不断增加，尤其是十八大以后增幅较快。可以看出，随着经济发展、生活水平的不断提高，低保群体的保障标准不断提高，需要的保障资金也增加；同时，在公共服务均等化方面，中央财政对城乡低保均等化发挥主导作用。第二，中央财政的城乡低保支出责任呈现不断接近最优水平，然后会一直保持略高于最优的状态，且支出责任偏离度值为较小（除了 2018 年、2019 年）[1]，这说明中央对城乡低保工作的重视，以中央财政为主导的中央政府的支持使得城乡低保制度得以健康顺利运行。另外，呈现出中央财政实际支出较多，偏离值多为负数，一定程度上说明地方政府对中央财政转移支付存在依赖现象，地方政府并未做到支出上的尽责任。鉴于此，可以适当下调中央财政的城乡低保支出规模，以此作为今后中央财政的城乡低保支出责任改革的方向。

（2）结合不同区域范围看，中央财政对不同区域城乡低保的实际支出规模与最优支出规模不尽相同。但无论东部还是中、西部，中央实际支出规模略超过最优规模，偏离值多为负值，均说明中央财政是城乡低保筹资的最大一方；中央财政的实际支出规模不断增大，除个别年份外，其增幅明显超过最优支出规模。同时，中央对东部城乡低保实际支出规模超过了最优状态，而中、西部中央的财政城乡低保支出责任虽然从变化趋势看处在不断趋向优

---

[1] 由于受数据所限，2018 年、2019 年采用的各级财政城乡低保支出数据用的是社会救助的数据，不能完全反映出低保支出情况。

化的方向，但却均未达到最优状态，结合财政负担发现，东部财政负担较轻，中、西部财政负担较重，尤其是财政收入负担沉重。可见，在就城乡低保支出规模既定的情况下，要进一步优化区域支出结构，提高城乡低保的地区均等化水平，发挥中央财政的区域协调作用，需要通过调整中央财政支出的区域结构，将超出最优的部分转移到财政困难、救助任务较重的省份。

表 5-11　　　中央财政的城乡低保实际支出规模与最优支出规模情况　单位：亿元

年份	全国		东部		中部		西部	
	实际支出	最优支出	实际支出	最优支出	实际支出	最优支出	实际支出	最优支出
2007	189.86	254.18	26.46	42.45	86.60	110.17	76.80	100.20
2008	363.10	353.80	47.23	50.86	161.74	151.61	154.13	158.66
2009	614.59	497.38	85.42	66.12	259.01	220.84	256.41	216.75
2010	632.59	549.27	78.33	69.74	262.52	224.50	291.74	271.49
2011	1004.63	788.56	150.80	100.32	392.26	322.42	461.57	397.31
2012	870.50	752.47	123.67	104.18	343.88	299.08	402.94	370.20
2013	1162.66	935.63	173.86	121.27	484.92	416.76	503.87	431.08
2014	1099.12	923.71	155.45	123.23	425.43	381.94	518.25	448.88
2015	1176.32	994.52	171.88	127.72	450.93	408.58	553.51	496.52
2016	1281.82	1048.18	189.69	132.42	493.97	436.89	598.16	521.44
2017	1042.91	940.27	181.68	130.31	391.81	376.06	469.42	440.29
2018	1401.92	1727.91	241.43	311.23	502.94	585.17	657.55	775.07
2019	1481.21	2058.96	245.80	404.57	524.72	677.08	711.19	865.66

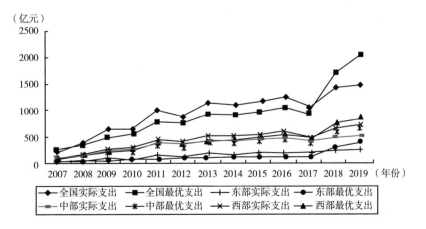

图 5-2　中央财政的城乡低保实际与最优支出规模变化情况

表 5 – 12 　　　　　中央财政的城乡低保实际与最优支出责任偏离度值　　　　单位：%

年份	全国偏离度值	东部偏离度值	中部偏离度值	西部偏离度值
2007	33.87	60.42	27.22	30.46
2008	– 2.56	7.69	– 6.26	2.94
2009	– 19.07	– 22.59	– 14.74	– 15.47
2010	– 13.17	– 10.96	– 14.48	– 6.94
2011	– 21.51	– 33.47	– 17.81	– 13.92
2012	– 13.56	– 15.76	– 13.03	– 8.13
2013	– 19.53	– 30.25	– 14.06	– 14.45
2014	– 15.96	– 20.73	– 10.22	– 13.38
2015	– 15.46	– 25.69	– 9.39	– 10.30
2016	– 18.23	– 30.19	– 11.56	– 12.83
2017	– 9.84	– 28.28	– 4.02	– 6.21
2018	23.25	28.91	16.35	17.87
2019	39.00	64.59	29.04	21.72

二、省本级财政的城乡低保支出规模优化

在多级政府框架下，省级政府作为省辖区内全省经济调控的主体，连接着中央和基层政府，具有"中介枢纽"与统筹的作用。目前，城乡低保资金的拨付和使用采取的是中央将核定过的各省份的城乡低保资金，通过专项转移支付的形式拨付给省级，由省级民政部门和财政部门根据本省的具体情况，统筹后对省辖的市、县（区）进行二次资源配置与划分分配，最后由市、县（区）审核发放到具体的低保对象账户上。也就是说，省级政府具有城乡低保资金统筹二次分配的自主权，如何保证这种自主权透明、规范地运行，对实现全省范围内的城乡低保均等化水平至关重要，也对优化省级财政及市县级财政的支出责任划分起决定性作用。

对照省本级财政的城乡低保最优支出责任以及在不同区域的最优支出责任（见表 5 – 13、图 5 – 3、表 5 – 14），发现就全国范围而言，省本级财政的实际支出规模虽然不断接近优化，但支出责任偏离度值多为正值，说明整体水平上没有达到最优目标。再看不同区域的情况，东部地区省本级财政支出规模超过最优，且支出责任偏离度值正向较大。中、西部地区省本级财政的

城乡低保支出规模均没有达到最优水平，且支出责任偏离度值正向。这在一定程度上反映出，省本级财政未能较好履行城乡低保支出责任，存在应由省本级财政承担的城乡低保支出责任在不断压向基层财政的可能，这与本书第四章的结论吻合。

表5-13　　省本级财政的城乡低保实际支出规模与最优支出规模情况　　单位：亿元

年份	全国		东部		中部		西部	
	实际支出	最优支出	实际支出	最优支出	实际支出	最优支出	实际支出	最优支出
2007	73.84	105.92	23.11	57.55	26.52	28.66	24.20	21.77
2008	105.00	147.44	35.58	68.96	30.40	39.44	39.03	34.48
2009	94.23	207.27	34.93	89.65	35.08	57.44	24.22	47.10
2010	130.45	228.89	47.63	94.56	32.51	58.40	50.31	59.00
2011	165.73	328.61	51.79	136.01	48.77	83.87	65.17	86.34
2012	181.38	313.57	72.61	141.25	39.17	77.80	69.60	80.45
2013	202.37	389.90	64.97	164.42	75.28	108.40	62.12	93.68
2014	212.91	384.93	87.00	167.08	58.02	99.35	67.89	97.55
2015	274.27	414.44	86.14	173.17	85.18	106.28	102.95	107.90
2016	265.98	436.80	86.17	179.53	84.67	113.64	95.13	113.32
2017	263.60	391.83	93.77	176.67	81.04	97.82	88.79	95.68
2018	574.36	720.06	218.80	421.97	145.35	152.21	210.21	168.44
2019	636.29	858.02	241.97	548.52	169.67	176.12	224.75	188.12

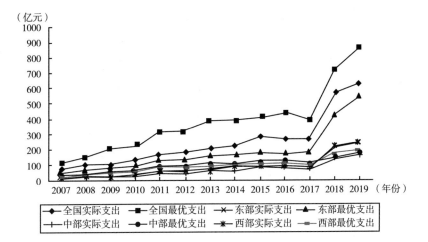

图5-3　省本级财政的城乡低保实际与最优支出规模变化情况

表 5 – 14　　　　省本级财政的城乡低保实际与最优支出责任偏离度值比较　　　　单位:%

年份	全国偏离度值	东部偏离度值	中部偏离度值	西部偏离度值
2007	43. 45	148. 98	8. 06	– 10. 04
2008	40. 41	93. 83	29. 74	– 11. 66
2009	119. 97	156. 65	63. 77	94. 48
2010	75. 47	98. 54	79. 64	17. 27
2011	98. 28	162. 65	71. 96	32. 48
2012	72. 88	94. 53	98. 62	15. 59
2013	92. 67	153. 07	44. 00	50. 82
2014	80. 80	92. 05	71. 24	43. 68
2015	51. 11	101. 04	24. 76	4. 81
2016	64. 23	108. 34	34. 21	19. 11
2017	48. 65	88. 41	20. 70	7. 77
2018	25. 37	92. 86	4. 72	– 19. 87
2019	34. 85	126. 69	3. 80	– 16. 30

　　究其原因,博弈论认为,当出现分担层级较少的情况下,不同政府间博弈角色及复杂程度降低,其博弈的路径相应减少,进而形成各层级政府间财政资源的博弈均衡优化分配。东部地区省份经济发展水平较高,财政实力普遍较强,且城乡低保的财政支出、收入负担均较小,城乡低保主要以地方财力为主,省与县（区）的财政作为城乡低保资金的主要来源,相对简化了政府间博弈复杂程度和路径选择,更容易形成财政资源博弈均衡优化的分配格局。而对于中、西部省本级财政的城乡低保支出责任未能较好达到最优支出责任,并且容易出现较大波动的情况。可以看出,中央财政提供主导性的资金支持后,如果在监督制度不够健全的情况下资金分配不甚合理,容易使得省本级政府在博弈过程中运用其层级优势进行"上推下压","上推"至中央政府,"下压"至县级政府,导致省本级财政在城乡低保中的支出责任相对缺位,从而达不到最优支出规模水平的可能。为此,关于省本级财政的城乡低保支出规模的优化,可以在遵循经济发展水平、财政能力等的原则下,需要更加规范中央支出责任,准确核定其转移支付数额,在此基础上,科学合理划分省本级财政的城乡低保支出责任,防止省级政府将其城乡低保支出责任向下级政府不合理地转嫁与下压。

三、县（区）级财政的城乡支出规模优化

一般来说，县（区）级政府作为政策执行的基层单位，其财政体制主要由省级政府决定（"省管县"直接由省级政府决定），再经由省授权的地级市决定，其内容决定也大致如此。相比之下，这种被动接受的角色在政府间博弈过程中往往处于不利地位，也为上级政府财政转嫁或者下压其支出责任创造了有利空间。就城乡低保支出规模看，东部地区县（区）级财政的城乡低保支出规模没有达到最优，是由于省级财政承担多一些而形成的，这在前面已经分析过了（见表5－15、图5－4、表5－16、表5－17）。东部地区县（市、区）级财政的城乡低保支出规模均达到最优，支出责任偏离度值多为负且值较大，说明实际超出较多，并且城乡低保的财政支出、收入负担均较小。中、西部地区除个别年份，其城乡低保实际支出规模均未达最优水平，偏离度值均为正向且数值较大，一定程度上说明中、西部省份县级财政的城乡低保支出未能较好履行。当然这与中、西部县域经济发展状况有较大关系，城乡低保的财政支出、收入负担均较重，其中，收入负担中、西部分别超过3.5%和4.2%，尤其是一些欠发达省份的县域，自身的财政自给状况较差，财政支出、收入负担更重，多依赖中央财政转移支付保基本、保运转，使得难以较好承担城乡低保支出责任。

表5－15　县（区）级财政的城乡低保实际支出规模与最优支出规模情况 单位：亿元

年份	全国		东部		中部		西部	
	实际支出	最优支出	实际支出	最优支出	实际支出	最优支出	实际支出	最优支出
2007	170.04	74.65	78.20	27.78	50.17	24.46	41.68	20.72
2008	135.66	103.91	70.30	33.28	32.58	33.66	32.79	32.81
2009	139.96	146.07	78.70	43.27	33.22	49.03	28.04	44.82
2010	174.29	161.31	83.99	45.64	37.71	49.84	44.58	56.14
2011	175.30	231.59	99.40	65.65	36.84	71.58	39.06	82.16
2012	232.21	220.99	117.32	68.18	60.23	66.40	54.66	76.55
2013	231.61	274.78	126.22	79.36	57.48	92.53	47.91	89.14
2014	264.26	271.28	128.51	80.65	82.65	84.80	53.11	92.82
2015	246.54	292.08	126.46	83.58	69.46	90.71	50.63	102.67

续表

年份	全国		东部		中部		西部	
	实际支出	最优支出	实际支出	最优支出	实际支出	最优支出	实际支出	最优支出
2016	240.92	307.84	122.75	86.66	68.89	97.00	49.28	107.82
2017	298.05	276.14	116.80	85.28	84.52	83.49	68.80	91.04
2018	972.37	507.46	536.66	203.68	219.01	129.92	236.01	160.27
2019	1396.08	604.69	790.08	264.76	309.14	150.33	296.85	179.00

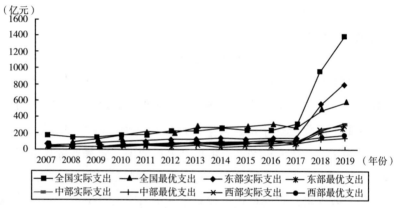

图 5-4 县（区）级财政的城乡低保实际与最优支出规模变化情况

表 5-16   县（区）级财政的城乡低保实际与最优支出责任偏离度值   单位：%

年份	全国偏离度值	东部偏离度值	中部偏离度值	西部偏离度值
2007	-56.10	-64.48	-51.24	-50.29
2008	-23.41	-52.65	3.33	0.06
2009	4.37	-45.01	47.59	59.85
2010	-7.45	-45.66	32.18	25.93
2011	32.11	-33.95	94.33	110.34
2012	-4.83	-41.89	10.24	40.05
2013	18.64	-37.12	60.97	86.06
2014	2.66	-37.24	2.61	74.77
2015	18.47	-33.90	30.61	102.79
2016	27.78	-29.40	40.81	118.78
2017	-7.35	-26.99	-1.21	32.33
2018	-47.81	-62.05	-40.68	-32.09
2019	-56.69	-66.49	-51.37	-39.70

表 5-17		不同区域城乡低保财政负担比较情况				单位:%	
年份	东部		中部		西部	
	支出负担	收入负担	支出负担	收入负担	支出负担	收入负担
2013	0.66	0.96	1.80	4.38	1.69	4.46
2014	0.73	0.87	1.54	3.63	1.62	4.23
2015	0.55	0.82	1.48	3.61	1.59	4.24
2016	0.54	0.80	1.50	3.74	1.57	4.41
2017	0.52	0.73	1.26	3.04	1.31	3.67
2018	1.15	1.75	1.78	4.84	2.05	6.15

因此,在财力有限而又超负荷的财政支出负担下,县(区)级政府如果要确保城乡低保等公共服务的持续运行,最可能会采取两种途径实现。一方面,降低辖区内的低保保障水平,然而随着保障水平的降低,连带的会相应减少上级财政的转移支付数额,为了保持上级财政的转移支付力度不变甚至是博取更多,基于此种考虑,地方政府更可能选择虚报、瞒报低保保障人数,夸大保障任务。另一方面,通过增加融资、举债、土地财政等方式增加地方财政收入,或者通过调整财政支出结构确保低保支出。不言而喻,前者引致城乡低保制度运行的道德风险加大,造成城乡低保财政支出规模不合理的增加与膨胀,而后者容易引发地方财政风险,或是造成财政支出结构的再次扭曲。

为此,对于县(区)级财政的城乡低保支出责任调整,东部地区尤其是如北京、上海、广州、江苏、浙江等县域经济发展较好的省份,可以适当提高财政自给率较强的县域的城乡低保支出责任,使其达到最优支出规模水平。对于经济欠发达的中、西部地区,在保证中央财政继续倾斜的同时,为防止省级政府的转嫁与下压,必须强调省级财政的支出责任不断优化并达到最优状态,以严格控制在其最优支出责任以内,减轻目前县(区)级财政的城乡低保的支出责任。并且建议适当调低中、西部县(市、区)级尤其是财政薄弱地区的县(市、区)级城乡低保支出责任,减轻基层财政压力,并加大基层政府城乡低保执行能力和服务能力,强化城乡低保制度的"兜底"功能。

四、结论

综上可见，运用"巴罗法则"的自然效率原则、柯布－道格拉斯生产函数和回归的分析方法，划分我国 2007～2019 年城乡低保最优财政支出责任并计算偏离度值，结合不同区域城乡低保的财政支出和收入负担，分析并优化我国三级财政的城乡低保支出责任的调整。结论如下：

一是就中央财政而言，伴随着城乡低保水平及均等化水平提高，中央财政持续加大其支出力度。反映到区域上，东部实际支出超出最优支出责任，中、西部实际支出责任不断优化，也呈现出超过最优支出的趋势。为此，可适当下调中央财政的东部城乡低保支出责任，而将其调整到中、西部地区一些较为落后、财政自给率较低、财政负担较重的省份。

二是就省本级财政而言，省本级财政的实际支出规模不断接近优化，但整体水平不是最优水平，尤其在中、西部地区省本级财政的城乡低保支出责任偏离度值呈现正向不断增大趋势。

三是就县（市、区）级财政而言，东部县（市、区）级财政的城乡低保支出责任整体超过最优水平，但中、西部地区县（区）级财政的城乡低保支出责任未能较好履行城乡低保支出责任，这与中、西部县域经济发展状况有较大关系，尤其是一些欠发达省份的县域，自身的财政自给状况较差、财政负担较重导致难以较好履行城乡低保支出责任。

第六章　城乡低保支出及支出责任划分的影响因素分析

第一节　财政分权对城乡低保支出的影响分析

近年来，关于财政分权是否改善各级政府对基本公共服务的供给水平，同样引起国内学者的高度关注。贾智莲和卢洪友（2010）研究了分权与义务教育支出发现，财政分权并没有改善对义务教育的供给水平。[①] 傅勇（2010）研究分权背景下财政体制和政府治理对非经济性公共物品供给影响发现，财政分权显著地降低基础教育的质量，减少城市公用设施的供给。[②] 田侃和亓寿伟（2013）研究东、中、西部地区中央转移支付和财政分权对不同类别公共服务供给水平的影响差异，发现财政分权对不同地区的不同公共服务项目供给影响均不同。[③] 目前，我国处于更加注重社会民生、福祉包容共享的经济发展方式转变的关键时期。财政分权能否优化政府财政支出结构，促进社会保障支出成为学界讨论的焦点。傅勇和张晏（2007），龚锋和卢洪友（2009）研究均表明，财政分权与基建支出比重呈正相关，与科教文卫支出比重呈负相关，并且还会引发抚恤与社会福利救济费的供给不足和行政管理

---

① 贾智莲，卢洪友. 财政分权与教育及民生类公共品供给的有效性 [J]. 数量经济技术经济研究，2010（6）：140－153.

② 傅勇. 财政分权、政府治理与非经济公共物品供给 [J]. 经济研究，2010（8）：4－15.

③ 田侃，亓寿伟. 转移支付、财政分权对公共服务供给的影响——基于公共服务分布和区域差异的视角 [J]. 财贸经济，2013（4）：29－38.

与基建支出的过度供给。①② 庞凤喜和潘孝珍（2012）研究财政分权对社会保障支出影响也得出类似的结论，收入分权与地方社会保障支出规模呈负相关，支出分权与地方社会保障支出呈正相关，但正相关程度不高并呈倒 U 型曲线现象。③

　　低保制度作为底线民生工程，是基本公共服务的重要组成部分，也有别于基本公共服务，是专门为生活水平低于当地最低生活保障标准的困难群体而设计的制度，体现了社会对低保群体的态度，彰显了社会公平正义的文明程度。然而，专门探讨我国财政分权与低保制度的研究却较少。与以往文献相比，此处可能的主要贡献是：如何从理论和实证的层面揭示中国式财政分权与低保支出的关系？表现在不同区域，不同的分权度对低保支出的关系又如何变化？转移支付对地方政府低保支出影响是否具有"挤出效应"？在此基础上，进一步探讨如何通过合理的财政分权体制机制设计来调整优化财政支出结构，有效激励地方政府重视低保工作持续稳妥投入。本节利用 2005～2015 年 31 个省级面板数据，运用固定效应多元回归的方法，深入分析现阶段中国式财政分权体制对低保支出的影响。并按照东、中、西部分组分别进行多元回归分析，揭示不同区域中国式财政分权对低保支出的影响，为合理设计财政分权提供理论和现实依据。

一、中国式财政分权对低保支出的影响机理分析

　　财政分权是指赋予地方政府一定的税收权力和支出责任范围，并给予地方政府自主决定预算的支出规模与结构，自由选择所需政策对地方事务进行管理。中国式的财政分权与低保财政支出的作用关系具备如下特点。

　　第一，财政收入分权与低保支出关系。一般来说，财政收入分权对低保支出的影响，很大程度上取决于地方政府的税收政策与税收收入多寡。一方面，财政收入主要来源于税收收入，其分权的高低直接影响央地政府对财政

---

　　① 傅勇，张晏. 中国式分权与财政支出结构偏向：为增长而竞争的代价 [J]. 管理世界，2007 (3)：4－12.

　　② 龚锋，卢洪友. 公共支出结构、偏好匹配与财政分权 [J]. 管理世界，2009 (1)：10－20.

　　③ 庞凤喜，潘孝珍. 财政分权与地方政府社会保障支出——基于省级面板数据的分析 [J]. 财贸经济，2012 (2)：29－35.

收入的分配，也框定了政府的支出行为及多寡（朱光磊，2006）。当前，税收收入占比份额最高的大税种划归为中央税或共享税，随着"营改增"的全面实行，留给地方的多是零星小税种，地方财政收入来源口径变小变窄。另一方面，我国的税收立法权在中央，地方政府仅有少许的税收征管权和税收优惠减免权。可见，我国财政收入分权相对较低，除了经济发展、财政收入丰盈的地方外，地方政府要在有限的财政收入分权下，凭自身财力对低保进行支出来满足低保对象基本生活需求具有一定难度。

第二，财政支出分权与低保支出关系。分权能给地方政府带来更多的支出自主权，地方政府可以通过优化支出结构来调整支出行为，以满足其投资意图与取向。正如奥茨提出，财政支出分权有利于地方政府能根据所辖居民偏好制定出达到帕累托最优的公共支出政策。对于低保群体，分权后的地方政府可以提高其补助的标准，制定诸多倾向于该群体的支出政策以提高其收入水平。

第三，转移支付与低保支出的关系。转移支付是解决央地政府间财政的纵向不平衡和各区域间横向的不平衡补偿性政策。也就是说，不论是从保障低保群体最基本生活需求，还是提高低保均等化水平，转移支付均成为必要手段。

二、模型设定、变量选择与数据来源

（一）模型设定

本部分利用 2005 ~ 2015 年 31 个省级面板数据，将财政分权分为财政收入分权与支出分权，分别研究其对城市和农村低保支出的影响程度。在模型选择上，本部分参照利恩和马钱德（1997）、张晏和龚六堂（2005）、匡小平和赵丹（2015）等的研究，建立中国式财政分权与低保支出的面板数据模型如下：

$$Y_{it} = \beta_0 + \beta_1 FI_{it} + \beta_2 FD_{it} + \beta_3 COM_{it} + \beta_4 perGDP_{it} + \beta_5 perGDP^2 + \beta_6 APP_{it}$$
$$+ \beta_7 PD_{it} + \beta_8 URB_{it} + \beta_9 OD_{it} + \beta_{10} T_{it} + \gamma_i + \eta_t + \varepsilon_{it} \qquad (6-1)$$

加入财政分权制度设计的影响与政府投资竞争影响之后的模型为：

$$Y_{it} = \beta_0 + \beta_1 FI_{it} + \beta_2 FD_{it} + \beta_3 COM_{it} + \beta_4 perGDP_{it} + \beta_5 perGDP^2 + \beta_6 APP_{it}$$
$$+ \beta_7 PD_{it} + \beta_8 URB_{it} + \beta_9 OD_{it} + \beta_{10} T_{it} + \beta_{11} FI_{it} * FD_{it} + \beta_{12} FD_{it} * COM_{it}$$
$$+ \gamma_i + \eta_t + \varepsilon_{it} \qquad\qquad (6-2)$$

其中，Y_{it} 为被解释变量表示低保支出水平，包括两类指标：一是转移支付前各省城市和农村低保支出水平，用 $Umls_{it}$、$Rmls_{it}$ 表示；二是转移支付后各省城市和农村低保支出水平，用 $Umlst_{it}$、$Rmlst_{it}$ 表示。β_0 为截距项，$\beta_1 - \beta_2$ 为解释变量的回归系数，$\beta_3 - \beta_{10}$ 为控制变量的回归系数，$\beta_{11} - \beta_{12}$ 为交互项的回归系数，i 代表省份，t 代表年份，γ_i 表示与时间无关的个体特定效应项，η_t 表示仅随时间变化的时间效应项，ε_{it} 表示与解释变量无关的随机扰动项；FI_{it}、FD_{it} 分别表示第 i 省第 t 年的财政收入分权与财政支出分权，是文章的核心解释变量。$FI_{it} * FD_{it}$、$FD_{it} * COM_{it}$ 分别表示第 i 省第 t 年综合的财政分权与财政支出分权和政府投资竞争的交互项。$perGDP_{it}$、APP_{it}、PD_{it}、URB_{it}、OD_{it}、T_{it} 均为控制变量，分别表示第 i 省第 t 年的政府竞争投资、人均 GDP、绝对贫困人口比重、人口密度、城镇化水平、对外开放程度、政策变动因素。

（二）变量选取说明

1. 被解释变量

如前文所述，被解释变量 Y_{it} 代表低保支出水平，分别用 $Umls_{it}$、$Rmls_{it}$、$Umlst_{it}$、$Rmlst_{it}$ 表示。其中，$Umls_{it}$ 为转移支付前第 i 省第 t 年城市低保支出占该省当年财政支出比重，$Rmls_{it}$ 为转移支付前第 i 省第 t 年农村低保支出占该省当年财政支出比重。$Umlst_{it}$ 为转移支付后第 i 省第 t 年城市低保支出占该省当年财政支出比重，$Rmlst_{it}$ 为转移支付后第 i 省第 t 年农村低保支出占该省当年财政支出比重。

2. 解释变量

衡量财政分权程度的指标多样化，本部分主要参照了赤井和坂田、孙力群等设计财政分权指标。收入分权度 FI_{it} 为第 i 省第 t 年人均财政收入占全国当年人均财政收入比重，体现了地方政府与中央政府之间关于财政收入权力的分配关系；支出分权度 FD_{it} 为第 i 省第 t 年人均财政支出占全国当年人均财政支出比重，体现了地方政府与中央政府之间关于财政支出权力的分配关系。

财政分权的内在激励制度在一定程度上会引发政府间的投资竞争，用 COM_{it} 表示，为第 i 省第 t 年利用外资额占该省当年固定资产投资实际到位资金比重。

3. 控制变量

除财政分权及政府投资竞争外，还存在众多因素影响低保的财政支出，为使所得结果更稳健可靠，本部分引入以下变量作为控制变量。经济发展水平用 $perGDP_{it}$ 表示，综合影响低保财政支出，预估回归系数为正，$PerGDP_{it}{}^2$ 是想检验低保支出是否存在倒 U 型曲线现象，预估回归系数为负。绝对贫困人口 APP_{it} 为第 i 省第 t 年绝对贫困人口数量占该省当年人口数量比重，绝对贫困比重越高，低保财政支出越大，预估其回归系数为正；借鉴已有研究，引入人口密度 PD_{it}，表示为第 i 省第 t 年末人口数占各省面积比重，城市化水平 URB_{it}，表示第 i 省第 t 年末城镇人口数量占该省当年末人口数量比重，开放程度 OD_{it}，表示为第 i 省第 t 年进出口总额占该省当年 GDP 比重，政策 T_{it}[①]为控制变量。

（三）数据来源与统计性分析

本部分利用 2005～2015 年 31 个省的省级面板数据，所用数据均来源于《中国统计年鉴》《中国民政统计年鉴》《中国财政年鉴》以及各省政府官方网站和政府工作报告等。为消除历年价格指数的影响，对原始数据进行价格指数平减处理。各相关变量的描述统计特征如表 6-1 所示。

表 6-1　　　　　　　　　各变量的描述性统计

变量名称及说明	极小值	极大值	均值	标准差
UMLS（转移支付前各省城市低保财政支出）	0.080	0.470	0.260	0.103
RMLS（转移支付前各省农村低保财政支出）	0.080	0.470	0.272	0.101
UMLST（转移支付后各省城市低保财政支出）	0.130	1.670	0.816	0.424
RMLST（转移支付后各省农村低保财政支出）	0.080	1.720	0.609	0.336
FI（财政收入分权）	37.390	418.150	98.177	89.815

---

① 低保制度包括城市和农村低保制度，1999 年城市低保建立，2007 年出现了原来的农村传统救济制度向新型的农村低保制度转型，为避免这种政策上的转轨带来的影响，添加 T_{it} 作为控制变量。

续表

变量名称及说明	极小值	极大值	均值	标准差
FD（财政支出分权）	50.920	272.340	100.000	57.115
COM（政府投资竞争）	0.250	5.630	1.627	1.382
PerGDP（人均GDP）	1.330	7.540	3.196	1.628
APP（绝对贫困人口比重）	1.120	13.830	6.044	3.188
PD（人口密度）	2.450	3514.290	425.932	640.625
URB（城市化水平）	23.110	89.080	50.305	14.586
OD（地区开放度）	0.050	1.460	0.329	0.400

三、实证结果分析

此处采用 Stata13 软件测算中国式财政分权对低保支出的影响，分两步进行实证分析：

第一步，用无交互项的多元回归分析财政分权对低保支出的影响，然后加入财政分权制度设计和由财政分权内在激励产生的政府投资竞争两个交互项，进一步探讨由财政分权带来的政府投资竞争引发的财政支出结构异化对低保支出的影响程度。

第二步，鉴于我国区域间经济发展的不平衡性，加上东、中、西部的财政分权程度和中央转移支付的力度不同，此处结合不同区域实际情况进行多元回归，使其更真实揭示不同区域财政分权对低保支出的影响。

（一）中国式财政分权对低保支出的影响分析

1. 多元回归（无交互项）

从表 6-2 可以看出，首先，以转移支付前低保财政支出为被解释变量时，财政收入分权与低保支出呈正相关关系，并且财政收入分权度提高 1 个百分点，城市和农村低保支出占全省预算内财政支出比重（以下简称"低保支出比重"）分别提高 0.07 个和 0.1 个百分点；财政支出分权与低保支出呈负相关关系，并且财政支出分权度提高 1 个百分点，城市和农村低保支出比重降低 0.14 个、0.11 个百分点。可以看出，财政支出分权对低保支出的负相关程度超过财政收入分权对低保支出的正相关程度。加入中央转移支付后，财政收入分权提高 1 个百分点，城市、农村低保支出比重提高 0.11 个、0.15 个百分点，而财政支出分权度提高 1 个百分点，城市、农村低保支出比重却降低 0.49 个、0.31 个百分点。可见，二者平衡过后，转移支付对地方政府低保支出的影响为负向，呈现一定的挤出效应。这充分说明，尤其是在转移制度不完善的情况下，要确保低保制度供给可持续运行，通过合理设计中央与地方政府财政分权来落实央地财政的支出责任是其根本。

表 6-2　　　　中国式财政分权对低保支出的影响（无交互项）

解释变量	Umls	Rmls	Umlst	Rmlst
常数项（CON）	0.9618 **	1.1092 ***	2.9067 ***	0.7845 **
	(2.23)	(3.65)	(4.97)	(2.02)
财政收入分权（FI）	0.0007 ***	0.001 ***	0.0011 ***	0.0015 ***
	(3.02)	(3.37)	(3.37)	(2.45)
财政支出分权（FD）	-0.0014 ***	-0.0011 ***	-0.0049 **	-0.0031 **
	(-2.74)	(-2.45)	(-3.34)	(-2.01)
政府投资竞争（COM）	-0.0002 **	-0.0164 **	-0.0018 **	-0.0203 **
	(-3.12)	(-2.89)	(-2.04)	(-3.19)
人均GDP（PerGDP）	0.0486 *	0.031 *	0.0788 *	0.0232 *
	(2.80)	(1.98)	(2.48)	(1.79)
人均GDP平方（PerGDP²）	-0.0331 *	-0.0242 *	-0.0194 *	-0.0183 *
	(-2.76)	(-3.09)	(-2.54)	(-3.09)
绝对贫困人口比重（APP）	0.0058 **	0.0213 ***	0.0149 **	0.1141 ***
	(3.17)	(2.56)	(1.95)	(2.56)
人口密度（PD）	-0.0003 *	-0.0003 *	-0.0013 *	-0.0001 *
	(-2.57)	(-2.14)	(-2.66)	(-2.34)
城镇化率（URB）	-0.0063 *	-0.159 *	-0.0184 **	0.0182 **
	(-2.24)	(-3.04)	(-2.28)	(-3.04)
地区开放度（OD）	-0.183 *	-0.212 *	-0.3954 *	-0.1024 *
	(-2.12)	(-2.15)	(-2.00)	(-3.15)

续表

解释变量	Umls	Rmls	Umlst	Rmlst
T	-0.0622* (-2.84)	-0.0364 (-1.34)	-0.3997* (-2.24)	0.0632 (1.97)
组内 R^2 (R-sq)	0.4218	0.3215	0.5426	0.6821
组间 R^2 (R-sq)	0.7128	0.3105	0.203	0.4026
F 统计量	17.86	6.79	12.45	37.83
样本数 (N)	310	310	310	310

注:*、**、***分别代表 0.1、0.05、0.01 水平下显著,括号内的值为 t 值。

其次,政府投资竞争与低保支出呈负相关关系,并且在 0.05 水平下显著,政府投资竞争增加 1 个百分点,城市和农村的低保支出比重相应减少 0.02 个、1.64 个百分点;转移支付后,低保支出比重相应减少 0.18 个、2.03 个百分点。说明无论是转移支付前还是后,地方政府的支出行为还是以经济发展、吸引外资为中心,一定程度上表明存在挤占低保支出不惜牺牲贫困人员福利的问题。

最后,绝对贫困人口比重(APP)的回归系数为正,说明贫困人口越多的地区,低保支出任务越重,这与实际情况完全相符。城镇化率、人口密度、地区开放度的回归系数均在 0.1 水平下显著为负,意味着城镇化和开放程度越高、人口越密集地区,低保支出水平并非保持同步高位。结合人均 GDP 回归系数均为正,而 $PerGDP^2$ 的回归系数却为负,发现低保支出与经济发展也呈现库兹涅茨倒 U 型曲线,即随着经济发展低保的供给得到不断改善,但当经济发展到一定程度,低保的供给水平反而下降。因此,要谨防经济发展好的地区不注重低保在内的民生公共服务供给水平的同步提高。

2. 多元回归(加入交互项)

加入财政收入分权与支出分权的交互项(FI*FD)和财政支出与政府竞争的交互项(FD*COM),是为了探求由财政分权引发的政府投资竞争对低保支出的影响程度。首先,交互项(FI*FD)回归系数均为负(见表 6-3),说明目前这种财政收入支出分权组合对低保支出产生不利影响,单从财政支出分权或财政收入分权单方面均很难实现地方政府低保投入的增加。其次,交互项（*FD* * *COM*）的回归系数也均为负，说明主要是由财政支出分权引发的政府间竞争投资降低了低保支出比重，成为抑制低保支出的重要因素。因此，从财政支出分权的角度出发，激励地方政府合理提高低保支出水平，除完善税收体制、增加财政收入分权以外，更重要的是对财政支出进行规范和限制，以改变目前以 *GDP* 为主的政绩考核方式。

表6-3　　　　　　中国式财政分权对低保支出的影响（有交互项）

解释变量	*Umls*	*Rmls*	*Umlst*	*Rmlst*
常数项（*CON*）	0.8994 ** (2.12)	1.2533 *** (3.58)	2.686 *** (4.53)	-0.8807 * (-1.93)
财政收入分权（*FI*）	-0.0007 *** (-2.74)	-0.0006 *** (-3.45)	-0.0011 *** (-3.13)	-0.0018 *** (-2.74)
财政支出分权（*FD*）	-0.0021 *** (-3.12)	-0.0011 ** (-3.37)	-0.0062 *** (-3.34)	-0.0030 ** (-2.89)
政府竞争（*COM*）	-0.0282 ** (-2.36)	-0.0483 ** (-2.04)	-0.0208 ** (-2.04)	-0.0037 ** (-2.45)
人均 GDP（*PerGDP*）	0.0452 * (2.77)	0.0441 * (1.93)	0.0625 * (1.91)	0.0321 * (1.84)
人均 GDP 平方（*PerGDP*^{2}）	-0.0027 * (-2.81)	-0.0013 * (-2.82)	0.0006 (1.28)	0.0003 * (1.43)
绝对贫困人口比重（*APP*）	0.0059 * (2.17)	0.0216 ** (2.53)	0.01483 * (1.91)	0.1140 *** (9.18)
人口密度（*PD*）	-0.0002 (-1.62)	-0.0085 (-1.54)	-0.0007 * (-2.94)	0.0003 (1.67)
城镇化率（*URB*）	-0.004 * (-2.25)	-0.014 * (-2.72)	-0.0159 (-1.65)	-0.0168 * (-1.84)
地区开放度（*OD*）	-0.0424 (-1.37)	-0.1091 (-1.56)	-2.589 (-1.42)	-0.2032 (-1.44)
分权交互项（*FI* * *FD*）	-0.0003 ** (-2.37)	-0.0001 ** (-2.41)	-0.0006 ** (-2.12)	-0.0005 ** (-2.24)
交互项（*FD* * *COM*）	-0.0003 ** (-2.06)	-0.0004 ** (-1.78)	-0.0002 ** (-2.28)	-0.0003 ** (-1.75)

续表

解释变量	Umls	Rmls	Umlst	Rmlst
T	−0.0586* (−2.77)	−0.03 (−2.14)	−0.039* (−1.64)	−0.068* (−1.99)
组内 R^2（R-sq）	0.4429	0.3326	0.5551	0.6835
组间 R^2（R-sq）	0.5942	0.1725	0.2267	0.1338
F 统计量	29.61	21.18	11.55	23.25
样本数（N）	310	310	310	310

注：*、**、*** 分别代表 0.1、0.05、0.01 水平下显著，括号内的值为 t 值。

（二）不同区域中国式财政分权对低保支出的影响

我国东、中、西部区域发展极度不平衡，财政收入分权度、支出分权度存在较大差异。由图 6-1 可以看出，无论是财政收入分权还是支出分权度，东部均明显高于中、西部，且中部最低。还可以发现，区域间财政收入分权与财政支出分权的非对称性特点较为突出，会直接加大不同区域财政的收支缺口，加剧区域间差异。因此，探讨不同区域不同分权度对低保支出的差异，进而结合不同区域的情况来激励和完善地方政府合理加大低保类底线民生投入至关重要。

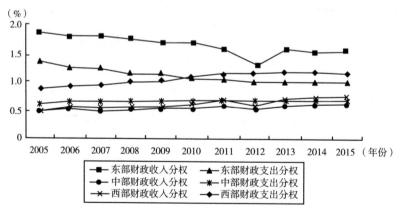

图 6-1　不同区域中国式财政收入分权与支出分权度变化情况（2005~2015 年）

1. 转移支付前不同区域中国式财政分权对低保支出影响

首先，不同区域财政收入分权对各自区域的低保支出影响呈现相反的情况（见表 6-4），东部财政收入分权对低保支出的影响呈负相关关系，财政

收入分权度提高 1 个百分点，城市和农村低保支出比重分别降低 0.08 个、
0.06 个百分点；中、西部财政收入分权对低保支出的影响为正相关，其中财
政收入分权度提高 1 个百分点，城市和农村低保支出比重分别提高 0.54 个、
1.37 个百分点，西部财政收入分权提高 1 个百分点，城市和农村低保支出比
重分别提高 0.42 个、0.11 个百分点。可以看出：一是资源禀赋向好的东部
地区，为了获得更多的税收收入，地方政府热衷于高税收附加值、经济发展
前景好的项目，而不愿提高低支出水平以改善穷人福利境况，故而东部较高
的财政收入分权并不能显著激励改善低保支出，甚至会抑制低保类民生支出。
二是中、西部地区多属于经济欠发达地区，贫困人口众多，财政收入分权有
助于提高低保支出，但现实是较低的收入分权成为抑制低保支出的瓶颈，致
使供给水平难以提高。

表 6 - 4　　　　　　　**不同区域中国式财政分权对低保支出影响**

解释变量	被解释变量（转移支付前不同区域低保财政支出水平）					
	东部		中部		西部	
	Umls	*Rmls*	*Umls*	*Rmls*	*Umls*	*Rmls*
常数项 （*CON*）	0.4872 ** (3.01)	0.9884 (1.32)	0.1525 (0.12)	0.4137 (0.22)	2.6248 ** (3.03)	0.505 (0.53)
财政收入 分权（*FI*）	- 0.0008 *** (- 2.95)	- 0.0006 *** (- 3.10)	0.0054 *** (2.03)	0.0137 ** (2.89)	0.0042 ** (2.22)	0.0011 *** (3.06)
财政支出 分权（*FD*）	- 0.0023 *** (- 2.46)	- 0.0021 *** (- 3.49)	- 0.0067 ** (- 2.69)	- 0.0112 ** (- 2.50)	- 0.0141 *** (- 3.05)	- 0.0020 * (- 2.42)
政府竞争 （*COM*）	- 0.0124 ** (- 1.90)	- 0.0108 ** (- 2.20)	- 0.0197 ** (- 2.41)	- 0.0393 ** (- 2.12)	- 0.0298 ** (- 2.05)	- 0.0168 ** (- 2.18)
人均 GDP （*PerGDP*）	0.0028 * (1.95)	0.0404 * (2.17)	0.2899 * (2.11)	0.4108 *** (3.85)	0.0241 * (1.97)	0.0047 * (1.98)
人均 GDP 平方 （*PerGDP*^{2}）	- 0.0001 * (- 2.16)	- 0.0002 * (- 2.02)	- 0.0001 * (- 2.06)	- 0.0001 * (- 2.06)	- 0.0001 (- 0.34)	- 0.0002 * (- 1.95)
绝对贫困人口 比重（*APP*）	0.0032 ** (2.72)	0.0381 * (2.14)	0.03242 (2.27)	0.0978 ** (2.14)	0.0017 ** (3.70)	0.0021 ** (2.60)
人口密度 （*PD*）	- 0.0005 *** (- 5.32)	- 0.0002 * (- 1.64)	- 0.0025 * (- 1.97)	- 0.0004 * (- 1.47)	- 0.0115 * (- 1.97)	0.0067 (0.83)

续表

解释变量	被解释变量（转移支付前不同区域低保财政支出水平）					
	东部		中部		西部	
	Umls	*Rmls*	*Umls*	*Rmls*	*Umls*	*Rmls*
城镇化率（URB）	-0.1178 ***	-0.0171 *	-0.0114 *	-0.0246 *	-0.0074	-0.0234 **
	(-4.90)	(-1.88)	(-1.88)	(-1.85)	(-1.28)	(-1.98)
地区开放度（OD）	-0.2362	-0.1588	-1.2975 **	-0.2371	-0.2658	-0.4138
	(-2.87)	(-1.27)	(-2.69)	(-0.47)	(-1.26)	(-1.52)
T	-0.02917	-0.0569 *	-0.1319 **	-0.0246	0.0128	0.0138
	(-1.44)	(-1.99)	(-2.88)	(-0.44)	(0.34)	(0.28)
组内 R^2（R-sq）	0.6364	0.5521	0.655	0.5434	0.5802	0.3223
组间 R^2（R-sq）	0.4758	0.431	0.9328	0.5416	0.5213	0.4936
F 统计量	19.87	17.23	14.54	16.31	20.18	19.94
样本数（N）	110	110	80	80	120	120

注：*、**、*** 分别代表 0.1、0.05、0.01 水平下显著，括号内的值为 t 值。

其次，不同区域财政支出分权对低保支出影响均呈现负相关，财政支出分权度越高，低保支出反而会降低。东部财政支出分权提高 1 个百分点，城市、农村低保支出比重分别降低 0.23 个、0.21 个百分点；中部财政支出分权提高 1 个百分点，城市、农村低保支出比重分别降低 0.67 个、1.12 个百分点。西部财政支出分权提高 1 个百分点，城市、农村低保支出比重分别降低 1.41 个、0.2 个百分点。与前面的结论相似，各地方政府都把经济发展放在第一位，导致财政支出结构出现"重经济发展、轻民生服务"的扭曲现象。为避免财政支出行为扭曲，规范低保支出预算，加强支出过程监管，加大民生考核指标权重至关重要，尤其是近年来中、西部不断扩大基础设施建设，谨防低保等公共服务财政资金被挤占甚至被挪用。

2. 转移支付条件下不同区域中国式财政分权对低保支出影响

在中央转移支付情况下，各区域财政分权对低保支出的影响如表 6-5 所示。

首先，从财政收入分权看，东部财政收入分权回归系数为负，收入分权度提高 1 个百分点，城市和农村低保支出比重降低 0.08 个、0.13 个百分点；中、西部财政收入分权回归系数为正，收入分权度提高 1 个百分点，城市和农村低保支出比重分别提高 1.61 个、2.57 个和 0.79 个、0.78 个百分点。

表 6 – 5　　　　转移支付后不同区域中国式财政分权对低保支出影响

解释变量	被解释变量（转移支付后不同区域低保财政支出水平）					
	东部		中部		西部	
	Umlst	*Rmlst*	*Umlst*	*Rmlst*	*Umlst*	*Rmlst*
常数项 （*CON*）	1. 1727 ** (2. 94)	− 0. 7287 (− 0. 52)	4. 408 * (2. 20)	0. 8568 (0. 58)	4. 776 *** (4. 00)	− 1. 063 (− 1. 18)
财政收入 分权（*FI*）	− 0. 0008 *** (− 3. 06)	− 0. 0013 *** (− 3. 11)	0. 0161 *** (3. 36)	0. 0257 *** (3. 46)	0. 0079 ** (3. 57)	0. 0078 *** (3. 06)
财政支出 分权（*FD*）	− 0. 0012 *** (− 3. 20)	− 0. 0034 *** (− 3. 27)	− 0. 0033 *** (− 3. 41)	0. 0051 *** (3. 51)	− 0. 0069 *** (− 3. 82)	0. 0038 *** (3. 32)
政府竞争 （*COM*）	− 0. 0066 ** (− 2. 90)	− 0. 0115 ** (− 3. 14)	− 0. 0008 ** (− 2. 40)	− 0. 001 ** (− 2. 49)	− 0. 0182 ** (− 2. 68)	− 0. 0055 ** (− 2. 17)
人均 GDP （*PerGDP*）	0. 005457 * (2. 12)	0. 0103 * (2. 06)	0. 0797 * (1. 97)	0. 1013 * (1. 94)	0. 0023 * (2. 04)	0. 0017 * (3. 24)
人均 GDP 平方 （*PerGDP*^{2}）	− 0. 0001 * (2. 78)	0. 0002 * (2. 81)	− 0. 0001 * (− 2. 71)	− 0. 0001 * (− 2. 48)	− 0. 0002 * (− 2. 13)	− 0. 0001 * (− 2. 37)
绝对贫困人口 比重（*APP*）	0. 0102 ** (3. 17)	0. 0682 ** (2. 76)	0. 0411 * (1. 93)	0. 1231 *** (5. 53)	0. 073 * (1. 58)	0. 1086 *** (12. 89)
人口密度 （*PD*）	− 0. 0001 (0. 42)	− 0. 0004 (0. 85)	− 0. 006 (− 1. 33)	− 0. 0028 (− 0. 80)	− 0. 0143 * (− 2. 04)	− 0. 0012 (− 0. 19)
城镇化率 （*URB*）	− 0. 0108 * (− 2. 12)	− 0. 0044 * (− 2. 74)	− 0. 0058 * (− 2. 28)	− 0. 0027 (− 0. 25)	− 0. 0189 ** (− 2. 54)	0. 0302 *** (3. 24)
地区开放度 （*OD*）	− 0. 1219 (− 1. 14)	0. 2207 (1. 44)	− 0. 114 (− 0. 23)	− 1. 0431 * (− 1. 94)	− 0. 673 * (− 2. 30)	− 0. 9747 * (− 1. 83)
T	− 0. 0326 (− 1. 16)	− 0. 0431 (− 1. 19)	− 0. 1103 * (− 1. 97)	0. 0399 * (1. 92)	0. 0148 (0. 32)	− 0. 0447 (− 0. 57)
组内 R^2（*R-sq*）	0. 4714	67. 5	0. 684	0. 7301	0. 7433	0. 7727
组间 R^2（*R-sq*）	0. 4653	47. 33	0. 6115	0. 4626	0. 5591	0. 4574
F 统计量	20. 12	19. 78	16. 14	14. 23	21. 56	19. 89
样本数（*N*）	110	110	80	80	120	120

注：*、**、***分别代表0.1、0.05、0.01 水平下显著，括号内的值为 t 值。

其次，从财政支出分权看，东部地区财政支出分权回归系数均为负，东部支出分权度每提高 1 个百分点，城市和农村低保支出分别降低 0.12 个、0.34 个百分点；中、西部有正有负，中、西部财政支出分权度每提高 1 个百分点，城市低保支出分别降低 0.33 个、0.69 个百分点，而农村低保分别提高 0.51 个和 0.38 个百分点。与前文转移支付的挤出效应相呼应，进一步说明这种挤出效应主要来自东部，也由此看出现行低保转移支付制度存在不合理之处，应针对不同区域分类施策。

最后，就不同区域政府投资竞争对低保支出影响看，其回归系数均为负，充分说明重经济发展而轻低保支出是不同区域间的普遍现象，明确规范地方政府财政支出结构并加大低保民生支出必须引起足够重视。

四、结论

实证结果表明，中国式财政收入分权能够促进低保支出水平，财政支出分权对低保的支出则具有抑制作用，低保转移支付对地方政府低保支出产生轻微的挤出效应。具体分区域看，东部财政收入分权和支出分权没有明显提高低保支出水平，反而出现抑制现象；中、西部财政收入分权促进低保支出水平提高，但较低的收入自主权在改善繁重的低保民生服务方面显得捉襟见肘；中、西部财政支出分权不同程度降低低保支出水平，与东部地区一样，由分权体制引发的地方政府内部激励效应和现行以 GDP 为主的政绩考核方式，使得地方政府重经济建设而轻民生服务。另外，低保转移支付不尽合理，尤其在东部地区，低保转移支付对地方政府的低保支出一定程度上产生了挤出效应。为此，应设计科学合理的财政分权体制以确保财政兜底低保的能力。

第二节　城乡低保支出责任划分的影响因素分析

为了探讨更好地完善城乡低保支出责任划分，使之更合理，也为了能更好地保障其划分的顺利执行及优化调整，本节将对影响城乡低保支出责任划分的影响因素进行深入分析，主要运用 30 个省份的省级面板数据，同样构建固定效应的多元回归模型来进行深入仔细分析。①

一、各变量的指标选取

此处将影响中央政府与地方政府间城乡低保支出责任划分的因素分为四大类，即经济发展水平、财力水平、财政分权和城乡低保需求，以下将对此四类指标选取的依据及说明分别展开。

（一）因变量的指标选取

对城乡低保支出责任划分的影响因素进行分析，主要包括中央财政、地方财政城乡低保支出责任两个层面的影响因素。此处中央城乡低保支出责任（ZC），用城乡低保中央财政占城乡低保总财政支出比重表示，地方城乡低保支出责任（DC），用城乡低保地方财政占城乡低保总财政支出比重表示。

（二）自变量的指标选取

1. 经济发展水平

经济发展对一个国家、地区的重要性不言而喻，不管是保证国家安全与权威也好，还是确保社会和谐、提高人民生活水平也罢，均离不开经济发展提供强有力保障，使得经济发展始终是社会发展的第一要务。反映在对城乡低保的影响关系上，如文中多次提到，城乡低保对象分布呈现贫富地区分布，并且这种地区分布的"马太效应"尤为明显，即：低保群体多集聚在经济发展相对落后的地区，往往在经济发展较好的地区，贫困人员的分布相应较少。一定程度上呈现出地区经济发展自然驱除贫困人员的现象，使得在公共服务均等化的情况下，中央政府必须考虑其城乡低保支出责任承担时加入经济发展水平的因素。而为保证社会和谐，促进经济良好发展，地方政府在承担城乡低保支出责任时也不得不权衡经济发展与责任承担间的关系。为此，此处用 $PerGDP_{it}$ 表示第 i 省第 t 年该省人均 GDP 与全国人均 GDP 比重。

2. 财力及代表性指标

城乡低保支出责任的履行需要相应的财力予以匹配，才能保证其支出顺

---

① 由于西藏的数据未能完整获取，此处是除西藏以外的 30 个省份的数据。

利进行。巧妇难为无米之炊，对于地方政府来说，能承担城乡低保支出责任大小主要取决于地方的财力，有充足的财力作为支撑，才能提供充足的财力保障。因此，上级政府在对下级政府通过转移支付实现其支出责任承担时，地方政府的财力状况成为其首要考虑的因素。

第一，一般公共预算收入。从 2014 年修正的《中华人民共和国预算法》可知，就内容看，一般公共预算收入主要包括税收收入和非税收收入，其中税收收入是其主体，非税收入作为一般预算收入的补充形式。主要用于保障和改善民生、促进经济发展、维护国家安全、维持国家机构正常运转等方面的安排预算，显然也是城乡低保支出的主要来源。就来源渠道，地方各级一般公共预算包括本级各部门（含直属单位，下同）的预算和税收返还、转移支付预算，可见地方一般公共预算是最能真实反映本级政府财政实力的综合指标。因此，在社会救助支出责任由央地各级财政共同承担的情况下，各省市一般公共预算收入能力无疑成为中央财政对不同省份城乡低保承担支出责任大小的主要因素之一。为了更好刻画各省地方政府一般预算收入占全国一般预算收入的份额大小，真正体现全国范围内各省市一般公共收入水平高低，用 F_{it} 表示第 i 省第 t 年该省一般预算收入占全国一般预算收入的比重，主要讨论地方财政收入情况与央地政府承担城乡低保之间的关系。

第二，财政匹配度。财政匹配度指政府支出责任与其财力相互对应的程度，主要用来衡量政府支出责任承担与所需财力的匹配关系，用 $MA_{it} = FDP_{it}/FIP_{it}$ 表示，其中，MA_{it} 代表第 i 省第 t 年匹配度，FDP_{it} 代表第 i 省第 t 年政府的财政支出，FIP_{it} 代表第 i 省第 t 年政府的财政收入，匹配度等于 1，完全匹配，说明政府的支出责任与财力相适应；如果匹配度大于 1，二者不匹配，说明政府的财力越不能保障支出责任，且值越大，表明财政支出与收入的缺口越大。如果小于 1，二者也不匹配，说明政府占有财力多，呈现收大于支，值越小，收大于支的情况越严重。此处要探讨财政匹配度对央地政府承担城乡低保支出责任间的关系。

3. 财政分权及代表性指标

财政分权是指赋予地方政府一定的税收权力和支出责任范围，并给予地方政府自主决定预算的支出规模与结构，自由选择所需政策对地方事务进行管理。其一般用财政收入分权与财政支出分权衡量。贾俊雪等（2011）认为，财政分权是政府间财政收支划分程度的重要指标，同时引入财政收入分权和支出分权的指标衡量财政分权的影响。① 由此可见，财政分权作为影响城乡低保央地支出责任划分的影响因素而引入模型中，此处用收入分权度 FI_{it} 为第 i 省第 t 年人均财政收入占全国当年人均财政收入比重表示，体现了地方政府与中央政府之间关于财政收入权力的分配关系；支出分权度 FD_{it} 为第 i 省第 t 年人均财政支出占全国当年人均财政支出比重表示，体现了地方政府与中央政府之间关于财政支出权力的分配关系。

4. 城乡低保需求及代表性指标

从支出的角度看，社会救助需求主要是满足低保群体的基本生活需要，维持其最低基本生存需要的支出。而要维持其最低的生存需要，作为财政的安排，需要考虑以下几个因素：

第一，低保人数。《社会救助暂行办法》规定，我国按照"应保尽保"的原则，对于处在最低生活标准线以下的困难群体，予以最低生活保障。因此，低保人数的多寡决定着一个地区低保保障的规模，进而决定着保障支出的力度，自然是央地政府在合理划分其城乡低保支出责任时的重要因素。本部分用 SAN_{it} 表示第 i 省第 t 年城乡低保人口占全国低保人口比重。

第二，城乡居民的人均消费支出。微观经济学认为，价格与消费相互影响、相互作用，价格水平的变化直接影响居民消费水平的变化。一般来讲，根据价格曲线可看出，价格与消费需求呈反向变化，即价格越高，消费需求反而越低，价格越低，消费需求反而越高。二者的这种负相关关系，进一步推演到消费水平与物价的关系上，可以说，物价水平的高低很大程度上影响居民的消费水平。因为食品尤其是生活必需品的消费弹性小，替代效应小，其价格的大幅上涨，必然导致既定收入对生活的保障作用减弱，尤其对低收入家庭来说，不管物价是否上涨，消费品数量还需维持，使得这种减弱的程度更明显。为此，鉴于各地物价指数未能获得的情况下，选取城乡居民的人均消费性支出作为一个影响因素，其意图就是借助居民消费水平与物价的关系探讨其对低保群体最低基本生活需要的影响，进而反映在城乡低保需求上。此处分别用 $RCON_{it}$、$SCON_{it}$ 表示第 i 省第 t 年农村居民人均消费支出占全国当年农村居民人均消费支出的比重、第 i 省第 t 年城镇居民人均消费支出占全

---

① 贾俊雪等. 政府间财政收支责任安排与地方公共服务均等化：实证研究 [J]. 中国软科学，2011（12）：25 - 45.

国当年城镇居民人均消费支出的比重。

当然，影响城乡低保支出责任划分的因素远不止上述这些因素，政策意图、领导者对经济社会发展的定位与看法、城乡低保支出的保障机制与组织激励机制的健全程度等定性因素也深刻影响着城乡低保支出责任划分，但却苦于这些定性的因素无法通过定量的方法测算比较出来，不免为研究留下不少的遗憾。

二、中央财政城乡低保支出责任划分的影响因素分析

（一）多重共线性检验

多重共线性是指在进行回归分析时，如果某一自变量可以被其他的自变量通过线性组合得到，或者某一自变量能够被其他的自变量较多地解释，自变量之间存在着很大程度上的信息重叠，这样会导致系数估计得不准确，而且会使部分系数的显著性减弱。因此，本部分在进行模型回归前，为使得回归结果尽可能准确，也尽可能防止因素间相互影响而减弱各自变量的显著性，先进行多重共线性检验。经过各自变量的多重共线性检验，得到检验的结果如表 6-6 所示。

表 6-6 　　　　　　　　　　各自变量的多重共线性检验结果

变量	*VIF*	*1/VIF*	变量	*VIF*	*1/VIF*
FI	21.80	0.04354	*RCON*	7.09	0.13125
FD	14.73	0.07821	*FIP*	2.75	0.34854
SCON	8.51	0.12021	*SA*	3.13	0.40085
MA	7.95	0.11835	*PerGDP*	6.95	0.12781

Mean *VIF*：8.25

可以看出，Mean *VIF* 的值为 8.25，小于合理值 10，说明该模型的多重共线性较小，可以选择以上指标建立合适的回归模型进行分析。

（二）模型构建、数据来源

1. 模型构建

采用 Stata16 软件测算全国范围内各因变量对中央财政城乡低保支出责任

的影响及影响程度，鉴于我国区域间经济发展不平衡，东、中、西部中央对其支出责任的力度不同，为了更好分析由区域上的不同带来转移支付力度不同，本部分进一步运用了分组多元回归的方法测算其影响因素，以期为中央财政的城乡低保转移支付提供理论及现实依据。在进行回归之前，进行了豪斯曼检验，其结果拒绝原假设，即拒绝随机效应模型，而适合运用固定效应模型分析。构建模型如下：

$$Y_{it} = \alpha_0 + \alpha_1 PerGDP_{it} + \alpha_2 FIP_{it} + \alpha_3 FI_{it} + \alpha_4 FD_{it} + \alpha_5 MA_{it} + \alpha_6 SAN_{it}$$
$$+ \alpha_7 RCON_{it} + \alpha_8 SCON_{it} + \gamma_i + \eta_t + \varepsilon_{it} \qquad (6-3)$$

其中，Y_{it} 表示因变量，为中央财政城乡低保支出责任，各自变量上述已经描述，此处不再赘述。α_0 为截距项，$\alpha_1 - \alpha_8$ 为解释变量的回归系数，γ_i 表示与时间无关的个体特定效应项，η_t 表示仅随时间变化的时间效应项，ε_{it} 表示与解释变量无关的随机扰动项。

2. 数据来源

此处使用的是 2009~2017 年全国 30 个省份不同指标的面板数据进行回归分析，[①] 在对上述数据进行豪斯曼检验后发现，拒绝原假设，即认为在此使用固定效应模型更为合理。因此构建固定效应模型分析因变量与自变量间的影响关系。本部分主要对中央财政、省级财政城乡低保支出责任的影响因素进行分析，相关指标数据分别来源于 2010~2018 年《中国统计年鉴》《中国民政统计年鉴》《社会服务发展统计公报》《中国财政年鉴》。

（三）实证结果分析

1. 中央财政社会救助支出责任影响因素的回归结果分析

通过固定效应的多元回归分析，结果如表 6-7 所示，发现在全国范围内，经济发展（*Per GDP*）与中央财政的城乡低保支出责任承担呈现反向关系，也就是说，经济发展越好的地方，中央对其城乡低保的支出责任越小，并且 *Per GDP* 提高 1 个百分点，中央的支出责任可以下调 4.89 个百分点，在 10% 的水平上显著。财力指标的一般公共预算与中央支出责任也出现反向关系，且 *FIP* 提高 1 个百分点，中央的支出责任可以下调 5.92%。另外，财政

---

① 由于西藏部分数据不可获得，本部分用到的数据不包括西藏。

匹配度的回归结果发现，财政匹配度与中央支出责任呈现互相关关系，且财政匹配度提高1个百分点，中央支出责任下降3.81%。从这三个指标看，经济发展、地方的一般公共预算以及财政匹配度能充分体现一个地方政府的财政实力，对于城乡低保这种由央地政府共同承担支出责任的基础公共品来说，具体责任的划分主要由经济发展和财政实力多寡来决定，这可以解释我国对于经济发展水平不同地区中央财政对城乡低保支出责任承担不同根本性原因。

表6-7　　　　　中央财政城乡低保支出责任的影响因素的回归结果

被解释变量 ZC	回归系数	t	$P > \lvert t \rvert$
PerGDP	- 0.048941	- 1.55	0.091
FIP	- 0.059182	- 8.51	0.000
MA	- 0.038084	- 2.23	0.027
FI	- 0.120113	- 3.12	0.002
FD	0.220125	3.75	0.000
SAN	0.0271904	7.13	0.000
RCON	- 0.016064	- 3.89	0.000
SCON	- 0.017912	- 2.59	0.011
_Cons	0.898764	16.50	0.000

组内 R^2：0.8795；F 统计量：202.26；样本数：270

如前所述，财政分权是财政收支划分程度的重要指标，就回归结果看，财政收入分权与中央的支出责任呈反向关系，财政收入分权提高1个百分点，中央的支出责任降低12.01%，而财政支出分权与其呈正向关系，财政支出分权提高1个百分点，中央的支出责任相应提高22.01%，且二者分别在5%和1%水平上显著。可以看出，财政收入分权提高了地方政府的财政收入水平，而财政收入水平的提高能增加地方对城乡低保支出的能力，降低中央的支出责任；然而财政支出分权却降低了地方政府城乡低保支出责任，需要提高中央的支出责任来弥补。也就是说，财政支出分权度的提高，提升了地方政府支出自由度，但地方政府并未同步提高对城乡低保支出，是支出到经济发展等领域而非投资到包括城乡低保在内的基础公共品及公共服务领域。

对于城乡低保需求的回归结果发现：第一，低保保障人数的回归系数为正，说明需要低保的人数越多，中央承担的支出责任越大，具体表现为低保人数提高1个百分点，中央的支出责任提高约2.72%，且在1%水平上显著。

第二，城乡居民消费水平的回归系数均为负。可以看出，城镇居民、农村居民消费水平提高1个百分点，中央的支出责任分别降低约1.61%和1.79%，并且均在1%的水平上显著。这也就说明，地区居民消费水平越高，地方经济越发展，地方承担城乡低保支出责任的能力越强，中央承担的支出责任会相应降低。

2. 中央财政对不同区域城乡低保支出责任影响因素的回归结果分析

如前所述，中央财政承担不同地区城乡低保支出责任不尽相同。为进一步探讨中央财政对不同地区城乡低保支出责任的影响因素，本部分采用分组回归的办法进行回归分析，其回归结果如表6-8所示。

表6-8　中央财政对不同区域城乡低保支出责任的影响因素的回归结果

被解释变量 ZC	东部回归系数（t）	中部回归系数（t）	西部回归系数（t）
PerGDP	-0.0186*	-0.0364***	-0.0390***
	(-3.35)	(6.49)	(-4.78)
FIP	-0.0541***	-0.1199**	-0.588*
	(-4.20)	(-2.28)	(-1.86)
MA	-0.0299*	-0.1301*	-0.0591***
	(-4.53)	(-2.20)	(-2.65)
FI	-0.0314***	-0.1701*	-0.1905*
	(-2.76)	(-1.89)	(-1.93)
FD	0.0595***	0.0821*	0.2310***
	(3.40)	(2.19)	(2.87)
SAN	0.0741***	0.0229*	0.0860*
	(5.11)	(1.98)	(1.80)
RCON	-0.1178**	-0.3076**	0.1684*
	(-2.40)	(-2.30)	(1.75)
SCON	-0.0026**	0.1597	0.0150
	(-2.51)	(0.91)	(0.08)
_Cons	0.3312	1.2389***	0.8541***
	(1.79)	(3.59)	(6.22)
R^2	0.8692	0.5714	0.6138
F值	69.98	9.67	14.52
样本数	99	72	99

注：*、**、***分别代表0.1、0.05、0.01水平下显著，括号内的值为t值。

首先，就经济发展与财力的回归结果看，均呈负相关关系，即经济发展越好，中央财政的城乡低保支出责任越会下降，这与前面的结论一致。所不同的是，不同区域经济发展和财力提高对中央承担的具体支出责任影响不尽相同。其中，东部 *Per GDP* 提高 1 个百分点，中央支出责任下降 1.86%，中部下降 3.64%，西部下降 3.90%，且一般预算收入和财政匹配度也呈现类似现象。出现这样的情况，说明了两个问题。第一，由于东部城乡低保主要采取地方负责型，中央承担较小的部分，为此随着经济发展，财力的不断变化，对中央承担的支出责任变化就会小很多，而中、西部不一样，属于中央负责型，一旦经济发展加快，财政实力加强，财政匹配度增强，中央承担的支出责任下降的变化就相应多。第二，这种不相关并不是无限的，而是在一定变化区间存在一定的底线，受制于城乡低保属于地方与中央的混合产品的基本属性。

其次，就不同区域财政分权的回归系数看，也会出现上述的规律，即财政收入分权提高可以降低中央财政的城乡低保支出责任，东部财政收入分权提高 1 个百分点，中央的城乡低保支出责任下降 3.14%，中、西部分别下降17.01%、19.05% 个百分点。再看财政支出分权，财政支出分权度的提高并未降低中央财政城乡低保支出责任，反而促使其提高；东部财政支出分权提高 1 个百分点，中央支出责任承担提高 5.95%，中、西部分别提高 8.21%、23.10%，超过财政收入分权的影响程度。可见与上述情况一样，这里存在一个悖论，财政收入分权提高能促进地方对包括城乡低保在内的公共服务的提升，然而财政支出分权却拉低地方政府公共服务的投入水平，这就需要探讨建立合理的财政分权度，既能提高地方财政收入的自由度，又能规范和适当限制地方政府的支出范围，调整财政支出的结构。

三、地方财政城乡低保支出责任划分的影响因素分析

（一）模型构建

此部分主要探讨地方财政承担城乡低保支出责任的影响因素，通过前文中央财政城乡低保支出责任的影响因素的回归分析，均发现财政收入分权能降低中央支出责任，财政支出分权反而提高中央的支出责任。为了更好地诠

释这一问题，此部分在其他变量不变的基础上，加入了政府投资竞争这一因素，主要讨论地方政府在发展经济发展投入和在城乡低保在内的民生投入之间的选择行为。模型构建如下：

$$Y_{it} = \beta_0 + \beta_1 PerGDP_{it} + \beta_2 FIP_{it} + \beta_3 FI_{it} + \beta_4 FD_{it} + \beta_5 MA_{it} + \beta_6 SAN_{it}$$
$$+ \beta_7 RCON_{it} + \beta_8 SCON_{it} + \beta_9 COM_{it} + \gamma_i + \eta_t + \varepsilon_{it} \qquad (6-4)$$

其中，Y_{it} 表示因变量，为各省地方财政城乡低保支出责任；COM_{it} 代表第 i 省第 t 年地方政府的竞争投资，用第 i 省第 t 年利用外资额占该省当年固定资产投资实际到位资金比重表示；其余各自变量上文已经描述此处不再赘述。β_0 为截距项，$\beta_1 - \beta_9$ 为解释变量的回归系数，γ_i 表示与时间无关的个体特定效应项，η_t 表示仅随时间变化的时间效应项，ε_{it} 表示与解释变量无关的随机扰动项。

（二）实证结果分析

此部分实证主要涉及两个部分：地方财政城乡低保支出责任影响因素的回归结果分析；对不同区域地方财政城乡低保支出责任影响因素的回归结果分析。

1. 地方财政城乡低保支出责任影响因素的回归结果分析

如前文理论部分所述，无论是基于地方政府职能优势，还是缘于信息不对称带来的地方政府在博弈中可能采取夸大低保保障任务而博取中央的转移支付，地方政府在城乡低保的供给中，均需承担与经济发展、财政实力相适应的支出责任。通过以上模型回归分析可知，如表 6-9 所示。

表 6-9 地方财政城乡低保支出责任划分影响因素的回归结果

被解释变量 ZC	回归系数	t	$P > \mid t \mid$
PerGDP	0.0491	1.61	0.105
FIP	0.0592	6.82	0.000
MA	0.0360	2.10	0.037
FI	0.1112	3.10	0.003
FD	-0.0811	-3.60	0.000
COM	-0.0391	-2.10	0.030
SAN	-0.0261	-5.60	0.000

续表

被解释变量 ZC	回归系数	t	P > |t|
RCON	0.1597	4.12	0.000
SCON	0.1670	2.44	0.015
_Cons	0.0501	0.81	0.437

R^2: 0.8931；F 统计量：190.52；样本数：270

第一，就 Per GDP、FIP、MA 三项的回归系数看均为正，说明地方经济发展、财政财力与地方承担城乡低保支出责任呈正向关系，即地方经济越发展，财政财力越强，其承担城乡低保的支出责任就越大。其中，Per GDP、FIP、MA 分别提高 1 个百分点，地方政府承担的支出责任分别提升 4.91%、5.92%、3.60%。这充分说明，像城乡低保此类由央地政府共同提供的基础公共品，在划分具体支出责任时，经济发展、财政实力是主要考虑的因素之一。当然，正如前文所强调的，这种责任并不是无限放大的，而是在既定的划分框架下调整。

第二，从财政收入分权与财政支出分权的回归系数看，分别呈现正相关与负相关的结果，即财政收入分权度的提高有利于提升地方政府承担城乡低保的支出责任，而财政支出分权度的提高反而降低地方政府的城乡低保支出责任，这在很大程度上可以归结为地方政府支出结构的选择偏好。为此，结合政府的投资竞争 COM 的回归系数发现，地方承担社会救助支出责任与政府投资竞争之间存在互相关关系，即地方政府投资竞争提高 1 个百分点，地方城乡低保支出责任降低 3.91%，且在 5% 的水平上显著。这更充分说明了一个事实，即便是近年来强调民生领域的投入，尤其加大城乡低保工作的投入，促使经济社会发展成果全社会成员共享，但与地方经济发展，争取利润高回报好的项目相比，政府还是存在以吸引外资为中心，不遗余力发展经济，搞项目投资，而对于诸如城乡低保这种最底线的民生支出，地方政府表现出"让步"的状态，甚至存在不惜牺牲贫困人员福利来挤占城乡低保支出，从而降低其应当承担的城乡低保支出责任。

第三，从城乡低保保障人数的回归系数看，该系数为 - 2.61%，且在 1% 水平上显著，表明城乡低保保障人口提高 1 个百分点，地方政府承担的支出责任就会下降 2.61 个百分点，且在 1% 水平上显著。该结论看似背离常识，即保障人口增加，地方承担的支出责任应该提高。实则不然，其原因基于此，地区的保障人口与地区的经济发展、财力水平呈现负相关关系，即城乡低保人口集聚越多的地区，经济发展越落后，财政实力越薄弱，越应该减轻其保障的支出责任。该结论有力地解释了中央财政对中、西部，尤其是西部地区的城乡低保支出责任承担更多的根本原因所在。

2. 不同区域地方财政城乡低保支出责任影响因素的回归结果分析

前文分析了地方财政城乡低保支出责任的影响因素，然而针对经济发展、财政实力、低保保障人口分布呈现巨大差异的不同区域，类似结论是否成立，与之相比影响程度又怎样？是加强抑或是减弱？为此，此处亦将通过分组的固定效应多元回归方法进行深入分析，其回归结果如表6-10所示。

表6-10　不同区域地方财政城乡低保支出责任划分影响因素的回归结果

被解释变量 ZC	东部回归系数（t）	中部回归系数（t）	西部回归系数（t）
PerGDP	0.0209	0.0450 ***	0.0621 ***
	(0.50)	(6.53)	(4.94)
FIP	0.0408 ***	0.0511 **	0.1037 **
	(3.59)	(2.01)	(2.09)
MA	0.2687	0.1406 *	0.0450 **
	(0.36)	(2.25)	(2.00)
FI	0.3101 ***	0.7002 *	0.0607 *
	(2.79)	(1.69)	(1.45)
FD	-0.6078 ***	-0.1031 *	-0.1901 **
	(-3.29)	(-1.81)	(-2.20)
COM	-0.0710 **	-0.0291 **	-0.0269 **
	(1.64)	(-2.39)	(-1.82)
SAN	-0.0681 ***	-0.540194 ***	-0.2611 **
	(-4.68)	(-4.40)	(-2.10)
RCON	0.1267 **	0.3571 ***	0.1681 *
	(2.40)	(2.70)	(-1.81)
SCON	-0.0059	-0.1108	-0.0250
	(-0.05)	(-0.60)	(-0.12)
_Cons	0.6483 ***	-0.1694	0.1237
	(3.50)	(-0.50)	(0.86)
R^2	0.8754	0.5927	0.6401
F 值	64.15	9.63	14.38
样本数	99	72	99

注：* 、** 、*** 分别代表0.1、0.05、0.01水平下显著，括号内为 t 值。

第一,从经济发展的三个指标的回归结果看,其回归系数均为正,与前面的结论相吻合,即地区经济发展会促使其城乡低保支出责任的承担,并且影响程度西部最深,中部次之,东部较弱。这充分说明,对于中、西部尤其是西部地区来说,提高包括城乡低保在内的基本公共服务水平,还需要大力发展地方经济,这其中要增强经济发展促进地方公共服务的供给能力,不单一追求经济发展而忽略甚至是牺牲民生的投入,尤其是对于城乡低保此类底线民生投入,确保城乡低保群体合理的最基本的生存需要。

第二,就财政分权与政府投资竞争的回归系数看,均呈现与上述相似的结论,并均通过了显著性检验,说明重经济发展而轻城乡低保支出是不同区域间的普遍问题,而非个例现象。其中,由财政分权引发的政府投资竞争的回归系数均为负数,并在5%的水平上显著。就具体数值看,东部政府投资竞争提高1个百分点,地方政府承担的支出责任下降7.01%,中、西部分别下降2.91%和2.69%。说明东部地区由于分税而引发的地方政府投资竞争的现象更为严重,这种政府支出行为的偏好异化,从另外的视角解释了一些学者提出的某些经济发展较好的省份,如上海、广东等地方,城乡低保保障水平并未同步提高的原因,也正是即使经济发展再好,中央财政在城乡低保方面也必须承担一定支出责任的根本原因。因此,加大民生保障力度的考核权重,规范约束地方政府的支出行为,并加强监督其资金使用管理环节,是当前及未来工作的关键所在。

四、结论

为了更好地完善城乡低保支出责任划分,本章还运用30个省2009~2015年的省级面板数据,构建固定效应的多元回归模型继续分析城乡低保支出责任划分影响因素。得出的主要结论如下:

央地财政的城乡低保支出责任划分应该坚持与地区经济发展、财政能力、城乡低保需求紧密联系,发现由财政分权引发的政府投资竞争比较激烈,从而导致政府重经济发展而轻民生服务的财政支出结构异化。

第七章　国外城乡低保支出责任划分的借鉴与启示

"他山之石，可以攻玉"。纵观国内外，国家不同政府间的组织形式大致分为单一制和联邦制两种，针对不同的组织形式，城乡低保事权与支出责任划分的一般规律和独特之处在何处？优缺点何在？以及对我国的划分又有何借鉴意义？为此，本部分通过深入剖析典型国家和不同国家最低生活保障事权与支出责任划分的一般规律及独到之处，比较和借鉴其划分模式及做法。需要指出的是，由于各国情况不同，对最低生活保障制度的说法不尽相同，但均以保障公民最低生活需要为核心。为此选取英国、日本、美国、德国为代表，通过全面重点分析其社会救助发展情况、管理体制、财政体制、事权与支出责任划分等具体模式，在此基础上，深入分析 20 个国家社会救助支出责任划分的大致做法，提炼和归纳出社会救助事权与支出责任划分的基本模式，以期对探索我国城乡低保事权与支出责任划分提供反思和借鉴。

第一节　单一制国家的社会救助央地事权与支出责任划分

一、英国社会救助制度事权与支出责任划分

（一）英国社会救助制度的基本概况

从历史纵向维度也好，从欧洲社会的横向视角看也罢，英国的社会救助

建构始终走在前面，从 1601 年《伊丽莎白济贫法》到 1942 年的《贝弗里奇报告》再到 1948 年的《国民救助法》至今，英国已经建立起多层次、广覆盖的社会救助制度，成为名副其实的高福利国家。主要包括收入支持、住房救助、求职者津贴、医疗救助、法律援助、就业等相关津贴。本书只介绍部分扶助。

收入支持是社会救助制度的核心内容，它是为那些病残者、单亲父母、养父养母、60 岁以上且收入低于最低收入水平的困难群体。[①] 该群体没有被要求就业的限制，但必须接受严格的家计调查；住房救助是指对那些处在收入支持规定标准以下群体，均具有获得全额住房补贴的权利，并根据不同的年龄、单身、单亲情况获得的补贴标准不同，需要指出的是，这里的住房补贴是租房补贴而非购房补贴。

求职津贴，1995 年英国颁布了《求职法》，其目的是鼓励那些失业者积极寻找工作或者是每周工作时间不少于 16 个小时的人，需要指出的是，为缓解高福利政策带来的挫伤救助者的劳动就业积极性，就业意愿对求职津贴的重要性不断得到有力的正强化。[②]

英国的国民保健宗旨是建立真正为国民健康负责的国民保健制度，在此背景下其医疗救助属于健康服务型，主要涉及重残、残疾生活、护理等津贴，无须家庭收入调查。

法律救助，这是英国社会救助制度的又一大特色之处，包括刑法救助和民法救助。1974 年《法律救助法案》对刑法救助做了统一规定，只有在法院认为被告人的经济能力不能承担相关费用时才能适用刑法救助。对于民事救助需要经过卫生和社会保障部审查经济情况，再由法律社会救助署审查案情，对审查理由充分的，给予法律援助，可以免费选择诉状律师或代理人，但如果败诉，他必须支付全部或者是部分费用。

需要明确的是，对于诸多不同的社会救助项目支出，政府是主要的责任承担主体，每年英国政府通过财政预算安排社会救助资金，其来源为一般税收收入。

---

① Maureen Back and David Tippin. Povery, Social Assistance, and the Employability of Mothers: Restructuring Welfare States [M]. Toronto University Press, 1999.

② 刘苏荣. 战后英国社会救助制度研究 [M]. 昆明：云南大学出版社，2015.

（二）英国社会救助制度的管理体制

英国是一个历史悠久的单一制国家，实行的是地方分权型的单一制国家结构形式。即中央政府集中了国家的最高权力，授权地方政府权力，同时实行地方分权充分保证地方政府的相对独立性。在此背景下，从 1929 年开始，《英国地方政府法》将社会救助的管理划归公共救助委员会，社会救助成为地方政府工作的一部分，其管理呈现地方化特征。在具体管理机构上，几经变化。1966 年，国民救助主要由社会保障部管理，具体由社会保障部的津贴发放机构负责，其主要职责是审核社会救助申请人的申请资料，并按法律规定管理和发放津贴，英国共设 22 个地区局，每个地区局设 7～8 个办事处，下级政府的社会救助管理机构均是中央政府管理机构的派出机构。具体流程为：区办事处先对申请人的申请资料进行调查、核实，将符合条件的申请人资料提交给地区局审核，地区局对其进行待遇计算，报送社会保障部的津贴发放机构，最后将所需救助款项拨付给银行或者邮局支付给被救助者。① 这里需要支出的是，英国社会救助制度的贫困标准统一由议会规定，议会每年都会根据工资和物价做出相应调整。这种自上而下，以中央政府集中管理为主的管理体制和高度统一的贫困标准线可以看出英国社会救助具有高度的均等化特征，公平性和正义性得到充分的体现。

（三）英国社会救助事权与支出责任划分

如前所述，英国社会救助支出的承担主体是国家政府，来源主要是税收收入，这就决定其具体的事权和支出责任划分是在财政体制背景下完成。英国作为单一制国家，主要由三级政府构成，其财政体制表现为高度的集权化。对中央和地方政府事权划分比较明确，主要根据有关法律法规、行政命令等手段，规定政府提供公共产品及公共服务的事权。同时，中央政府通过立法的形式规定地方政府提供公共服务的项目及最低标准，通过绩效考核的方式对地方政府事权履行进行监管，并采用财政手段对其进行奖惩。其中，中央政府主要承担国防、外交、高等教育、社会保障、国民健康和医疗、中央政府债务还本付息及对地方的补贴，地方政府主要用于中小学教育、地方治安、

---

① 王卫平，郭强. 社会救助学［M］. 北京：北京群言出版社，2007.

消防、公路维护、住房建筑、防范灾害、地区规划、对个人的看护与护理服务以及少量地方公共基础设施投资。体现在具体的支出责任划分上，根据财政部公共支出统计分析报告数据（Public Expenditure Statistic Analysis, PESA），如表 7 - 1 所示，英国中央政府支出责任绝对占主要部分，达到77.2%，地方为22.8%。就社会保障的几个主要项目看，中央完全承担养老保险的支出责任，几乎完全承担医疗保险支出责任，在福利支出上，其承担的支出比例也达到50.14%。需要指出的是，英国这种高度集权的以中央为主导支出责任的模式，以具有高度集权的财政收入模式为后盾。在英国，财力主要集中在中央政府，同时中央严格控制地方税收的税种、税率，据统计中央预算收入通常要占到整个预算收入的80%，并对地方财政支出严格设限，确保中央宏观调控力度的有效性。

表7-1　　英国中央政府与地方政府各项公共支出情况（2014年）

项目	中央财政支出（亿英镑）	地方财政支出（亿英镑）	中央支出比重（%）	地方支出比重（%）
养老保险	1498	0	100.00	0.00
医疗保险	1312	29	97.84	2.16
教育	387	455	45.96	54.04
国防	453	1	99.78	0.22
福利支出	557	554	50.14	49.86
公共安全	153	146	51.17	48.83
交通	106	82	56.38	43.62
一般公共服务	94	44	68.12	31.88
其他支出	743	388	65.69	34.31
利息支出	454	7	98.48	1.52
结转	17	0	100	0
合计	5774	1706	77.2	22.8

资料来源：GOV. UK：How government works［EB/OL］. https：//www. gov. ukunderstand-how-your-council-works/types-of-council.

具体体现在社会救助支出责任划分方面，更充分体现出这种高度的集权化。正如前文所述，在英国，救助贫困线标准由议会统一制定，使得包括收入支持、医疗救助、就业援助等在内的社会救助项目几乎完全由中央政府提供，就连住房救助，中央政府支出责任也占绝对主导地位（见表7-2），住房救助的支出责任中央承担80%左右的比例，并且这种趋势随着几次分权运动的开展并没有实质性减弱。地方政府只对临时救助承担部分支出责任，主要承担更多的社会救助具体管理和执行事务。

表7-2　　英国央地政府承担住房救助支出责任情况（1949~1979年）

年份	中央政府住房津贴支出		地方政府津贴支出（百万英镑）	总计（百万英镑）	中央支出比例（%）	地方支出比例（%）
	拨给地方当局（百万英镑）	拨给住房当局（百万英镑）				
1949~1950年	34	2	14	50	72	28
1964~1965年	89	9	35	150	76.77	23.33
1973~1974年	299	44	89	432	79.4	20.60
1976~1979年	987	171	185	1343	86.22	13.78

资料来源：根据 GOV. UK. "How government works" 的数据整理。

像英国这种基本上完全由中央政府承担社会救助支出责任，在管理上也体现中央政府集中型管理模式的国家，的确能强有力地确保不同区域间社会救助服务无差异的提供，从而有效回避由于社会救助政策福利不同而引发"福利磁铁"等诸多移民问题。为更好发挥中央政府这种监管作用，在中央政府的社会保障部中，社区与地方政府部设有协调部，专门负责地方政府社会救助事务协调中央与地方的关系，履行中央政府监督地方政府社会救助开展的工作绩效与政策执行情况。必要时，该协调部长可根据相关的法律规定通过适当的手段直接干预地方政府的政策与运作。然而即便如此，该模式也面临"贫困陷阱"的尴尬，陷入"贫困—获得社会救助—维持贫困"恶性循环的境地而难以自拔。例如，1998年，有20%的英国人生活在贫困线下，而在1997年这个数字仅为10%，使得当时英国福利大臣菲尔德不得不承认，英国的社会救助只能让生活贫困的民众维持基本生活，而没有鼓励困难民众工作意愿的功能。[①] 由此可见，中央财政包揽全部社会救助支出，地方在相对集中的管理体制下仅负责执行具体事务，不涉及自身财政支出，且管理自主性有限的情况下，其努力控制社会救助支出规模和支出人数的动机相应就

---

① Maureen Back and David Tippin. Povery, Social Assistance, and the Employability of Mothers: Restructuring Welfare States [M]. Toronto University Press, 1999.

打上折扣。当然，中央政府对地方政府的行为严格监管，但社会救助实施过程中涉及诸多具体复杂、琐碎多样的问题，鉴于自身的能力和监管的成本，中央政府对地方政府在社会救助过程中的"不良行为"显得无能为力。

二、日本生活保护制度事权与支出责任划分

（一）生活保护制度的基本概况

在日本，社会救济制度被称为"生活保护制度"，最早可追溯到 701 年的打包律令，相对而言，真正意义上的社会救济的萌芽诞生于 1874 年的《恤救规则》，几经变迁，直到第二次世界大战结束以后，由于战争带来的灾难使得日本面临大量的难民和贫困人口，迫使出台了《生活保护法》，并载入宪法。按照日本《宪法》第 25 条规定，所有国民都拥有过上健康文明的最低生活权利，所谓"最低生活权利"是指国家对那些运用资产和能力等所有手段后生活依然困窘的群体，根据其困窘程度提供基本收入，以保障其过上最低限度的健康、文明的生活，并帮助被保护者自立的制度。可以看出，作为最后一道"安全网"防线，国家有责任、有义务对生活处在最低限度的困窘群体提供最低限度的生活保护。为了提供这种最低限度的生活保护，日本政府通过生活扶助、住房扶助、教育扶助、护理扶助、医疗扶助、生育扶助、就业扶助、殡葬祭祀扶助八种扶助实现。

生活扶助是社会保护的最基本、最核心内容，主要是为了维持最低限度以下生活困难者的日常生活所需的基本支出。日本按照地区不同将全国分为 3 级六类地区以确定不同的生活扶助金额，即按照大城市（1 级地区的 1 类 2 类）、县政府所在地区等地方城市（2 级地区的 1 类和 2 类）、其他地区（3 级地区的 1 类和 2 类），包括必需的伙食、衣物、家具等支出以及移动所需支出。① 除此之外，还针对孕妇、母子家庭、身体残障者、老人等由特殊需要者给予专门的附加资助。

医疗扶助。在日本，医疗扶助作为生活保护比较重要的部分，是专门针对生活最低限度的被保护者的疾病保护的制度，其主要包括诊疗、药材、治

---

① 《生活保护法》第 19 条。

疗设备、手术、居家疗养、住院治疗等诸多形式，一般是在指定医疗机构通过医疗给付的实物给付形式支付，采取交付医疗券的方式。

教育扶助。日本是最重视教育的国度，在这里孩子一出生便能得到儿童津贴，虽然各地有差异，但一般都可以拿到小学毕业，尤其是低收入家庭的学龄儿童，申请"就学支援生活扶助"即教育扶助，便可以获得就学的大部分费用，这些费用主要包括教育过程中所必需的教材等学习用品、伙食、交通等各种费用。

就业扶助。相较北欧国家而言，日本福利水平属于中税金中福利国家，即便如此，却是亚洲国家中福利制度最健全的国家，为激发最低生活限度的有劳动能力的被保护者参加就业，政府对享受生活保护的条件和门槛比较严格，专门成立"自立支援计划"，对加入该计划的受助者如果不积极配合，故意不参加或拒绝参加培训及工作介绍的，会被取消享受生活保护的待遇。同时，高度重视失业扶助投入，对符合条件积极参加就业的困难者提供经营开业所必需的资金、技能学习费、就职准备费等，其目的是鼓励就业劳动，拒绝懒汉行为滋生。

（二）生活保护的行政管理体制

日本《生活保护法》规定，国家是八项扶助的责任人，其行政主体是厚生劳动省大臣，事务承担行政机构为劳动省中设立的社会援护局。[①] 然而，基于生活保护是与具体辖区的生活最低限度居民的利益直接相关，社会援护局只能通过委托的形式将具体的保护事务摊派到各个地方政府来实施，体现的是生活保护地方化的特点。日本生活保护的管理体制划分如图 7-1 所示，处于最顶层的是厚生劳动省为最高负责人（机构），主要负责法定事务委托、生活保护制度设计、标准制定、检查指导、指正建议等；次层级是都道府县知事以及指定的都市市长，特别区区长是第二层的责任人，其具体实施机构主要是都道府县知事以及指定的都市市长、特别区区长下设的民生主管部（局），主要负责本辖区内生活保护制度的统筹管理，负责指导和监察本辖区内生活保护制度的实施；第三层级的生活保护实施机构主要是民生主管部（局）所委托的社会福利所，为具体的业务开展的实施机构；第四层级是町

---

① 宋健敏. 日本社会保障制度 ［M］. 上海：上海人民出版社，2012.

村（村长），为生活保护的辅助机构，负责资料收集、推荐、配合进行家计调查等事项，这里的民生委员是协助机构，与福利事务所和町村构成协助关系。由此可见，日本生活保护正是按照层层管理，逐层委托，直到社会福利所，这个过程中，每一层级均有自身明确的职责和任务。

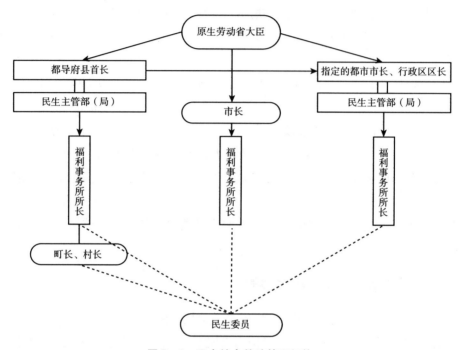

图7-1　日本社会救助管理机构

资料来源：笔者根据资料整理。

（三）生活保护的事权与支出责任划分

与我国极其相似，日本是中央集权的国家，其财政管理体制实行的是中央集权与分权相结合。就事权划分而言，《日本地方自治法》采用"概括授权"的方式，原则性地规定了不同层级政府间的事务。其中，事关国家主权、外交、国防、制定地方自治的基本准则、宏观政策、实现和维持基本公共服务均等化，主要由中央政府负责，事关地域性的行政事务均由地方政府承担。[①] 在税收权

---

① 寇铁军. 政府间事权财权划分的法律安排——英、美、日、德的经验及其对我国的启示 [J]. 法商研究，2006（5）：130-137.

限和税种划分方面，为确保中央政府的宏观调控，日本实行税收集中制，但也赋予地方较大程度的税收自治权，中央、都道府、市町村均有自身较为独立的税种（见表7-3）。在具体收入比例上，央地政府的分配结构大约为"六四开"，而在支出结构大致为"三七开"，地方政府较大的支出缺口主要通过中央转移支付加以补充。

表7-3　　　　　　　　日本三级政府公共事务事权划分情况

政府层级	公共事务事权划分	税收权限及税种划分
中央政府	外交、防卫、司法、高等教育、社会保险、生活保护、货币、关税、宏观经济政策制定与调整等	个人所得税、法人所得税、关税、遗产税、赠与税共25种
都道府县	基础教育、生活保护（町村）、儿童福利、老人福利、地区经济社会发展政策制定与调整等	都道府县居民税、事业税、汽车税、不动产购置税等15种
市町村	消防、户籍、基础教育、生活保护（市）、儿童老人福利、所辖区经济社会发展政策制定与调整等	市町村居民税、不动产税、矿产品税等17种

　　财政运行和行政管理体制是生活保护制度顺利实施的重要手段，深刻影响着生活保护事权和支出责任划分。可见，在日本生活保护属于中央和地方共同负责的事务，在具体事务的管理上，主要由都道府县和市町村共同管理。其实，日本《宪法》专门有规定，生活保护制度原则上主要由中央政府承担，但《宪法》也规定市町村、都道府县地方政府对所辖区域内的居民也具有提供福利义务，需承担一部分费用。鉴于此规定，日本生活保护支出责任按照中央和都道府县共同承担，具体的支出责任划分比例根据不同性质采取不同的比例。如表7-4所示，日本生活保护的支出责任是以中央政府为主，同时中央政府还规定，根据地方政府在社会保护实施过程中的绩效表现，以奖惩的形式适当微调其具体的支出比例。

表7-4　　　　　　　　日本生活保护央地支出责任划分

政府层级	保护费	设施建设费	委托事务费	设备费
中央政府	3/4	3/4	3/4	1/2
地方政府（市町村、都道府县）	1/4	1/4	1/4	1/2

　　资料来源：根据宋健敏. 日本社会保障制度［M］. 上海：上海人民出版社，2012年的相关内容整理。

　　在此划分模式下，2000~2011年，日本中央与地方政府间关于社会保护

支出责任的具体数额如表 7 - 5 所示，日本国库平均支出责任比例为
72.49%，地方政府的平均支出责任比例为 27.51%。其中，国库支出责任比
例最高为 75.72%，最低为 63.46%。当然相对英国而言，日本中央的社会救
助的支出责任要低得多。

表 7-5　日本国库与地方财政生活保护央地支出责任情况（2000~2011 年）

年份	社会救助支出总额 （亿日元）	国库支出 （亿日元）	地方支出 （亿日元）	国库支出占比 （亿日元）	地方支出占比 （%）
2000	19393	12306	7087	63.46	36.54
2005	25942	19230	6712	74.13	25.87
2007	26175	19820	6355	75.72	24.28
2008	27006	20053	6953	74.25	25.75
2009	30072	20969	9103	69.73	30.27
2010	29823	22388	7438	75.07	24.94
2011	34734	26065	8669	75.04	24.96
均值	27592	20119	7474	72.49	27.51

資料来源：根据宋健敏. 日本社会保障制度 [M]. 上海：上海人民出版社，2012 年的相关内容
整理。

在现实运行中，日本生活保护制度的事权管理采取模式为"正三角形"，
其具体的实施机构主体为地方政府，而支出责任划分呈现"倒三角形"模
式，中央承担高比例的支出责任是生活保护制度良好运行的保障，但实践中，
这种模式也出现一些诸如地方政府缺乏抑制生活保护费支出的足够动力、道
德风险等问题。[①] 在资格审查过程中，被保护者的资料未能被认真、仔细、
准确地确认，救助者的精准识别度不高，甚至出现地方机构夸大救助任务而
博取更多中央财政支持的现象。于是一些学者认为，当今日本生活保护关于
央地财政支出责任划分中，在保证全国统一的生活保护政策理论的前提下，
开始反思如何适当考虑"用脚投票"的问题，生活保护的内容是否需要地方
特色？如果需要，优越的社会救助带来异地人口不断流入而加剧地方财政负
担又如何破解？[②]

---

① 宋健敏. 日本社会保障制度 [M]. 上海：上海人民出版社，2012.

② 杨立雄，于洋，金炳彻. 中日韩生活保护制度研究 [M]. 北京：中国经济出版社，2012.

第二节　联邦制国家的社会救助事权与支出责任划分

一、美国社会救助事权与支出责任划分

（一）美国社会救助的概况

贫困对富裕的美国而言，并非稀罕之事，但也是普通社会共同关注的常事大事。20 世纪 20 年代末、30 年代初，美国遭遇经济危机的重创进入大萧条时期，通货膨胀与失业率陡升曾使美国社会陷入混乱之中，截至 1933 年，美国失业人口高达 1283 万人，美国超过一半以上的家庭处于贫困线以下。①在此背景下，罗斯福政府 1929 年签署了《联邦紧急救助法》，主要包括儿童、妇女、老年退休、失业补偿以及残疾人救助，于 1935 年颁布了第一部世界范围内具有完整意义的《社会保障法》，将社会救助一并纳入社会保障体系中。至此，由政府主导社会救助制度得以建立，结束了美国社会救助主要依靠慈善机构、社会团体等民间组织提供的时代。20 世纪 60 年代，美国发起与"贫困作战"的倡议，提倡社会救助不仅要解决贫困群体的最低基本生活，还要实现摆脱贫困，于是通过《个人责任与就业机会调整方案》，强调给予穷人就业机会、工作参与，但也难以缓解美国社会救助巨大开支带来的财政压力。2009 年，美国有贫困人口 4360 万人，占美国总人口的 14.3%，2012 年，这一数字继续攀升到 4620 万人，占美国总人口的 15%，为此美国财政开支数千亿美元。②

目前，美国社会救助大致包括现金救助项目与非现金救助项目。其中，现金救助项目主要包括：一是抚养未成年儿童家庭救助（AFDO），主要针对单亲家庭、失业父母或丧失劳动力家庭的未满 18 周岁孩子提供现金援助；二是贫困家庭临时援助（TANF），这一项目是在 AFDO 项目的基础上，对单亲父母、失业父母提供的救助，并对受助者的受助时间和工作时间具有严格的

---

① 黄安年. 富兰克林·罗斯福和 1935 年社会保障法 [J]. 世界历史，1993（5）：37 - 46.
② 朱一丹. 社会救助制度的中外比较研究 [D]. 长春：东北师范大学博士学位论文，2015.

限制，即每月不少于 60 个小时、每周不少于 20 个小时，否则，无法享受这一救助；三是补充性保障收入项目（SSI），其救助对象是 65 岁以上的贫困老人或伤残群体。

非现金救助项目主要包括食品券（Food Stamp）、医疗救援（Medicaid）、住房补助（House Relief）。其中，食品券是专向无收入或低收入的老人、残疾人发放的食品购物券，该券必须到指定的食品零售商店，并只能购买规定的食品，如汉堡、牛奶、面粉等基本食物，不能购买如酒精、香烟、维生素、现场加工的食品等，如此严格的目的是要确保穷人获得基本的食物需求。医疗救援是 1965 年建立的，其目的是为那些低收入个人及家庭提供医疗服务支持救援，帮助无力支付医疗保健费用贫困者，使其能享受基本的医疗卫生服务。住房补助主要是为解决穷人的住房问题，向低收入家庭提供租房补贴，分为政府建房和向私人房主提供一定租金。

（二）美国社会救助行政管理体制

美国社会救助管理体制实行的是联邦政府与地方政府共同管理的模式，但二者分工却有本质上的不同。联邦政府制定原则上的社会救助相关法律法规，框定整个社会救助发展方向和模式，在此基础上，由联邦政府统一制定贫困救助标准线，且每年根据经济发展和消费物价等因素进行一次调整，确保全国范围内社会救助的高度统一性和较高的均等化水平，进而促进社会的公平正义。地方政府主要负责按照联邦政府的要求和规定制定适合州或地方政府的社会救助法律及实施办法。1994 年，美国国会通过"社会保障机构独立"的议案，由其独立管理社会保障事务，社会救助正是由该部下设的公共救济局负责管理。同时，在各市、各州设立相对应的社会救济局（有些地方也称社会福利部），州、市的社会救济局承上启下，一方面接受联邦社会救济局的管理和领导，一方面对本辖区和下属地方政府的社会救助的规划和工作开展进行指导和管理。如图 7-2 所示。

（三）美国社会救助事权与支出责任

美国是财政联邦主义的典型代表国家，以财政分权为理论基础，处理联邦政府和地方政府间的财政事权与财权划分，并依据《宪法》具体规定事权划分。其中，联邦政府主要负责国防、军事、外交、发行国债、发行货币、

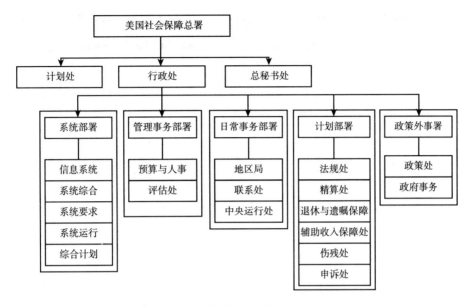

图7－2　美国社会救助机构设置

促进就业、调整收入差距、维护市场秩序、稳定物价、平衡贸易逆差、发展社会公共事业、完善社会保障系统、制定对州的转移支付制度等事务；州政府主要负责公路建设、公共福利提供、公用事业、州的还债付息等州辖区内的基本事务；地方政府主要负责土地管理、地方公共安全、地方公共设施建设及维修、家庭社区服务、健康服务及基础教育，还将基础教育、公共卫生、基础设施、公共事业服务等归为共同事权。① 美国《宪法》还规定，在宪法上单独列举出联邦事权，而未列举的其他权力归各州和地方政府，联邦政府具有"授予的权力"和"默示的权力"，而地方政府则具有"保留的权力"。从事权划分的具体内容可以看出，联邦政府、州政府和地方政府都有承担公共服务、社会管理、公民的教育和福利的责任与义务。

如此清晰规范的事权划分需要科学合理的财力划分作保障。在税权划分和财力配置方面，美国三级政府分别具有自身独立的财政税收法和主体税种及课税权，保证了各自独立的税源。其中，联邦税主要包括个人所得税、公司所得税、社会保险税、消费税、遗产和赠与税、关税等，其前三项是联邦税收收入的主要来源。州政府主要包括销售税、所得税、财产税、遗产税、

———————————

① 根据美国《宪法》第1~4条，第7~10条、第16条内容整理而得。

继承税、机动车牌照税等，其中以销售税为重。地方政府主要以财产税为主，辅之以销售税、个人所得税和其他税种，在财产税中又以房地产税为主导。需要注意的是，个人所得税、公司销售税、财产税是共享税，主要以税率分享形式征收。在具体分成上，联邦政府税收收入大致占税收收入的 50% 左右，州政府为 30% 左右，地方政府为 20% 左右，可见对联邦政府而言，税收相对集权，保证每年联邦政府的转移支付占州和地方政府支出的 36% 左右，尤其是地方政府，上级政府的补助几乎占据了其整个财政收入的一半，[①] 有力地推动了联邦政府通过对各州、地方政府的转移支付实行宏观调控，有效地促进了包括社会救助在内的公共服务均等化水平提升。

如前所述，社会救助制度作为"安全网"的最后一道防线，对美国经济社会的发展同样具有特殊意义，其占社会保障支出的比重基本保持在 35% ~40%，在发达国家中处于高位水平。[②] 正如前文所述，贫困标准线由联邦政府根据美国家庭规模和家庭收入情况统一设定，并每年进行一次新的调整。当然，各州政府具有根据辖区内经济发展水平、财政实力与物价水平对贫困标准进行认定的权力，不过其前提是不能低于联邦政府的最低标准线，有力地保证了社会救助制度的公平与公正。在具体事权和支出责任划分上，三级政府对各项目的事权与支出责任的承担不尽相同。主要表现为：

（1）贫困家庭临时援助，主要由联邦政府与州政府共同承担。其中，以联邦政府承担为主导，一般地，联邦政府承担的支出责任高于 50%，而州政府低于 50%。

（2）补充性保障收入是主要由联邦政府社会保障局管理、监督、执行的一种收入援助计划。其中，由联邦政府制定全国统一的救助标准，并承担主要的支出责任，由州政府和地方政府具体开展执行任务。

（3）食品券主要由联邦政府和州政府共同提供。

（4）医疗援助主要由联邦政府和州政府共同承担。其中，由州和地方政府承担主要责任，其支出责任大致处在 50% ~75%，而联邦政府承担约为

---

① 刘丽，张彬. 美国政府间事权、税权的划分及法律平衡机制 [J]. 湘潭大学学报（哲学社会科学版），2012，36（6）：4 –6.

② 任海霞. 中国社会救助财政支持研究 [D]. 北京：中央财经大学博士论文，2016.

25%～50%。

（5）教育救助。主要由联邦政府承担，体现了美国对教育的重视。

（6）临时援助。与我国一样，临时援助主要针对那些因灾、交通事故等一些意外事故导致的暂时陷入生活困境的群体，为其提供暂时的救援帮助，主要由州政府负责承担其支出责任。

二、德国社会救助事权与支出责任划分

（一）德国社会救助概况

德国社会救济制度可以追溯到中世纪，由当时的教会、手工业行会等向贫病者提供的救济，属于一种慈善行为。19世纪，工业革命在德国拉开帷幕，使得短时间内贫困人口数量激增，弱势群体生活环境每况愈下，社会矛盾不断加剧。在此背景下，19世纪80年代，德国首相俾斯麦建立了包括医疗、工伤、残疾、养老在内的社会保险制度，并由联邦政府承担其主要责任。就最低安全网的社会救助而言，1924年的《帝国救济义务条例》作为德国统一后第一部相关法律规定：社会救助仍然交由地方政府承担。[①] 第二次世界大战以后，1961年，德国制定了《联邦社会救助法》，明确制定由各州立法决定各州的社会救助的原则、救助形式、救助额度等。2005年的《联邦社会救助法》作为《社会法典》的第12部法律并入该法典，进一步明确社会救助作为社会安全网的最后一道防线，只针对那些没有就业能力或就业能力减损以及处于特殊困境的群体，为该群体提供合乎人尊严的最低生活保障。[②]自此，德国社会救助制度主要包括预防性健康救助、病人救助、计划生育救助、孕妇及产妇救助、肺病救济、护理救济、残疾人救济、老人救济、受训救济、盲人救济、在国外的德国人的救济等13个项目。可见，德国社会救助不仅作为一种人权纳入到法律的体系框架中，体现了救助群体的救助尊严，并且项目全而细，充分体现了德国深厚的、保守而温和的父爱主义关怀。

---

① 喻文光. 德国社会救助法律制度及其启示［J］. 行政法学研究，2013（1）：113－114.
② Eichenhofer. Eberhard：Sozialrecht［R］. 2007.

(二) 德国社会救助事权与支出责任

1. 三级政府的事权与支出责任划分

德意志联邦共和国《基本法》规定，德国政府由联邦政府、州政府、地方政府三级联邦体制构成，三级政府间关系总体可以描述为"适度集中、相对分散"。映射在财政体制上表现为管理权适度分散与控制权相应集中相结合，并以此作为政府间事权划分及财力支出的主要指导原则。[①] 具体地，联邦政府、州政府和地方政府的事权划分如表7-6所示：第一，联邦政府、州政府及地方政府事权均由《基本法》规定，且划分清晰，对于公共事务事权的承担，支出责任能明确划分。第二，联邦政府主要承担全国范围内的公共事务，一般地方公共事务主要由州和地方政府共同承担，如教育和文化事业、环境保护等，可见地方政府承担了较多的地方公共服务的事权。

表7-6 德国三级政府间事权划分

政府级次	事权划分情况
联邦政府	外交事务、联邦财务行政、联邦水路与航运、跨地域的社会保险事务（养老、医疗、护理、失业、工伤）、在国内货币业务的联邦银行体系、国有水路与航道、国有高速汽车道路及国有公路、国家紧急状态下的各项行政事务；大型研究项目以及科学发展事业及拟定重大科学研究计划，政府间共同事权如教育科学研发事业、高等院校（通常对半分摊）共同出资加以应对
州政府	州级行政事务、财政管理；维护社会秩序和司法管理；教育和社会文化事业；医疗卫生；环境保护；共同参与联邦政府的事务如民法、刑法的判决与执行，法院组织、司法程序、律师、公证与法律咨询以及与州政府辖区内的基本公共事务。对市县乡镇的转移支付，主要包括人事性支出、对基层自治地方支付救援款项、投资性活动等
地方政府	《基本法》规定基层政府组织的功能区涵盖了本地的一切行政事务及其相应活动、以地方道路之建设与维护为代表的公共交通基础设施、涉及成人教育幼儿园博物馆影剧院游泳池等在内的地方性文化教育娱乐部门、自来水电力暖气等生活必需之能源供给、地域性住宅规划以及城市建设发展之要务、本地诸如警察法院侦查机关等旨在保护公共安全秩序之事项、基础性疾病工伤医疗等卫生保健栏目、社会福利体系的地方义务

资料来源：罗湘衡. 德国联邦制下府际财政关系研究 [D]. 天津：南开大学博士论文，2014.

---

① Bertelsmnn Stifung. Burger und Foderalismus-Eine Umfrage zur Rolle der Bundeslander, Gutersloh：Bertelsmnn Stifung [R]. 2008.

如表 7 - 7 所示，政府间财政收入划分也充分体现"适度集中、相对分散"、三级政府的责权利划分清晰的特点。其中，联邦政府税收收入一般占到总收入的 45%，州政府为 40%，而地方政府保持在 15% 以下；反映在各级财政支出上，联邦政府、州政府、地方政府财政支出表现相对持平的状态，由此可见，地方政府提供公共服务的支出缺口主要通过联邦、州两级，尤其是联邦政府的转移支付实现。

表 7 - 7　　　　德国三级财政税收收入及支出情况（2008 ~ 2012 年）　　　　单位:%

年份	财政支出			税收收入		
	联邦政府	州政府	地方政府	联邦政府	州政府	地方政府
2008	33.09	32.25	32.25	44.99	41.73	13.28
2009	32.92	32.27	32.27	45.83	41.66	12.51
2010	33.38	31.51	31.51	45.22	42.00	12.77
2011	33.40	33.45	33.45	48.65	39.18	12.17
2012	34.09	33.25	33.25	45.18	41.70	13.11
平均值	33.37	32.55	32.55	45.97	41.26	12.77

资料来源：根据罗湘衡. 德国联邦制下府际财政关系研究［D］. 天津：南开大学博士论文，2014 年 5 月的内容整理。

2. 德国社会救助事权与支出责任

如前所述，德国社会救助作为地方性的公共事务，主要由州政府和地方政府承担，社会救助的具体事务开展由设在市政或社区的地方救助机构执行，如资格认定、资料收集与审核等，并上报州政府社会救助管理机构。德国社会救助支出规模较小，国家对社会救助的投入比例也较小，每年社会救助支出占整个社会保障支出的比重不超过 5%，在这个 5% 比重中，市县政府承担 75% 比例，而州政府仅负担 25%，可见大部分社会救助事权与支出责任下放到市县级地方政府。当然，对于财政实力较弱而难以充足承担社会救助责任的地方政府，州政府通过转移支付的形式予以补助。

在实践中，德国社会救助地方负责型模式的选择，主要基于几点：第一，德国具有完善的税收分税体系，责权利划分清晰，使得联邦政府与州政府及地方政府的税收收入分成比例相当，对于共享税的分成也比较合理，保证了地方政府充分稳定的财力来源，加之德国社会救助规模较小，州和地方政府自然有实力承担其支出责任。第二，德国的转移支付制度相当完善，在三级分税之后，仍然有一套行之有效的转移支付平衡机制，包括联邦—州—地方政府的纵向转移及州与地方、地方与州的横向转移平衡机制。第三，德国在社会救助"责"的承担上，主要优先考虑"接近公民"的原则，大大提高了救助的效率。虽然德国社会救助支出规模小，但项目齐全，社会救助管理机构功能强大犹如"产业"，从事社会救助事务的公职人员多，很难有"应保不保"的情况发生，真正实现了高福利国家"从摇篮到坟墓"的保障。

当然，德国社会救助以州和地方政府负责的模式，也存在着一些难以突破的弊端。正如前文，德国存在社会救助产业之说，出现即使福利制度资金充裕、运行良好，结果也仍然事与愿违，即福利制度在表面上救助穷人的同时，制造出了更大更棘手的穷人对福利救济的依赖问题，使得德国的社会救助并没有缓解德国的贫困问题。① 需要指出的是，这一问题的出现并不能一味怪罪在穷人身上，而是缘于福利救助产业机构推波助澜的作用。由地方政府"块块管理"的模式由于缺少联邦政府的统一管理、必要的支出、有效的监督，地方政府为了维持其庞大的社会救助机构，供养众多的公职人员，必须"深度挖掘"社会救助对象，不是有力防止福利依赖，而是尽力增加救助对象，以此获得更多的地方政府尤其是州政府的财政补贴。

通过对以上四个国家的梳理发现三个特点：

第一，社会救助事权与支出责任划分和各国的历史、国家政府组织形式、财政体制、行政管理体制密切相关。相较而言，单一制国家中央政府对社会救助事权与支出责任的承担要高一些，管理更集中一些，而联邦制国家地方政府承担高一些，趋于分散化管理。

第二，社会救助支出责任呈现由集权向分权转变倾向。伴随着财政体制集权化的转变，各国中央（联邦）政府通过财力的集中更加注重发挥其宏观调控作用，地方政府成为公共服务提供的主体，而中央政府通过转移支付的形式承担其支出责任，社会救助也不例外。

第三，社会救助管理呈现地方化运动。各个国家都出现不同程度的管理分权趋势，尤其是进入 21 世纪以后，中央政府把一些公共服务的管理下放给地方政府，也称"还权于地方政府"，自此很多国家的社会救助由地方政府执行与管理。

---

① 曹清华. 德国社会救助制度的反贫困效应研究 [J]. 德国研究，2008，23（87）：18-25.

三、其他国家社会救助事权与支出责任划分

为更好呈现社会救助事权与支出责任划分的国际经验，据国际货币基金组织 2008～2011 年《政府财政统计年鉴》，整理出典型四国以外的 20 个国家中央（联邦）政府社会保障支出及财政收入比重。如图 7 – 3 所示。

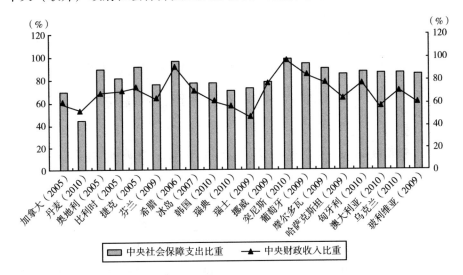

图 7 – 3　其他 20 国中央（联邦）政府社会保障支出与财政收入比重

资料来源：IMF: Government Finance Statistics Yearbook（2008 – 2011），囿于数据所限，此处主要用社会保障的数据来探讨这些国家中央（联邦）政府社会救助支出责任划分。

可以发现：

第一，中央政府社会保障支出比重与其财政收入比重同向变化。纵观 20 国比较发现，中央（联邦）政府社会保障支出责任高，相应的财政收入比重高，反之亦然。这就表明，一国社会保障事权与支出责任的划分模式深植于该国财政体制。

第二，中央政府社会保障支出比重普遍高于其财政收入比重。财力保障是社会保障支出的基本保证，是各级政府履行事权与支出责任的财力支持。除丹麦、挪威、突尼斯 3 国外，其余 17 国中央（联邦）政府社会保障支出比重均高于其财政收入比重，确保中央（联邦）政府拥有足够的财力承担其社会保障支出责任。

第三，社会保障支出责任的承担多以中央政府为主导。在 20 个国家中，除了丹麦以外，其余 19 个国家中央（联邦）政府的社会保障支出均超过 60%。其中，12 个国家超过 80%，7 个国家处在 60%~80%。这也就是说，由中央（联邦）政府承担社会保障主要的支出责任，是各国处理央地政府间社会保障支出责任划分的基本格局。当然，社会救助作为社会保障的一个组成部分，其事权与支出责任划分有稍微的不同，但并不违背这种基本格局。

第三节　国外社会救助事权与支出责任划分对我国城乡低保划分经验启示

一、事权与支出责任划分以立法为先，清晰明确界定

通过对上述国家尤其是英、日、美、德四国的社会救助事权与支出责任划分梳理发现，其划分充分反映了各国中央与地方关系，涉及诸多复杂问题，情况也不尽相同。总结起来大致分为以英国、日本为代表的中央负责型、以美国为典型代表的中央政府与地方政府共同负责型、以德国为典型代表的地方负责型等三种类型，其余国家均是三种不同类型的不同组合。但无论何种组合，各国均重视社会救助的立法，其事权与支出责任划分多以法律为依据。如日本的《地方政府组织法》《社会保护法》《社会福祉法》，英国的《济贫法》《国民救济法》，美国的《宪法》《联邦社会救济法案》等，均以明确清晰的法律条文规定社会救助中中央与地方政府的事权范围以及相互间权力交叉范围内中央与地方权力行使的规则及支出责任，从而有效防止中央与地方社会救助事权划分转嫁、下压等争议的产生。如德国在共有事权划分上坚持一般原则，明确规定以州及地方政府承担社会救助事权，并由地方政府全权管理；日本主张中央政府承担 3/4 左右的支出责任，具体事务下放地方政府；英国坚持社会救助支出中央政府负责，管理高度集中的模式；美国秉承社会救助共同事权，由中央与地方政府共同承担，并且针对不同的救助项目，央地政府支出责任划分不同。

相较而言，我国城乡低保事权与支出责任划分主要存在以下问题：一是

立法层次低。城乡低保制度的建立多是以制度、办法、条例甚至是通知的形式出现，如 1999 年出台的《城市居民最低生活保障条例》、2007 年的《国务院关于在全国建立农村最低生活保障制度的通知》、2014 年的《社会救助暂行办法》等。二是这些条例、办法、通知存在的法律效力的不足，政府间由于城乡低保产生争议时未能很好地提供法律依据和指导，同时也为不同政府间提供城乡低保的博弈行为提供有利的空间。三是事权与支出责任划分较为模糊。现有制度均提到由地方各级人民政府负责，中央给予财政困难的地区适当补助，但对于层级较多的地方政府而言，并没有明确支出责任划分，也没有明确哪级政府承担主要责任。2014 年的《社会救助暂行办法》提到，由县级以上人民政府负责社会救助资金和社会救助工作经费，并纳入财政预算，这一表述对我国政府间城乡低保事权与支出责任的承担较为模糊。当然，我国地域广、发展差异大、贫困分布不平衡，要确立具体的支出责任不太容易，但也不能回避中央政府与地方政府关于城乡低保事权和支出责任的承担的大致划分。为此，从各国经验和结合我国的现实情况来看，建立健全以城乡低保为核心的社会救助的法律体系，提高立法层次，大致明确划定央地政府城乡低保事权范围和支出责任尤为重要。

二、支出责任以中央为主导，省级统筹作用强

如前文所述，尽管社会救助管理责任不断呈现分权化，尽管各国具有不同的历史文化、国家政府的组织形式、财政体制以及行政管理体制，但社会救助方面，无论是单一制还是联邦制，24 个国家中除德国和丹麦以外，其余 22 个国家均表现为由中央政府承担主要的支出责任的特点，要么直接将社会救助确定为中央事权如英国，要么作为中央政府的间接事权，通过转移支付承担，其支出责任均超过 50%。同时，由于存在地方政府地缘优势、地方财政分税、信息不对称导致的道德风险和监管成本等诸多考虑，地方政府也承担社会救助支出责任。另外，各国均很重视发挥省级政府在社会救助中的统筹作用，全盘规划和管理本省域社会救助的开展，在支出责任上仅次于中央政府，而地方政府主要负责具体的事务，少量承担或者不承担社会救助支出责任。因此，针对我国制度中规定的城乡低保实行地方政府负责制应调整为以中央为主导，地方政府共同承担。然而，针对省级政府没有发挥相应的统

筹作用，承担的支出责任反而小于县级政府的情况，加大省级政府统筹和支出责任需从制度和法律层面加以明确规定。这些都高度吻合前文实证部分关于城乡低保支出责任划分的结论。

三、事权划分充分发挥了中央与地方两个积极性

如前所述，典型四国社会救助事权划分不仅遵循法定划分、清晰明确，而且划分充分考虑中央政府、地方政府的优势以及不同救助项目的特点。

首先，如英国、日本、美国，社会救助标准线（也称贫困线）均由中央（联邦）政府统一划定。就我国城乡低保制度而言，最低生活保障线的确定是整个城乡低保制度的核心，很大程度上关乎低保保障水平、保障人数、保障财政支出规模，由中央政府来执行划定，确保全国范围内的低保保障的公平性和均等化，同时全盘掌握了各地区低保的大致情况，有利于对各区城乡低保的调控和监督。当然如前所述，为了结合各区的实际情况，各区在不低于全国标准的情况下，均有权力对本辖区的最低生活保障线进行调整。

其次，由中央（联邦）政府制定社会救助的宏观政策、绩效评价和监督考核。如英国、美国、日本均由中央政府制定社会救助制度的发展转型，强调有劳动能力的救助以劳动为条件，重视社会救助从"输血"向"造血"的转变。又如在绩效考核上，日本和英国中央政府还规定，根据地方政府在社会保护实施过程中的绩效表现，以奖惩的形式适当微调其具体的支出比例，均对我国城乡低保的宏观政策、绩效评价和监督考核具有积极作用。

最后，在城乡低保管理上积极发挥地方政府"地缘"优势。财力不断趋向集中，公共事务管理不断下沉，是近年来国际的普遍做法。如前所述，财力走向集中有利于中央政府发挥宏观调控作用，而公共事务管理权限下放是结合地方政府职能优势，提升公共服务效率的重要手段，也能很好地提高地方执行机构的主动积极性。

为此，我国中央和地方政府在城乡低保事权划分中可由中央政府制定一个统一的全国范围最低的标准线，允许各地区进行适当调整，并对经济发展落后地区给予补助，实现全国范围内社会救助的基本均等化水平。同时，通过项目的总体设计、总预算安排、绩效考核监管等发挥中央政府的行政领导。在此原则下，加大地方政府项目执行和本地区预算分配方面的自主权，尽量

减少行政上的干预，并将具体事务全权委托地方救助机构，从而充分发挥地方城乡低保机构的积极性。

四、事权划分与财力匹配度高

一般而言，事权是财力获得的基础，而财力是事权履行的保障，财力通过财权划分与转移支付两种途径获得。对照国外诸多国家社会救助事权与财力配置发现，社会救助财政支出与财政收入"如影随形"呈现高度的趋同性，即财政收入集中则社会救助支出也相对集中，这从财力上有效确保事权的履行和落实。就其内在原因分析，一是各国都比较重视央地政府间税权的划分，不仅确保中央财政收入占主要部分，也保证完整性的地方税收体系，如美国等国的遗产税、房产税、契约税等。二是规范科学的转移支付制度。通过转移支付平衡各地区的财力是各国通用的做法，转移支付包括纵向和横向转移支付。其中，纵向的社会救助转移支付主要是中央政府向地方财政专项转移支付，根据地区的经济发展水平、财政实力、救助人数等情况，采取"因素法"进行，其规范性、透明性、科学性较高，而横向转移支付主要是要求经济发展好的州、地区向经济发展落后、财政实力薄弱的州和地方财政转移补贴，通过两种方式补足落后地区社会救助所需财力，实现全国范围内社会救助服务均等化。

鉴于此，结合目前我国新一轮的税制改革的情况，"营改增"改变了以往的税收体系。一方面，中央的财力明显增强，适当上调城乡低保事权，适度提高其支出责任；另一方面，进一步完善地方税收体系，确保地方财政稳定的财力。

五、救助项目不同，央地支出责任需合理承担

国际经验认为，对于不同的救助项目，中央和地方承担的事权与支出责任不尽相同。相较而言，经常性的救助项目，中央政府承担支出责任较高，专项或者是临时救助，地方政府承担支出责任较高。如美国、日本等国，对最低生活救助中央承担的比例较高，而临时救助主要由地方政府负责，医疗救助按照中央政府25%～50%的比例承担。反观我国的情况发现，在一些方

面，央地政府间社会救助事权与支出责任的承担存在"不到位""越位""错位"的现象。如城市低保，应该以地方政府负责为主，但中央却承担主导责任，而农村低保应该以中央政府负责为主，但地方政府却承担较多的责任。为此，在不同项目上，参照国际惯例适当调整中央和地方的承担比例，对理顺政府间城乡低保事权与支出责任十分必要。

六、建立有法必依的独立办事机构，提高监管水平

为了更好地实施社会救助制度，提高救助管理水平，提升救助绩效，加强社会监督，通过上述国家社会救助管理的梳理发现，大多数国家均设立了独立社会救助机构。如：在美国，专门设立了独立的社会救助管理机构，该机构由联邦政府和州政府共同负责，社会救助的实施有相对独立的管理机构，该机构由州和联邦政府共同负责，并且对社会救助对象的资格审查每年进行一次，及时查处不合理的救助情况；在英国，有相对独立的社会救助机构，各地区的社会救助办事处是中央管理机构的派出机构，独立于地方政府而存在，这有利于社会救助专业水平提高，有利于监督及时而有效。而在我国，各级政府的民政部门作为城乡低保的管理机构，虽然接受上一级民政部门的领导和业务指导，但却赋予更多的地方政府色彩，各级民政部门均作为同级地方政府的组成部门，很大程度上影响城乡低保独立作用的发挥，容易出现监督不力、保障绩效低下，甚至引发一些权钱交易、腐败等道德风险问题。因此，在城乡低保救助过程中，对于标准的制定、低保对象的认定等应积极发挥城乡低保管理机构的功能和作用，独立行使职责，同时接受来自人大、社会、公民等的监督。

第八章　我国城乡低保支出责任划分的调整及保障机制

在理论探讨、实证分析和国外借鉴的基础上，本部分主要围绕我国城乡低保支出责任划分，重点对事权配置与支出责任划分进行优化及建立健全保障机制。首先，分析城乡低保事权与支出责任的划分目标应遵循的原则；其次，对其事权与支出责任划分提出进一步优化的思路与办法；最后，在优化的城乡低保支出责任划分模式下，重点探索确保城乡低保制度健康运行的保障机制。

第一节　划分目标及原则

一、划分目标

城乡低保作为底线民生制度，关系众多救助线以下的困难群体最基本的生存和发展需要，是体现国家"公平正义""弱有所扶"的重要制度安排。通过前文的研究发现，由于政府间城乡低保支出责任划分模糊随意、"财权上移、事权下压"，转移支付制度不完善、监管机制不健全等诸多原因，使得我国城乡低保制度的一体化进程较慢、基层政府城乡低保支出责任繁重、地区城乡低保均等化程度不高。因此，按照党的十九大报告关于社会保障"兜底线、织密网、建机制"的要求，将实现以城乡低保为核心的社会救助制度的"权责清晰、保障适度"、可持续的全面发展作为其事权与支出责任划分的基本目标。

第一，实现政府间城乡低保权责清晰的目标。明确清晰政府间城乡低保事权和支出责任划分的基本目标，规定中央政府和地方政府在城乡低保制度的运行实施中的可为与不可为，防止上级政府通过行政权力等方式不合理的下放和任意转嫁，也规定地方政府承担职责范围内城乡低保事权与支出责任，防止地方政府对中央财政转移支付的依赖。

第二，实现城乡低保保障适度的目标。2018年2月，国务院办公厅印发《基本公共服务领域中央与地方共同财政事权和支出责任划分改革方案的通知》认为，要坚持公共服务保障标准合理适度，适时调整国家基础标准，逐步提高保障水平；要量力而行，兼顾各级财政承受能力，不超越经济社会发展阶段，兜牢基本民生保障底线。体现在城乡低保方面：一方面，城乡低保对低保对象的班长标准、保障水平要适度，这是由城乡低保对象无偿享有保障权利而无须承担缴款义务决定的，过高过低均容易导致道德风险、逆向选择、违背社会公平正义，进而引发社会安全等问题；另一方面，各级财政城乡低保责任支出要适度，不超越各级财政的支出能力。正如前文所述，各级政府的城乡低保财政支出如果不是适度状态，就会带来政府间城乡低保的相互转嫁、博弈加剧，影响中央和地方政府履行其城乡低保支出责任，也会影响对其他公共服务供给责任的承担，更难以发挥中央与地方政府的积极性。因此，无论是个人层面的适度，还是政府层面的适度，均需要通过政府间城乡低保事权与支出责任科学合理划分为依据，实现不同政府履行合适的事权，并承担相应的支出责任。在此基础上，建立一套行之有效的监管机制，监测其效果，确保事权与支出责任的健康顺利地运行。

第三，实现城乡低保可持续性发展的目标。城乡低保是国家通过税收收入再分配，对因个人、家庭、社会等原因造成的无法维持最低生活的社会成员给予最基本的救援和帮助，按照国家财政对城乡低保兜底线的要求，积极维持其最低生活需要的一项制度。实现可持续性发展作为我国政府间城乡低保事权与支出责任划分的又一个重要目标，可以从两方面进行理解：一是制度本身的可持续性。城乡低保好似一项复杂社会工程，不同的角色、不同的分工，需要不同政府、不同部门、社会成员等的配合，通过合理划分不同政府、不同部门的权力、利益与义务，使其有效、有序运转，实现制度的可持续性。二是财政的可持续性。各级财政作为城乡低保的主要来源，其可持续性的重要性不言而喻。合理划分各级财政城乡低保的支出责任是根据地区经济发展水平、保障任务、各级财政实力等因素确定相适应的支出责任，确定转移支付的水平，防止导致城乡低保制度的不可持续发展。尤其是经济社会发展进入新常态，经济发展进入中高速发展阶段使得各级财政增幅减缓，更需要有一个合理的、明确的、可预期的支出责任支撑。

二、划分原则

通过前文对于城乡低保事权与支出责任的问题阐述、具体实证划分、影响因素分析、国外经验借鉴启示等一系列的研究，总结归纳城乡低保事权与支出责任划分应遵守的基本原则。

（一）经济发展相适应的原则

2010 年，我国成为世界第二大经济体，经济社会发展进入到更加关注民生发展的阶段，社会救助作为解决穷人最低生活需要的兜底保障制度，这个底线的支出规模应随经济发展和居民生活水平的提高相应变化，自然要求各级政府的城乡低保支出规模要适度，进而决定总的城乡低保支出规模适度，不至于低于或者超出现实经济发展水平。因为低于适度水平产生兜底不牢，高于适度水平导致低保群体的福利依赖，均不利于经济社会的良性发展。同时，根据各地区经济发展水平不同，中央财政对不同地区的城乡低保支出责任不尽相同，经济发展水平高的地区，税收收入丰盈，财政实力强，需要救助的群体少，中央财政对该地区的城乡低保支出责任相对较小；相反，经济欠发达的地区，财政实力薄弱，需要救助的群体多，中央对其的城乡低保支出责任相应较大。也就是说，城乡低保支出责任划分还应根据地区经济发展水平来决定。

（二）各级政府支出责任与财力匹配原则

城乡低保支出责任的履行，需要与之对应的财力相匹配。地方政府财力主要是通过税收收入、国有资产经营收益、发行国债、地方政府行政性收费、上级政府的转移支付等途径获得，其中，税收收入占整个财政收入主导地位。1994 年，结合实际情况，我国全面进行按税种属性划分的分税制改革，确立了中央与地方的财政收入划分，使得各级政府拥有本级自身的税收收入，在赋予一定的收入自主权后，需要履行包括社会救助在内的公共产品与公共服务支出责任。一般而言，某一层级的政府承担的支出责任越大，所需的财力越多，对所管辖区居民和企业的征税相应更多，造成辖区内居民和企业的税费负担越重，进而直接影响个人和企业的生产积极性。因此，对某一层级政府而言，其对那些共同事务承担的支出责任并非越大越好，而应该与政府财政能力相适应，即在收入规模与支出规模间求取平衡。

（三）政府间激励相容的原则

一种体制，如果所有的参与人都按照自己的利益去运作的情况下，都能实现整体利益最大化，就是激励相容的体制。[①] 在多级政府的框架下，由多级财政共同分担社会救助支出，最优的城乡低保支出责任需要各级政府既能按照自身的意愿偏好支出，履行其应承担的支出责任，同时又能实现整体城乡低保绩效最大化，达到政府间激励相容，而非相互博弈、推诿。

首先，就中央政府城乡低保支出责任而言，如果中央政府城乡低保支出责任过大，直接会产生地方政府城乡低保支出的挤出效应，加大地方政府在城乡低保人数和金额上报过程中欺骗、隐瞒等道德风险的产生；支出责任较小，难以保证应有的城乡低保能力与救助水平，尤其对于经济发展落后，救助对象众多的地方。

其次，就地方政府的城乡低保支出而言，其财政支出责任过高必然会加重地方财政负担，地方政府为满足较高的城乡低保支出水平，要么重新分配财政资源，将用于其他公共服务或者项目的财政资金划拨给城乡低保；要么通过各种融资或者举债增加财政收入，投向城乡低保项目。第一种方式挤占了其他公共服务的资金，第二种方式加重了地方债务负担，同样二者均不利于经济发展和社会稳定。

最后，为实现城乡低保的公平正义，保证和维护社会的公平正义与和谐稳定必须履行社会救助责任，各级财政共同筹资城乡低保资金，通过转移支付的形式将资金输送到基层政府账户，同一基层政府支付到低保群体手中，该过程实质是利益分配过程。公共选择理论认为，政府由政府机构和相应的政府官员组成，政府官员兼具部门利益和自身利益的双重身份，当各利益主体间的利益不一致时，每一方都从自身利益考虑，做出合乎理性的选择，各

---

① 楼继伟. 中国政府间财政关系再思考［M］. 北京：中国财政经济出版社，2013.

级政府间的利益博弈由此产生。因此，激励相容的原则不仅是引导政府实现合作博弈的手段，更是提高发挥中央与地方政府两个积极性的方法。

第二节　我国城乡低保支出责任的调整

一、我国城乡低保事权划分调整

城乡低保事权作为支出责任在具体事务层面的反映，其划分主要涉及城乡低保的有关法律、法规、政策制定和发布权、监督权及日常管理等权力在中央和地方政府间及地方各级政府间、政府各职能部门间的具体划分。结合前文对国外社会救助事权管理的研究，合理划分城乡低保事权如下：

（一）中央政府的城乡低保事权划分调整

中央政府处于政府组织的最顶端，具有全盘设计、规划和管理国家事务的职责，结合前述研究，此处认为它应承担的城乡低保事权主要有：

（1）负责全国城乡低保体系的顶层设计和顶层规划，相关政策的制定和出台。如拟定城市低保和农村低保总体法律法规工作政策、行政监管、社会监管、法律监管体系和制度的建设。

（2）由中央政府统一协调涉及城乡低保管理部门。鉴于目前城乡低保涉及多部门协助的问题，应统一由民政部门牵头协调管理，统一报备民政部，由民政部按照相关标准统一实施保障，防止多处保障和城乡低保的福利捆绑。

（3）负责牵头拟定城乡低保政策、统一划定低保保障，即城乡最低生活保障标准线，不断促进城乡低保一体化体系发展等。

（4）指导地方政府落实中央有关城乡低保法规和政策，以及地方应承担的城乡低保事权的落实情况。

（5）合理设计对东部经济发展较好省份的城乡低保的以奖代补办法，积极调动有经济实力的省份结合自身经济发展状况适时提高低保保障水平；同时科学测算中、西部地区特别是贫困落后地区城乡低保实现均等化转移支付专项补助，防止不足，也谨防过量。

（6）建立健全全国范围内城乡低保资金使用考核和监督体系，对全国城乡低保政策落实、资金使用、低保保障对象的满意度进行全面有效的考核和监督，并加强引导不同政府监督考核部门间的通力合作，确保政府内部城乡低保制度健康有序的运行。

（二）省级政府的城乡低保事权调整

正如前文所述，省级政府作为中央政府与基层政府的枢纽，统筹全省经济社会发展，就国外研究看，省级政府城乡低保职能需要发挥地方统筹的作用，为此，其在城乡低保工作中应承担的城乡低保事权主要有：

（1）负责落实和执行中央关于城乡低保的规划、法规和政策，制定和下达符合本省实际情况的地方性规划、政策法规的实施细则。

（2）负责完善地方城乡低保规划、政策实施细则和监管办法，建立健全符合本省实际的城乡低保管理机制和实施办法，发挥省级城乡低保的统筹作用。

（3）负责按照科学合理承担的比例，组织和分配到涉及省级、市县级财政关于城市和农村最低生活保障的资金筹集。

（4）负责本省城乡低保最低生活保障标准线的划定。在中央政府统一划定最低均等化水平标准线的基础上，根据本省经济发展水平、物价水平、财政实力、低保保障任务等实施调整省域内城乡低保的保障水平。

（5）负责本省内不同市县城乡低保宏观调控，对贫困落后的市县尤其是省级、国家级贫困县的城乡低保均等化实施省级层面的转移支付，确保各项低保保障资金到位，并监督资金的使用情况等。

（三）市、县（区）级及以下政府的城乡低保事权调整

市、县（区）级政府作为政府组织的最末端，与公民最为贴近，具有识别和收集居民偏好的优势，由其提供地方性公共产品的效率最高，是具体开展和实施的具体事务的政府，在城乡低保中承担的事权主要有：

（1）负责少量应承担的城乡低保支出责任。

（2）拟订本辖区内城乡低保开展实施的规划及办法。

（3）负责城市和农村居民最低生活保障制度运行的具体工作，并指导辖区内低收入家庭的核定和认定工作。乡镇政府、街道办事处、村委会分别作为县级政府和乡镇政府的派驻机构，在城乡低保中不承担支出责任，但具有支持和配合市县级政府开展、执行的职责，具体负责有关城乡低保的申请受理、调查审核，村民委员会、居民委员会协助做好有关城乡低保工作。

（4）乡镇政府、街道办事处、村委会要坚持公平正义的原则，强调实施精准保障，积极引导和妥善处理城乡低保工作中民主评议工作，做好群众的解释和疏导工作，适时配合上级政府开展低保对象的摸底核查等工作，并负责基层城乡低保的监督、举报、反馈工作。

（四）积极探索城乡低保服务政府购买机制

在国家编制只减不增的前提下，扭转基层城乡低保编制紧张、经办人员不足，提升基层城乡低保管理水平、提高保障效率，加强基层城乡低保经办能力，需要按照 2017 年 9 月国家出台的《关于积极推行政府购买服务，加强基层社会救助经办服务能力的意见》，积极探讨城乡低保服务的政府购买机制，可将市场机制引入城乡低保服务供给，构建公开、公平、高效的低保服务供给体系，推进简政放权、政事分开和管办分离。

第一，明确县级以上地方人民政府的购买主体。县级以上地方人民政府是购买城乡低保服务的主体。

第二，规范购买内容。将城乡低保工作分为城市最低生活保障和农村最低生活保障等服务时的对象排查、家计调查、业务培训等的事务性工作和对低保对象开展的照料护理、康复训练、送医陪护、社会融入、能力提升、心理疏导等的服务性工作。

第三，规范购买机制，确定最低生活保障承接主体。通过程序规范、标准明确、结果可控、动态调整的购买机制，对政府集中采购的最低生活保障目录以内或采购限额标准以上的项目，按照政府采购的有关规定，采用公开招标、竞争性谈判、竞争性磋商、单一来源采购等方式确定承接主体，确保承接主体的资质条件。

第四，加强最低生活保障购买服务的监督管理。在此过程中，需要加强对政府购买最低生活保障服务的监督管理，完善事前、事中和事后监管体系，明确部门职责，依法实施综合监管，确保购买行为公开透明、规范有效。

二、我国城乡低保支出责任调整

通过城乡低保支出责任划分的理论分析、实证探讨及国外经验启示发现，我国城乡低保支出责任划分不断趋于合理，中央承担了支出责任占主要部分，提高了城乡低保的均等化水平，基本实现了全国范围内的"应保尽保"。但也存在一些不合理之处，具有进一步改善的空间。

（一）坚持中央支出责任的主导地位

城乡低保的支出责任应由中央政府和地方政府共同承担。就全国整体看，中央城乡低保支出责任超过一半，应坚持以中央支出为主导。就不同的区域看，中央政府承担的比例不尽相同。其中，对于经济发展好的东部地区，中央政府支出责任在30%以下，为了有效激励和强化地方政府对城乡低保支出责任的履行及实施，需加强中央层面对城乡低保实施情况的绩效考核和监管，着重实行"以奖代补"的形式来强化中央对城乡低保政策的全面把控，即中央政府留出一部分城乡低保专项资金作为奖励经费统筹管理，然后根据各省的城乡低保管理绩效考核的结果，进行奖励资金的奖励性分配，以期支持和鼓励地方政府提高城乡低保支出的经济效益和社会效益。在中、西部尤其在欠发达地区，应坚持中央支出责任的绝对主导地位，并保持在65%以上，以确保不会因为地方经济发展落后、财力匮乏、保障任务繁重等而导致城乡低保均等化水平下降，甚至是政府保障责任的缺失，同时要谨防地方政府"等、靠、要"思想产生。

（二）合理划分省及以下地方政府的城乡低保支出责任

省级政府是城乡低保支出责任的主体，就全国范围看，除了东部地区省级政府支出责任能切实履行外，中、西部省级政府的城乡低保支出责任明显低于其相应的财政实力，明显与其省级全面统筹本省域的地位不相符。需要提高省、市级政府的支出责任，减轻县（区）级的支出责任，有效缓解现阶段县（区）级财政困难的局面。具体而言，省市级财政支出比例不低于20%，县级政府的支出责任控制在15%以下。当然这是中、西部的一个平均水平，对欠发达地区应视情况而定，县（区）级政府的支出责任应该控制在5%以下。

（三）城乡低保项目，中央、地方支出责任区别对待

通过国际经验的梳理，对于不同的救助项目，中央和地方承担的事权与支出责任不尽相同。当然，我国在这方面的做法也有所体现，但相对而言，我国城乡低保还有一些越位、甚至错位之处，中央政府与地方政府的支出责任划分不甚合理。如城市低保应以地方政府负责为主，农村低保应以中央承担为主，但却出现中央政府和地方政府角色承担反转现象，不难理解，我国城乡二元经济的形成更多是经济发展之初国家农业支持工业、农村支持城市发展政策的结果。如今，随着经济和城市的发展繁荣，理应坚持均衡发展的思路，通过城市发展带动农村进步，最终实现城乡一体化发展，这要求中央政府对不同的城乡低保的支出责任应区别以待。为此，结合城乡低保项目特点，合理划分中央政府和地方政府城乡低保支出责任，适当下调中央政府对城市低保的支出责任，同时上调其农村低保的支出比例，切实确保中央与地方政府科学合理、高效有为承担应有的支出责任。

第三节　我国城乡低保支出责任划分的保障机制

一、建立健全城乡低保与支出责任的法律体系

在全面深化改革过程中，凡属重大改革都要于法有据，要注重发挥法治的引领和推动作用，确保改革的推进在法治的轨道不断持续深入。① 我国政府间事权划分还很不清晰，央地政府间多从功利的层面，如运用行政权力去操作，缺乏立法的规范和保障。在城乡低保事权与支出责任关系上，我国央地关系的处理主要依靠制度、条例、办法、通知等短期的政策维持，甚至靠中央与地方的谈判与协商来维系等，未能较好形成法定的、长期的法律来规

---

① 习近平主持召开中央全面深化改革领导小组第二次会议强调，把抓落实作为推进改革工作的重点，真抓实干、蹄疾步稳求实效 [N]. 人民日报，2014–03–01（1）.

范，容易造成随意不规范，甚至混乱等诸多问题争议产生。因此，针对立法层次低、模糊不清晰，首当其冲的是建立健全法律制度，才能保障城乡低保的事权与支出责任划分的规范性、科学性。

然而，关于城乡低保事权立法，主要涉及中央与地方政府间的城乡低保职能划分、财政关系协调、政府组织结构等一系列重大事项，也是自上而下的一个系统工程，是各级政府职责体系组合。

第一，须交由全国人大及其常委会上升到《宪法》或者国家性质文件的高度大致规范，为各级政府具体承担城乡低保事权和支出责任划分立法提供基本的依据。

第二，尽早出台统一的《财政支出划分法》，全面厘清现阶段支出责任划分模糊不清晰的现状，以法定形式规范各级财政的支出行为，如在城乡低保方面，各级政府支出责任划分的原则、目标，应承担的大致范围、划分模式等。

第三，尽早出台《社会救助法》代替现行的《社会救助暂行办法》，提高其立法形式，具体明确规定中央政府、省级政府、市县级政府对城乡低保项目的事权承担范围，并同时承担法定的支出责任，确保城乡低保持续、健康发展。

第四，在上述国家社会救助立法的基础上，督促各地各级地方政府结合自身的情况，以地方法规的形式出台地方社会救助法，进一步规定地方政府在城乡低保执行过程中的所作所为，一方面对中央及上级法律的履行和开展情况监督；另一方面出台适合本区域的城乡低保地方法规。我国幅员辽阔，各地特点不一，难以也不可能用统一的标准执行城乡低保的相关法律法规，应该结合自身的情况，制定当地城乡低保的管理办法及政策实施方案。需要指出的是，在这个自上而下的事权与支出责任划分立法体系构建过程中，一是需要注意"职责同构"的问题，避免政府间事权划分不清晰，出现相互推诿、扯皮的现象发生；二是避免不同立法间互相矛盾突出的问题，始终做到在以上级政府制定的法律为依据准绳，制定适宜的社会救助办法。

二、城乡低保支出责任合理划分的财权优化配置

各级政府事权的划分和履行，要求有与其事权相对应的财权和财力提供

上的支撑，必然要求税权在中央与地方各级政府间合理划分。所谓税权，主要指各级政府所拥有的征税权力，包括税收立法权、税收制度和税收政策制定权等，是税收管理体制的核心问题。

（一）确保中央税收的主体地位

从国际经验看，无论是联邦制国家还是集权制国家，均难以实现税权与事权相一致，而是中央集中大多数财权，在此基础上，地方政府以集权为中心进行一定程度上的分权调整，中央政府均通过转移支付发挥其宏观调控的能力。我国是世界上地区差异大、发展较不平衡的国家，尤其在城乡低保方面，经济发展与救助任务的"马太效应"更明显。为了有效发挥中央宏观调控的权威，逐步实现不同地区公共服务均等化，需要从税权的划分上保持中央财政收入始终处于主导地位。在这种背景下，我国税收立法权应遵循：对宏观经济影响较大的税种由中央统一立法和解释，如增值税、消费税、企业所得税、个人所得税等，并把一些税源具有普遍性，但征管难度较大的税种划为中央与地方的共享税，确定合理的分成比例，以确保中央税收立法权和税收收入的主体地位，保证中央政府的宏观调控和有效的转移支付的能力，实现包括城乡低保在内的公共服务"拉平效应"。

（二）完善地方政府的税收体系

在保持中央税权与税收主体地位的情况下，鉴于我国地区经济发展不平衡及地区资源禀赋差异较大的现实，应赋予地方政府一定的税权和税收能力。税权划分还需考虑地方政府的事权与财政支出需求。地方政府作为包括城乡低保在内的公共服务的提供主体，赋予相应的税权和税收能力才能保证其提供地方性公共产品的可能性。为此，对于如资源税、房产税、耕地占用税等具有区域性特征比较明显的税种，在由中央制定基本税收法规的基础上，赋予地方政府具体的实施办法。另外，税权划分还要注重地方政府征税积极性的调动，尤其是在"营改增"后营业税退出地方主要税种的舞台，地方税收体系亟待扩充和完善。要根据本地区经济发展与税源的情况，充分赋予地方政府对一些具有地方特色税种（如资源）的政策调整的权力，积极推进房产税的改革试点，培育地方税体系主体税种，以扩充地方税源，充实地方税收收入。需要注意的是，在赋予地方政府一定税收立法权时，要报备全国人大常委会备案，新税的开征还应该考虑总体税收负担的问题，并且不得影响国家宏观调控能力。

三、完善城乡低保的转移支付制度

（一）明确转移支付目标

一般来说，转移支付的三个目标分别为：一是弥补地方财政经常性收支缺口，切实保证地方基本公共服务的最低标准；二是中央政府通过转移支付实现其在不同地区间的财政再分配功能，有效缓解不同地区经济发展不平衡带来的差异；三是落实国家特定的政策，促进经济发展稳定、协调发展。

体现在城乡低保上，转移支付的目标主要有三个：一是通过政府税收收入的形式，然后进行转移支付，实现财富从富人向穷人的转移，防止国民收入初次分配差距过大，有损社会公平和引发社会不稳定因素；二是通过中央向地方政府进行转移支付，弥补地方政府城乡低保财政支出不足，解决落后地区不至于因为财力不足而无法开展城乡低保工作的问题；三是中央向地方政府或者地方间城乡低保的转移支付，解决城乡低保服务的提供由于地方财力薄弱而差异过大的问题，旨在提高不同地区城乡低保均等化水平。

（二）调整转移支付的思路

首先，按照城乡低保均等化项目的具体类型分配资金总额，并根据中央、省、县在城乡低保服务均等化中的责任，不同项目按不同比例承担投入资金，采用以省级统筹，以县级管理为主的模式。也就是说，根据城乡低保的规模和受益原则，对规模大、受益范围覆盖面广的均等化农村最低生活保障制度，要将支出重心适当上移，加大中央和省市政府转移支付的力度，对于规模小、受益范围小的如临时救助，强化省市级政府的转移支付。

其次，在进行转移支付过程中，具体可以采取"按比例分担"的方式，即根据城乡低保的受益范围和规模大小，分别确定中央对省和省对省以下地方政府城乡低保的转移支付数额。在具体实施的过程中，采用"因素法"的方法，结合地方经济发展水平，财政收入（一般预算收入、税收返还、专门补助）、标准财政支出即财政需求、城乡总人口、农业人口、低保人数、保障标准、具体支出额等多个参数建立科学的估算模型，并结合当年的支出盈余，合理测算转移支付力度在各个地区的合适水平，尽力避免资金的不足或过剩。

最后，规范完善省及以下城乡低保财政支出的转移支付制度。分税制改革没有涉及省以下政府间的转移支付，使得省以下财政管理体制分配较为混乱，也为财力的层层上收，支出责任不断压向基层政府留下了空间。为此，建立健全省及以下城乡低保转移支付，需要合理测算县乡财力最低保障标准，与中央公共服务均等化转移支付的做法类似，对低于底线标准的由省级财政"托底"补齐。

（三）完善城乡低保转移支付制度的相关法治

无论是中央对省级，还是省级对省及以下地方政府的转移支付，出现混乱和不规范，均是源于法治的缺失或者不健全而导致。为此，应尽早出台《财政转移支付法》，用法律形式把包括城乡低保在内的转移支付制度的原则、内容、形式、具体实施方案、管理部门权责、监督方式、审计方式、绩效评价、问责制度等确定下来，然后将转移支付资金由国库直接到达指定的实施特定公共服务项目部门账户上，防止各级财政转移支付随意性导致区域间城乡低保差异扩大，均等化水平下降的情况发生，实现城乡低保资金转移支付的规范化和常态化。

四、减少政府层级，提高事权管理效率

政府管理理论认为，政府层级设置过少，管理幅度过宽，使得机构臃肿，加剧地方不平衡的风险；反之，政府层级设置较多，又会形成机构增加、上下不畅、官僚主义滋生，扭曲央地关系，进而造成政治资源的低效率甚至是浪费。因此，合理划分政府层级极其重要，其不仅有利于政令通畅、上传下达，还有利于提高中央政府政策的"真实度"，更有利于提高行政管理的效率。事实上，合理划分政府层级，既要保证中央政府有足够的政治资源对地方政府进行必要权力制约，也要给予地方政府具有相应的政治资源以有效管理辖区内的经济社会发展自主权。

纵观国际大多数国家政府层级的设置发现，大部分均以三级构建政府层级。视不同国家称谓不同，一般是高层政府（中央政府、联邦政府）、中层政府（省、直辖市、自治区、大区、州、都道府县）、基层政府（市镇、乡镇、市辖区、町、村等），各层级有着明确的职能定位和分工。我国现有的政府层级为中央、省、市、县、乡五级，并且每一层级均设置相应的机构和人员配备。相较而言，我国的政府层级设置过多、过于复杂。在城乡低保管理过程中，每一层级都设置相应的民政管理机构，并配备相应的行政人员，这种纵向权力配置呈现"职责同构""上下一般粗"的现象，上级政府也以此形成对下级政府的行政控制，大大提高行政的管理成本。就城乡低保资金的拨付看，资金流转环节较多。先是由中央财政对省级财政给予补助，再由省级财政对地市财政给予补助，最后由地市财政向县级财政进行转移支付。然而各级财政审批程序不尽相同，大大降低了城乡低保资金的使用效率。

为此，基于国际上大多数国家三级政府的框架，结合我国的管理体制，以及地域广袤等具体情况，众多学者和专家纷纷认为应精简机构，提高管理效率，提倡适当减少政府关于城乡低保管理及支出层级，不断实现由省管县和省管市（朱光磊，2006）。其实，财政部早在 2005 年 1 月出台《关于切实缓解县乡财政困难的意见》，该意见重点阐述了"关于推行省对县财政管理方式改革试点"，提出了"省管县"的具体思路与做法，并要求各省（自治区、直辖市）要积极推行省对县财政管理方式改革试点，对财政困难县要在体制补助、税收返还、转移支付、财政结算、专项补助、资金调度等方面直接核定并监管到县。2012 年，党的十八大报告中关于推进政治体制改革认为，要不断优化行政层级和行政区划设置，有条件的地方继续探讨省管县（市）改革。① 截至目前，省管县制度在我国已经推行了 24 个省（自治区、直辖市）包括 1000 多个县，取得不错的效果，实现"省管县"体制将成为解决我国政府管理层级过多，管理成本过高，管理效率低下的突破口。由于政府管理层次的减少，表现在城乡低保管理中，一是提高管理效率，降低管理成本；二是使得中央政府，尤其是省级政府在制定城乡低保时，更贴近于民，更能回应民众的需求；三是大大缩短了各级政府转移支付资金的拨付路

---

① 胡锦涛. 坚定不移沿着中国特色社会主义道路前进，为全面建成小康社会而奋斗——在中国共产党第十八次全国代表大会上的报告［M］. 北京：人民出版社，2012.

径，提高资金的使用效率。

五、流程再造，优化城乡低保管理机构职能

党的十八大以来，国家治理不断朝着科学宏观调控，实施有效政府治理、切实转变政府职能的方向迈进，将主要立足点放在深化行政体制改革、创新行政管理方式、增强政府公信力和执行力、加强法治和服务型政府等方面，对城乡低保的行政管理改革也如此。然而，城乡低保管理中出现了诸如保障对象识别度不高、保障流程复杂、保障机构职能未能较好地履行等众多问题。因此，实施城乡低保行政管理机构流程再造，优化机构职能尤为重要，可以从以下方面开展。

第一，健全中央层面的城乡低保管理机构的宏观调控体系。以国家城乡低保政策与规划为导向，运用行政命令和财力手段，推进宏观调控目标的制定和政策手段运用的机制建设，同时进一步简政放权，最大限度减少中央政府对地方政府在低保保障微观方面的干扰。

第二，优化政府城乡低保的组织机构设置。针对目前城乡低保分散管理的局面，要强化民政部门的统筹管理的职能，引导其他如人社、卫生、教育、住建等部门的健康有序的合作机制，理顺与工商、银行等部门协作机制，并优化这些政府机构的职能配置、工作流程、完善决策、执行权、监督权既相互制约又相互协调的行政运行机制。

第三，按照国家统一规划，遵循自上而下的构造原则，由中央民政部牵头，各省地方政府尤其是县级政府的积极配合，构建全国范围内统一的城乡低保信息管理系统，从申请资料录入、资料审核、逐级上报、资金拨付等环节，全部实现信息化管理。同时，信息系统的设置要充分考虑公众的监督和反馈模块，专门开辟城乡低保信息查询、反馈系统，提高城乡低保对象识别、资金拨付的透明度，接受来自公民的监督，更好实现城乡低保信息互联互通、资源共享。

六、建立健全城乡低保监督体系

城乡低保作为保障低保群体最低生活的托底制度，一定程度上，其非竞

争性与排他性决定了城乡低保制度的施行需具有严格的监管制度。一般来说，城乡低保的监督检查内容主要涉及贯彻落实城乡低保的法律、法规和政策制度情况，各级财政筹资、资金到位、执行、专款专用等情况，城乡低保工作的规范化运行情况，低保政策宣传、加强舆情监测预警，低保保障过程中不公平正义的行为监督，以及城乡低保工作责任追究办法等方面。为此，需要从以下几方面建立健全我国城乡低保监督体系。

（一）建立健全社会城乡低保内部监督体系

城乡低保内部监督是指政府部门即民政系统内部的监督。可以从两个视角开展内部监督。

一是民政部门内部的监督。即上级民政部门对下级民政部门开展低保保障业务。上下级民政部门间不仅有行政隶属关系、业务指导来往关系，还应该注重建立健全上下级内部的监督机制。上级对下级城乡低保职能履行、事权承担是否到位，对资料报送尤其是家计调查的真实性、完整性、合法性进行审核，并构建科学合理的指标体系，对下级城乡低保开展绩效监督，将绩效监督的结果与对下级的考核挂钩，实行奖惩制度。在此过程中，注重事前、事中、事后的监管相结合。

二是财政部门对民政部门的监督。财政部门作为城乡低保资金拨付单位，自然赋予其资金监督的功能。对民政部门报送的低保人数、资金分配、资金项目性质、资金使用等方面进行监督，防止虚报、作假、套取等违规违法行为产生。

（二）建立健全城乡低保外部监督体系

我们应该注重民政部门以外的监督，简称城乡低保的外部监督。目前，政府部门以外的监督主要有审计监督、人大监督、社会公众监督。

一是加大审计监督的力度。审计监督作为维护财经法纪、改善管理、提高效益的独立性经济监督活动，在城乡低保监管中应该加以强化，形成"一年一审"的监督常态化。

二是加强人大对城乡低保监督力度。应将改善民生，心系困难群众作为各级人大监督工作的重点，可采取视察、调查和会议等多种方式开展城乡低保监督。

三是拓宽公众对城乡低保监督的渠道。城乡低保落到实处，是解决困难群众最低生活需要，这决定了城乡低保机构的工作不仅要对上级负责，更应该回应公民的需求，因此要求健全城乡低保投诉举报制度，探索建立有奖举报、义务监督员等模式，鼓励以电话、网络、信访等多种形式投诉举报城乡低保中各种违规违法行为。

（三）建立健全第三方城乡低保监督体系

第三方监督指管理者与被管理者以外的一种监督制度，不受地方管理者与被管理者的约束和限制，是一种最直接、最有效、独立性较高的监督办法。为进一步提升城乡低保工作精准性和公信力，民政部门可以大力引入第三方监督，选取满足资质的社会组织开展城乡低保监督工作，深入乡镇、社区（村），查阅低保档案，检查低保台账，并开展入户查看和邻里访问，对发现"应退未退""应保未保""人情关系保"等问题，则如实记录，并及时向民政局反馈。

参 考 文 献

[1] 楼继伟. 中国政府间财政关系再思考 [M]. 北京：中国财政经济出版社，2013.

[2] 林尚立. 国内政府间关系 [M]. 杭州：浙江人民出版社，2010.

[3] 李春根. 公共经济学 [M]. 武汉：华中科技大学出版社，2007.

[4] 薄贵利. 集权分权与国家兴衰 [M]. 北京：经济科学出版社，2009.

[5] 保罗·多梅尔. 美国地方政府的管理 [M]. 北京：北京大学出版社，2010.

[6] 董礼胜. 欧盟成员国中央与地方关系比较研究 [M]. 北京：中国政法大学出版社，2000.

[7] 胡书东. 经济发展中的中央与地方关系——中国财政制度变迁研究 [M]. 上海：上海三联书店，2001.

[8] 刘积斌. 我国财政体制改革研究 [M]. 北京：中国民主法制出版社，2008.

[9] 罗伊·鲍尔. 税制与中央及地方的财政关系 [M]. 北京：中国税务出版社，2000.

[10] 曼瑟尔·奥尔森. 集体行动的逻辑 [M]. 上海：上海人民出版社，1995.

[11] 刘苏荣. 战后英国社会救助制度研究 [M]. 昆明：云南大学出版社，2015.

[12] 王卫平，郭强. 社会救助学 [M]. 北京：北京群言出版社，2007.

[13] 薛立强. 授权体制：改革开放时期政府间纵向关系研究 [M]. 天津：天津人民出版社，2010.

[14] 杨宏山. 府际关系论 [M]. 北京：中国社会科学出版社，2005.

［15］杨立雄，于洋，金炳彻．中日韩生活保护制度研究［M］．北京：中国经济出版社，2012.

［16］朱光磊．现代政府理论［M］．北京：高等教育出版社，2006.

［17］刘苏荣．战后英国社会救助制度研究［M］．昆明：云南大学出版社，2015.

［18］朱丘祥．分税与宪政——中央与地方财政分权的价值与逻辑［M］．北京：知识产权出版社，2008.

［19］赵永辉．我国高等教育支出责任与财力保障的匹配研究［M］．北京：中国社会科学出版社，2016.

［20］张志红．当代中国政府间纵向关系研究［M］．天津：天津人民出版社，2005.

［21］中国注册会计师协会．税法［M］．北京：经济科学出版社，2016.

［22］宋健敏．日本社会保障制度［M］．上海：上海人民出版社，2012.

［23］杨翠迎，郭光芝．澳大利亚社会保障制度［M］．上海：上海人民出版社，2012.

［24］贝佛里奇．社会保险及有关服务［M］．伦敦：英国政府文书局，1942.

［25］奥埃克斯．公共财政学［M］．张愚山译．北京：中国财政经济出版社，1983.

［26］弗里德里希·奥古斯特·哈耶克．通往奴役之路［M］．王明毅，冯兴元译．北京：中国社会科学出版社，1997.

［27］文政．基于中央与地方政府间关系的财政支出事权划分模式研究［D］．重庆：重庆大学博士学位论文，2008.

［28］冯勤超．政府交叉事权及财政激励机制研究［D］．南京：东南大学博士学位论文，2006.

［29］田志刚．地方政府间财政支出划分研究［D］．大连：东北财经大学博士学位论文，2009.

［30］胡贺波．中国中央与地方政府间财政关系研究及效应评价［D］．长沙：湖南大学博士学位论文，2014.

［31］罗湘衡．德国联邦制下府际财政关系研究［D］．天津：南开大学博士论文，2014.

[32] 朱一丹. 社会救助制度的中外比较研究 [D]. 长春：东北师范大学博士学位论文，2015.

[33] 任海霞. 中国社会救助财政支持研究 [D]. 北京：中央财经大学博士论文，2016.

[34] 侯东哲. 中央政府与地方政府间财政救灾关系研究 [D]. 成都：西南财经大学硕士学位论文，2011.

[35] 卓远见. 论中央与地方关系下的社会保障事权划分 [D]. 北京：中央民族大学硕士学位论文，2013.

[36] 张弛. 应对自然灾害的事权与支出责任划分研究 [D]. 北京：财政部财政科学研究所硕士论文，2015.

[37] 李静茹. 中央与地方政府社会保障事责划分研究 [D]. 南京：南京财经大学硕士学位论文，2014.

[38] 白晨，顾昕. 省级政府与农村社会救助的横向公平——基于2008～2014年农村最低生活保障财政支出的基尼系数分析和泰尔指数分解检验 [J]. 财政研究，2016 (1)：67 - 74.

[39] 白晓峰. 预算法视角下的中央与地方关系——以事权与支出责任分配为中心 [J]. 法商研究，2015 (1)：24 - 28.

[40] 财政部财政科学研究所课题组. 政府间基本公共服务事权配置的国际比较研究 [J]. 经济研究参考，2010 (16)：4 - 6.

[41] 蔡杜文. 政府间社会保障与支出责任划分的理论与国际经验 [J]. 税务研究，2004 (8)：24 - 29.

[42] 曹清华. 德国社会救助制度的反贫困效应研究 [J]. 德国研究，2008，3 (87)：18 - 25.

[43] 曾崇碧. 政府民生保障职能与社会救助财政投入机制分析——以重庆市城乡社会救助为例 [J]. 经济体制改革，2009 (4)：125 - 128.

[44] 曾康华，李思沛. 合理划分政府间事权和支出责任的思考 [J]. 财政监督，2014 (21)：5 - 7.

[45] 陈雷. 传染性公共卫生领域事权与支出责任划分的法治进路 [J]. 行政法学研究，2021 (2)：43 - 52.

[46] 陈文美，李春根. 城市最低生活保障各级财政支出均等化效应研究——基于泰尔指数分解检验 [J]. 社会保障研究，2017 (1)：40 - 48.

[47] 陈文美，李春根. 促进还是抑制：中国式财政分权对最低生活保障支出的影响研究 [J]. 中国行政管理，2018（11）：94–101.

[48] 陈文美，李春根. 我国社会救助财政支出责任划分及调整优化研究 [J]. 江西财经大学学报，2021（3）：56–68.

[49] 陈文美，李春根. 我国社会救助支出责任划分：理论依据、现实问题与优化路径 [J]. 社会保障研究，2021（3）：78–86.

[50] 董承章，马海涛. 基于状态空间模型的财政支出动态最优规模的实证研究 [J]. 山东经济，2009（5）：23–28.

[51] 冯兴元，李晓佳. 政府公共服务事权划分混乱的成因与对策 [J]. 国家行政学院学报，2005（3）：71–74.

[52] 傅才武，宋文玉. 创新我国文化领域事权与支出责任划分理论及政策研究 [J]. 山东大学学报（哲学社会科学版），2015（6）：1–20.

[53] 傅勇，张晏. 中国式分权与财政支出结构偏向：为增长而竞争的代价 [J]. 管理世界，2007（3）：4–12.

[54] 傅勇. 财政分权、政府治理与非经济公共物品供给 [J]. 经济研究，2010（8）：4–15.

[55] 甘娜，刘大帅等. 发达国家政府间事权配置适应人口流动的探讨——以义务教育和养老保险为例 [J]. 2015（12）：118–122.

[56] 龚锋，卢洪友. 公共支出结构、偏好匹配与财政分权 [J]. 管理世界，2009（1）：10–20.

[57] 顾昕，白晨. 中国医疗救助筹资的不公平性——基于财政纵向失衡的分析 [J]. 国家行政学院学报，2015（2）：35–40.

[58] 顾昕，范酉庆，高梦滔. 中国城乡社会救助筹资水平的公平性 [J]. 国家行政学院学报，2007（1）：16–27.

[59] 关信平，郑飞北等. 社会救助筹资及经费管理模式的国际比较 [J]. 社会保障研究，2009（1）：98–110.

[60] 何逢阳. 中国式财政分权体制下地方政府财力事权关系类型研究 [J]. 学术界，2010（5）：4–6.

[61] 何小伟，庹国柱. 农业保险保费补贴责任分担机制的评价与优化——基于事权与支出责任相适应的视角 [J]. 保险研究，2014（8）：80–87.

[62] 何振一. 丰硕的成果突出的贡献——评 2007 年财政监督工作

[J]. 财政监督, 2007 (23): 10 – 10.

[63] 胡凤乔, 李金珊. 省以下医卫领域财政事权与支出责任划分——以浙江医疗资源配置改革为例 [J]. 地方财政研究, 2020 (11): 72 – 79.

[64] 胡凯. 中国财政事权和支出责任划分改革: 进程评估和政策文本分析 [J]. 经济体制改革, 2021 (4): 29 – 36.

[65] 胡骁马. 政府间权责安排、财力配置与体制均衡——以事权与支出责任的划分为切入点 [J]. 东北财经大学学报, 2020 (5): 52 – 61.

[66] 黄安年. 富兰克林·罗斯福和1935年社会保障法 [J]. 世界历史, 1993 (5): 37 – 46.

[67] 黄书亭, 周宗顺. 中央政府与地方政府在社会保障中的职责划分 [J]. 经济体制改革, 2004 (3): 19 – 22.

[68] 贾俊雪. 政府间财政收支责任安排与地方公共服务均等化: 实证研究 [J]. 中国软科学, 2011 (12): 25 – 45.

[69] 贾康, 白景明. 县乡财政解困与财政体制创新 [J]. 经济研究, 2004 (2): 3 – 9.

[70] 贾智莲, 卢洪友. 财政分权与教育及民生类公共品供给的有效性 [J]. 数量经济技术经济研究, 2010 (6): 140 – 153.

[71] 柯华庆. 财政分级制原则的体系构建 [C]. 第九届 (2014) 管理学年会——公共管理分会场论文集, 2014.

[72] 寇明凤. 省以下政府间事权与支出责任划分的难点与路径选择 [J]. 经济研究参考, 2015 (33): 66 – 70.

[73] 寇铁军. 政府间事权财权划分的法律安排——英、美、日、德的经验及其对我国的启示 [J]. 法商研究, 2006 (5): 130 – 137.

[74] 兰晓强, 孟艳玲. 政府间财政资源合理配置——基于中央和地方政府税收划分的思考 [J]. 税务与经济, 2010 (4): 99 – 104.

[75] 李春根, 陈文美. 现阶段我国社会救助财政支出规模适度吗?——基于"巴罗法则"与柯布 – 道格拉斯生产函数的分析 [J]. 华中师范大学学报 (人文社会科学版), 2018, 57 (4): 49 – 58.

[76] 李春根, 李建华. 农村低保制度: 政府行为与政策结论 [J]. 财政研究, 2009 (1): 3 – 36.

[77] 李春根, 舒成. 基于路径优化的我国地方政府间事权和支出责任

再划分 [J]. 财政研究, 2015 (6): 59 – 63.

[78] 李春根, 夏珺. 中国农村低保标准保障力度的变化轨迹和省域聚类分析——基于 31 个省域的实证分析 [J]. 中国行政管理, 2015 (11): 98 – 104.

[79] 李凤月. 张忠任. 我国财政社会保障支出的中央地方关系及地区差异研究 [J]. 财政研究, 2015 (6): 51 – 58.

[80] 李俊生, 乔宝云. 明晰政府间事权划分 构建现代化政府治理体系 [J]. 中央财经大学学报, 2014 (3): 3 – 10.

[81] 李丽琴. 专项转移支付效应的再审视——基于城市最低生活保障的实证分析 [J]. 首都经济贸易大学学报, 2012 (5): 21 – 29.

[82] 李林瑞, 郑智勇, 马运涛等. 建立与国家政体相一致的税权划分及分配模式 [J]. 税务研究, 2005 (2): 40 – 44.

[83] 李思思. 央地共同事权与支出责任划分政策考察、实施障碍及其改进 [J]. 地方财政研究, 2020 (10): 20 – 26.

[84] 李文沛. 中央与地方政府社会保障事权配置法制化思考 [J]. 人民论坛, 2014 (12): 121 – 123.

[85] 李祥云. 政府间财政事权划分研究: 一个文献综述 [J]. 财政监督, 2017 (9): 30 – 35.

[86] 李永友, 沈坤荣. 财政支出结构、相对贫困与经济增长 [J]. 管理世界, 2007 (11): 14 – 26.

[87] 林治芬, 魏雨晨. 中央和地方社会保障支出责任划分中外比较 [J]. 中国行政管理, 2015 (1): 34 – 38.

[88] 林治芬. 中央和地方养老保险事责划分与财力匹配研究 [J]. 当代财经, 2015 (10): 39 – 48.

[89] 刘丽, 张彬. 美国政府间事权、税权的划分及法律平衡机制 [J]. 湘潭大学学报 (哲学社会科学版), 2012, 36 (6): 53 – 58 + 76.

[90] 刘承礼. 省以下政府间事权和支出责任划分 [J]. 财政研究, 2016 (12): 14 – 27.

[91] 刘尚希, 马洪范等. 明晰支出责任: 完善财政体制的一个切入点 [J]. 经济研究参考, 2012 (40): 3 – 11.

[92] 刘尚希. 进一步改革财政体制的基本思路 [J]. 中国改革, 2010 (5): 31 – 37.

[93] 刘尚希. 遵循一个原则, 解决三个问题——完善现行财政体制的几点思考 [J]. 中国财政, 2008 (1): 68 - 69.

[94] 龙异, 孟天广. 地方治理视角下的城市最低生活保障筹资均等化研究 [J]. 贵州社会科学, 2015 (5): 40 - 47.

[95] 楼继伟. 深化事权与支出责任改革推进国家治理体系和治理能力现代化 [J]. 财政研究, 2018 (1): 2 - 9.

[96] 卢洪友, 张楠. 政府间事权和支出责任的错配与匹配 [J]. 地方财政研究, 2015 (5): 4 - 10.

[97] 逯元堂, 吴舜泽等. 环境保护事权与支出责任划分研究 [J]. 中国人口资源与环境, 2014 (8): 91 - 96.

[98] 吕冰洋. 现代政府间财政关系的构建 [J]. 中国人民大学学报, 2014 (5): 11 - 19.

[99] 马国贤. 现代国家治理与责任型分级财政体制 [J]. 当代财经, 2016 (12): 24 - 31.

[100] 马洪范, 王浩然. 事权、支出责任与收入划分的国际比较和历史启示 [J]. 公共财政研究, 2021 (3): 29 - 41.

[101] 马树才, 孙长清. 经济增长与最优财政支出规模研究 [J]. 统计研究, 2005 (1): 15 - 20.

[102] 马万里. 多中心治理下的政府间事权划分新论——兼论财力与事权相匹配的第二条 (事权) 路径 [J]. 经济社会体制比较, 2013 (6): 203 - 213.

[103] 马万里. 分权困境与多层治理: 财力与事权相匹配的反思与路径重构 [J]. 社会科学, 2013 (8): 37 - 46.

[104] 穆怀中. 社会保障适度水平研究 [J]. 经济研究, 1997 (2): 56 - 63.

[105] 倪红日. 应该更新 "事权与财权统一" 的理念 [J]. 重庆工学院学报, 2006 (12): 1 - 6.

[106] 庞凤喜, 潘孝珍. 财政分权与地方政府社会保障支出——基于省级面板数据的分析 [J]. 财贸经济, 2012 (2): 29 - 35.

[107] 彭健. 分税制财政体制改革 20 年: 回顾与思考 [J]. 财经问题研究, 2014 (5): 71 - 78.

[108] 商琪. 国家治理现代化视域下的事权和支出责任划分 [J]. 公共财政研究, 2020 (6)：85-94.

[109] 史璟. 财政支农事权与支出责任划分问题的考量与解决 [J]. 哈尔滨工业大学学报（社会科学版）, 2020, 22 (4)：149-154.

[110] 宋立. 各级政府事权及支出责任划分存在的问题与深化改革的思路及措施 [J]. 经济与管理研究, 2007 (4)：14-21.

[111] 宋美喆, 刘寒波. 我国水利事权与支出责任划分中存在的问题及原因探析 [J]. 水利经济, 2016 (5)：38-45.

[112] 孙静. 高等教育领域中央与地方财政事权和支出责任划分问题研究 [J]. 财政科学, 2021 (7)：67-75.

[113] 谭建立, 马宁. 中央与地方财权、事权关系对社会公平影响的实证研究 [J]. 财贸经济, 2010 (2)：50-56.

[114] 陶勇. 社会保障供给中政府间责权配置研究 [J]. 中央财经大学学报, 2007 (10)：17-21.

[115] 田发, 梁思婧, 周琛影. 地方政府支出责任划分与基本公共服务发展水平——来自上海的经验证据 [J]. 华东经济管理, 2020, 34 (2)：24-29.

[116] 田侃, 亓寿伟. 转移支付、财政分权对公共服务供给的影响——基于公共服务分布和区域差异的视角 [J]. 财贸经济, 2013 (4)：29-38.

[117] 王存河, 梁永辉. 中央与地方财政性社会保障资金的分权关系优化路径 [J]. 西部法学评论, 2013 (5)：28-33.

[118] 王东辉. 发达国家财政事权划分模式及对我国的启示 [J]. 地方财政研究, 2016 (3)：108-112.

[119] 王蕴. "十四五" 时期优化政府间事权和财权划分研究 [J]. 宏观经济研究, 2021 (2)：5-16.

[120] 王增文. 中国社会保障财政支出最优规模研究：基于财政的可持续性视角 [J]. 农业技术经济, 2010 (1)：111-117.

[121] "我国审判领域财政事权与支出责任划分改革研究" 课题组, 刘尚希, 唐虎梅, 傅志华, 赵福昌, 程瑜, 郭丰, 陈龙. 我国审判领域财政事权与支出责任划分改革研究 [J]. 财政研究, 2021 (5)：3-16.

[122] 谢伏瞻. 政府间事权与财权的划分 [J]. 中国发展评论, 2006, 8 (3)：1-3.

［123］谢旭人. 健全中央和地方财力与事权相匹配的体制 ［J］. 财政研究, 2009 (1)：1 - 4.

［124］徐晓. 政府间学前教育事权与支出责任划分研究——基于东中西部典型县 (区) 的实地调研 ［J］. 教育导刊 (下半月), 2020 (11)：5 - 9.

［125］徐阳光. 论建立事权与支出责任相适应的法律制度——理论基础与立法路径 ［J］. 清华法学, 2014 (5)：88 - 102.

［126］许梦博, 王泽彩. 结构性视角：事权与支出责任的适应性浅析 ［J］. 财政研究, 2014 (1)：13 - 15.

［127］杨红燕. 财政转移支付的公平增进效果研究——以城市低保制度为例 ［J］. 中央财经大学学报, 2014 (9)：3 - 11.

［128］杨红燕. 中央与地方政府间社会救助支出责任划分——理论基础、国际经验与改革思路 ［J］. 中国软科学, 2011 (1)：25 - 33.

［129］杨良初, 赵福昌等. 社会保障事权划分辨析 ［J］. 中国社会保障, 2007 (4)：28 - 30.

［130］杨龙见, 尹恒. 县级政府财力与支出责任：来自财政层级的视角 ［J］. 金融研究, 2015 (4)：82 - 98.

［131］杨友才, 赖敏晖. 我国最优政府财政支出规模 ［J］. 经济科学, 2009 (2)：34 - 44.

［132］杨志安, 郭矜等. 中国民生支出最优规模的实证分析 ［J］. 经济与管理研究, 2013 (12)：30 - 34.

［133］杨志勇. 省直管县财政体制改革研究——从财政的省直管县到重建政府间财政关系 ［J］. 财贸经济, 2009 (1)：36 - 41.

［134］于树一. 论国家治理框架下事权和支出责任相适应的政府间财政关系 ［J］. 地方财政研究, 2015 (5)：11 - 16.

［135］喻文光. 德国社会救助法律制度及其启示 ［J］. 行政法学研究, 2013 (1)：113 - 114.

［136］张斌, 杨之刚. 政府间职能纵向配置的规范分析 ［J］. 财贸经济, 2010 (2)：37 - 42.

［137］张斌. 事权与支出责任视角下的地方税体系建设 ［J］. 税务研究, 2016 (9)：34 - 39.

［138］张明喜, 朱云欢. 中央与地方科技事权与支出责任划分的考虑——

基于对科技综合管理部门的调研 [J]. 科学学研究, 2016 (7): 985 –992.

[139] 张宇. 财政分权与政府财政支出结构偏异——中国政府为何偏好生产性支出 [J]. 南开经济研究, 2013 (3): 35 –50.

[140] 赵海利, 陈芳敏, 周晨辉. 高等教育财政事权与支出责任的划分——来自美国的经验 [J]. 经济社会体制比较, 2020 (2): 31 –38.

[141] 赵应生, 洪煜, 钟秉林. 我国高等教育大众化进程中地方高校经费保障的问题及对策 [J]. 教育研究, 2010 (7): 73 –81.

[142] 赵云旗. 政府间"财政支出责任"划分研究 [J]. 经济研究参考, 2015 (68): 3 –14.

[143] 郑毅. 作为中央与地方事权划分基础的"委托 – 代理"理论 [J]. 云南大学学报法学版, 2015, 28 (1): 7 –12.

[144] 郑功成. 中国社会保障演进的历史逻辑 [J]. 中国人民大学学报, 2014 (1): 2 –12.

[145] 郑培. 新时期完善我国政府间事权划分的基本构想及对策建议 [J]. 地方财政研究, 2012 (5): 32 –40.

[146] 周波. 我国政府间事权财权划分——历史考察、路径依赖和法治化体系建设 [J]. 经济问题探讨, 2008 (12): 6 –16.

[147] 周业安, 章泉. 财政分权、经济增长和波动 [J]. 管理世界, 2008 (3): 6 –16.

[148] 长治日报, 新华社北京. 十八届三中全会《决定》解读: 为什么要建立事权和支出责任相适应的制度 [EB/OL]. http://www.changzhi.gov.cn/info/news.

[149] 贾康. 关于财力与事权相匹配的思考 [N]. 光明日报, 2008 – 04 – 22 (10).

[150] 刘尚希. 财力与事权匹配同样重要 [N]. 中国财经报, 2005 – 12 – 27 (6).

[151] 胡锦涛. 党的十八大报告 [R]. 北京, 2012.

[152] 行伟波, 田晓函. 疫情背景下我国医疗卫生财政事权和支出责任划分亟须持续性改革 [N]. 中国经济时报, 2021 – 06 – 21 (4).

[153] 习近平. 党的十九大报告 [R]. 北京, 2017.

[154] 保罗·A. 萨缪尔森. The Pure Theory of Public Expenditure [J].

Review of Economice Statistics, 1954 (11): 7 – 14.

[155] Ahmad E. , On the Implementation of Transfers to Subnational Governments [J]. IMF Working Paper, 2005 (130): 4 – 25.

[156] Arachig G. , Designing Intergovernmental Fiscal Relations: Some Insights from the Recent Italian Reform [R]. University Bocconi Working Paper, 2002 (84): 3 – 18.

[157] Barro R. J. , Government Spending in a Simple Model of Endogenous Growth [J]. Journal of Political Economy, 1990, 98 (5): 103 – 125.

[158] Buchanan J. M. , An Economic Theory of Clubs [J]. Economical, 1965, 3 (125): 1 – 14.

[159] Chzhen Y. , Unemployment, Social Protection Spending and Child Poverty in the European Union during the Great Recession [J]. Journal of European Social Policy, 2017, 27 (2): 123 – 137.

[160] Dar A. A. and Amir Khalkhali S. , Government Size, Factor Accumulation, and Economic Growth: Evidence from OECD Countries [J]. Journal of Policy Modeling, 2002 (24): 679 – 696.

[161] Devarajan S. , Swaroop V. , Zou Hengfu. The Composition of Public Expenditure and Economic Growth [J]. Journal of Monetary Economics, 1996 (37): 7 – 14.

[162] Easterly W. , Rebelo S. , Policy and Economic Growth: An Empirical Investigation [J]. Journal of Monetary Economics, 1993, 32 (3): 417 – 458.

[163] Futagami K. , Dynamic Analysis of An Endogenous Growth Model with Public Capital [J]. Scandinavian Journal of Economics, 1993, 95 (4): 95 – 98.

[164] G. J. Stigler. The Tenable Range of Functions of Local Government [J]. Washington: Joint Economic Committee, 1957 (1): 16 – 213.

[165] Inman R. P. , and D. L. Rubinfeld. Rethinking Federalism [J]. Journal of Economic Perspective, 1997, 11 (4): 43 – 64.

[166] Ring I. , Integrating Local Ecological Services into Intergovernmental Fiscal Transfers: The Case of the Ecological ICMS in Brazil [J]. Land Use Policy, 2008, 25 (4): 485 – 497.

[167] Karras G. , On the Optimal Government Size in Europe Theory and

Empirical Evidence [J]. The Manchester School, 1997, 65 (3): 280 – 294.

[168] Kotsogiannis C. , Schwager R. , Accountability and Fiscal Equalization [J]. Journal of Public Economics, 2008, 92 (12): 2336 – 2349.

[169] Musgrave R. A. , Theory of Public Finance: A Study in Public Economy [M]. New York: Mc Graw-Hill, 1959.

[170] Oates W. , Fiscal Decentralization [M]. Harcourt, Barce and Jovanovich, 1972.

[171] Purfield C. , The Decentralization Dilemma in India [R]. IMF Working Paper, 2004 (32): 3 – 28.

[172] Rao M. , Singh N. , Federalism in India: Political Economy and Reforms [R]. UCSC, Economics Working Paper, 2001 (484): 2 – 28.

[173] Robert P. , The Flypaper Effect [R]. NBER Working Paper 14579, DEC.

[174] Shah A. , A Practitioner's Guide to Intergovernmental Fiscal Transfers, The Wording Bank Policy Research Working Paper, 2006 (4039): 3 – 48.

[175] Singh N. , India's System of Intergovernmental Fiscal Relations [J]. University of California Santa Cunz Sccie Working Paper, 2004 (1), 4 – 17.

[176] Townsend P. , Poverty in the Kingdom: A Survey of the Household and Living Standard [M]. Allen Lane and Penguin Books, 1979.

[177] Tresch Richard W. , Public Finance: A Normative Theory [M]. Business Publication, Inc, 1981.

[178] William F. , Sharpe, The Capital Asset Pricing Model: A Multi-Beta' Interpretation, Financial Decision Making Under Uncertainty (Haim Levy and Marshall Sarnat, Editors), Academic Press (New York), 1977.

[179] Howell F. , Social Assistance (Chapter 7): Theoretical Background, InI. Oritiz (Ed), Social Protection in Asia and the Pacific [R]. Asian Development Bank, 2001.

[180] Barker R. L. , The Social Work Dictionary (4th ed.) [M]. Washington D. C. : NASW Press, 1999.

[181] Tiebout Charles. A Pure Theory of Local Expenditure [J]. Journal of Political Economy, 1956 (64): 7 – 14.